供应链金融理论与实务

The Theory and Practice of Supply Chain Financing

李金龙　宋作玲　李勇昭　于培友　编著

人民交通出版社
China Communications Press

内 容 提 要

本书作者根据自身丰富的一线实战经验和教学体会，按照“侧重应用、全面系统、服务实践”的原则，对供应链金融业务进行了系统性介绍。全书共分9章，内容包括供应链金融概论、供应链金融综合分析、物流监管理论、风险控制与管理理论、业务开发与创新、基于连带责任的供应链金融、基于货权的供应链金融、基于债权控制的供应链金融、风险控制与管理实务。本书将理论介绍与案例分析相结合，深入浅出、实践性强，可以使读者在理解原理、理顺思路的基础上，轻松、牢固地掌握有关业务理论和实务方法。

这是一本校企联合编写的以实践为主、理论结合实际的实用教材，既可供大学物流专业的师生学习，也可供各银行的客户经理、产品经理，物流企业的管理人员，以及相关研究人员参考。

图书在版编目(CIP)数据

供应链金融理论与实务/李金龙等编著．—北京：人民交通出版社，2011.4

ISBN 978-7-114-08866-7

Ⅰ.①供… Ⅱ.①李… Ⅲ.①物资供应－金融学－研究 Ⅳ.①F252②F830.2

中国版本图书馆CIP数据核字(2011)第008928号

书　　名：供应链金融理论与实务
著 作 者：李金龙　宋作玲　李勇昭　于培友
责任编辑：张征宇　郭红蕊
出版发行：人民交通出版社
地　　址：(100011)北京市朝阳区安定门外外馆斜街3号
网　　址：http://www.ccpress.com.cn
销售电话：(010)59757969，59757973
总 经 销：人民交通出版社发行部
经　　销：各地新华书店
印　　刷：北京市密东印刷有限公司
开　　本：787×1092　1/16
印　　张：13.5
字　　数：330千
版　　次：2011年4月　第1版
印　　次：2014年7月　第2次印刷
书　　号：ISBN 978-7-114-08866-7
印　　数：4001－6000册
定　　价：32.00元

序

XU

随着企业竞争的加剧和产业组织形式的演进，企业与企业之间的竞争逐渐转变为供应链与供应链之间的竞争，同一供应链内部各方相互依存，“一荣俱荣、一损俱损”。众多中小企业围绕核心企业，通过对信息流、物流、资金流的管理，将原材料转化成中间产品、最终产品，并从供应商传递到制造商、分销商、零售商直到最终用户从而形成一个链状结构，而围绕供应链产生的融资业务促进了供应链的稳定发展和竞争力的持续提升。

在供应链中，往往会存在竞争力较强、规模较大的核心企业和众多配套中小企业，核心企业和中小企业在供应链中的议价能力和地位差异很大，中小企业在交货期、价格、付款条件等方面往往处于劣势，二者的资产结构和融资能力也有很大差异。借助对供应链的物流、信息流、资金流的管理，提高供应链各企业的融资能力、加强融资风险控制的供应链金融是稳定供应链合作关系和促进供应链各企业发展的重要基础，可提高供应链的效益和竞争力。供应链金融就是由银行将核心企业和上下游企业联系在一起提供灵活运用金融产品和服务的一种融资模式。银行围绕核心企业，管理上下游中小企业的资金流和物流，把单个企业的不可控风险化为供应链企业整体的可控风险，以此满足企业的资金需求。

《欧洲货币》杂志将供应链金融形容为近年来“银行交易性业务中最热门的话题”。调查显示，自 2007 年以来，供应链融资是国际性银行在流动资金贷款领域最重要的业务。国内业界越来越多的人也认识到，供应链金融会产生巨大经济效益和社会效益。自深圳发展银行在前期业务基础上，于 2006 年在业内率先推出了“供应链金融”的业务，系统地对供应链中应收、预付和存货提出了结构性的解决方案之后，广发银行、浦发银行、兴业银行、华夏银行、招商银行、民生银行以及一些传统国有银行都涉足该项业务，并取得了相当的成绩。

尽管如此，这一业务在中国还处于起步阶段，目前国内商业银行供应链融资产品大都是探索性的。和欧美银行业务基于动产的授信相比，中国基于动产抵押和质押授信业务比重实在太小。不可否认，这与目前我国法律环境、企业信用体系、银行产品创新、第三方物流建设等方面都存在诸多不利于供应链金融发展的因素具有很大关系。方向已经辨明，道路就在脚下！我们坚信，随着中国银行业对内对外的开放和竞争的加剧，物流产业振兴计划的深入实施，供应链金融业务必将进入一个快速发展的阶段。

本书从供应链金融的基本概念和基本理论出发，论述了供应链金融的基本业务模式和创新模式，着重探讨了供应链金融的三种基本模式，即基于货权控制的供应链金融、基于债权控制的供应链金融和基于核心企业连带关系的供应链金融。对于每种模式都论述了其基本原理、操作流程和实务操作的要点等。另外，本书还阐述了物流监管的主要模式和监管方案、供应链金融中的主要风险类型和如何防范等。

相对于目前国内纯理论或纯实务操作的书籍,本书的一个显著特点就是将理论和实务操作相结合。本书的主要作者都具备扎实的金融学理论功底,并且在国内知名企业从事物流、金融、教育等相关工作,对银行融资和供应链管理都很熟悉。本书在每部分对基本理论进行介绍之后,还有大量的操作案例和具体操作实务的"样本",可以加深读者对理论的理解,并在工作中进行借鉴和创新,是目前国内供应链金融领域鲜有的理论和实务结合很密切的作品。银行、企业的管理者以及学习供应链金融的学生和朋友均可从本书中获得供应链金融的基本理论和实务操作知识。

上海交通大学中国金融研究院副院长　费方域教授

前言

QIANYAN

世界经济全球化、区域经济一体化以及世界制造中心的转移推动了我国经济的快速发展，对我国现代物流业也提出了更高的要求。同时，物流业作为一种重要的服务模式，对于其他产业的发展都有非常大的影响力。国家在“十二五”规划纲要中明确提出要注重地区经济发展与物流业的关系，重点是强化物流业的增值服务能力。对比现在的物流业务，大都集中在仓储、运输、港口装卸等传统环节上，显然无法在全球供应链中占据高价值的部分，因此增值能力十分有限。即使一些大型物流集团，比如港口集团、航运公司也只是承担国际业务中的一小段或部分环节，这就是今后要迫切破除的发展瓶颈。因此，如何发展高端物流，比如供应链金融、电子商务、物流配送与第三方支付等业务，应列入今后发展的日程上来。

作为新型的物流增值服务和商业银行中间业务，供应链金融在美国、欧盟等国家之间国际贸易中日益流行，受到美国花旗银行、丹麦 AP 穆勒集团等大型国际金融机构、航运巨头的青睐。在国内，供应链金融业务也已是“花开两朵”。一是商业银行大量进入供应链管理，各种模式供应链金融服务的运作和流程、定价以及风险分析、控制技术、交易技术、结算技术日益完善。以深圳发展银行为代表，越来越多的银行将供应链金融纳入自身的市场定位和竞争策略体系中，产品系列、风险控制理念和营销模式逐渐成形。同时，国内物流企业大举进入融资、授信等金融服务领域也是不争的事实。二是以中国储运、中远、中外运为代表的知名物流企业，进行了可贵的探索实践，取得了巨大的社会和经济效益。中储从 1999 年开始涉足供应链金融业务，最初做仓单质押业务，现在已经形成包括仓单质押、融通仓、代客采购等一系列的业务，一年的收入在 300 亿 ~ 400 多亿元。

事实胜于雄辩，历史昭示未来！作为制造业的大国，中国很多企业都处于全球供应链末端。然而中国目前的信用环境、法律环境与国际还未完全接轨，理论和经验的缺乏使得企业面临巨大风险，屡屡遇到全球采购环境下的融资难题。如何在全球竞争的背景下，将物流、账单流和资金流集成管理以增加企业运营的效率，优化资金流，减少资金成本，提高物流效益，供应链金融就成为突破此类瓶颈的一把“金钥匙”。实际上，在整个生产、销售以及运输的过程中，第三方物流企业能够通过掌握供应链物流活动的信息了解企业的运作情况，这就成为控制风险的重要依据。银行需要与物流企业合作来克服风险。在国外，这方面走得要更远一些，现在已经有一些大型物流企业成立专门的部门开展金融物流服务。比如 UPS(United Parcel Service，美国联合包裹)把国际银行改造成了下属的一个经营部门。在国内，杭州的阿里巴巴集团利用自身的线上第三方支付平台和线下物流配送优势，正在积极筹备成立阿里巴巴银行。探索精神难能可贵，发展潮流无法阻挡。完全可以预见，物流与金融的融合已经成为发展方向，供应链金融就是将来攫取新竞争优势的利器所在！

作为一名港口物流管理人员，我工作之余最大乐趣在于写作。在编写该书近两年多的时间里，我尽可能减少社会应酬，把业余时间留给写作和研究。之所以这样做，是因为我始终被一种强烈的感情所驱使。“春风大雅能容物，秋水文章不染尘。”有人可能会笑我清高、迂阔，但“知我者谓我心忧，不知我者谓我何求。”坚定走自己的路，让别人去说吧！我衷心希望，这本书能对读者有意义，能成为专业领域的一本好书。我时常反思自己，不管是探讨企业发展战略，还是研究具体业务开展，是否一直在坚守批判和执著的精神，去追求真实，探求事物的真谛?!

本书由我负责总体框架设计、大纲编写、初稿修改、统稿和定稿。全书共9章，其中第1章、第5章、第6章、第7章、第8章由我编写；第2章、第4章由宋作玲编写；第3章由李勇昭编写；第9章由宋作玲、于培友共同编写。在成书过程中，中国海洋大学的研究生冯琳做了部分校对工作，人民交通出版社的编辑提供了无私帮助，这里一并致谢。

由于鄙人才疏学浅，水平有限，书中观点和内容表述难免存在疏漏和谬误之处，敬请专家和广大读者提出宝贵意见，以利今后逐步完善。

李金龙于青岛港(集团)有限公司

2010年5月7日

目　录

MULU

第1章　供应链金融概论

【导入案例】

深圳发展银行的新业务——供应链金融

与四大国有银行相比,深发展外有列强虎视眈眈,内有同行垄断资源。在这种内忧外患之下,深发展迫切需要开辟一条新的道路。

在这种行业背景下,广州分行通过剖析中小企业发现:广东省是缺电大省,火力发电厂很多,而国内80%的燃料油都来自广东口岸,广东省成为燃料油的集散地。在为电厂采购原料的供货商和电厂之间,处于贸易优势地位的电厂一般会要求供货商先货后款,时常让他们资金吃紧。许多供货商需要小额贷款,却求贷无门。国有大银行专为大型电厂、电网融资,因此,深发展把目标指向了另一方——供应商。

深发展将能源行业中的贸易活动串起来分析发现:中小企业融资难,原因并不一定在企业自身,而是因为链条上的核心企业挤占了上下游配套中小企业的资金和信用。供应链占绝对优势的核心企业,对上游供应商要求先货后款,对下游的经销商,又要求先款后货。因此,竞争力越强、规模越大的核心企业,对上下游的压力越大。

《巴塞尔协议》上"贸易融资"的内容,启发了广州分行,他们提出了"1+N"贸易融资的概念。所谓"1"是供应链上的核心企业,"N"则是链条上的中小企业。从"N"入手,用"N"来包围"1"。这个"1+N"就是"供应链金融"的雏形,广州分行成为该业务的试验田。

广州分行考察发现,能源行业的供货商一般没有固定资产,应收账款非常充足。工作人员据此定制了一套融资办法——用应收账款向银行质押融资,解决燃眉之急。

事实上,这些发电厂供货商也是炼油厂的上游企业,炼油厂同样挤占了供货商的资金。深发展又以炼油厂这个核心企业向外辐射,或者为其上游的原料供货商、进口企业提供贷款,或者向其下游的汽油、柴油、PVC等系列石化产品的经销商提供融资服务。这一轮辐射之后,深发展开始向石化产业上溯,以千万个经销商"包围"了国内能源巨头如中石油、中石化、中海油等。达成合作关系之后,再以这些巨头为出发点,将能源融资网络撒向全国,这就是所谓的"横到底,竖到边"。

2005年,深发展根据不同区域经济板块的特点,建立起区域模块。北京、上海等为"总部经济",广州、青岛、大连、天津等为"港口经济",浙江地区为"块状经济",一些集中经济较为突出的省会城市,则以传统业务为主。如今,广州分行的"能源金融",佛山分行的"有色金融",上海分行的"汽车金融",大连分行的"粮食金融",西南的重庆、昆明、成都分行的"有色金融"、"农产品金融"等已形成品牌。深发展"供应链金融"的整合已是水到渠成。

资料来源:深发展—中欧商学院课题组.《供应链金融》.2009

现代供应链金融(Supply Chain Financing)概念发端于20世纪80年代,以核心企业为主导的供应链管理在汽车、钢铁等跨国企业中应用,银行在传统业务萎缩的形势下创新业务模式,帮助供应链企业解决信用风险、汇率风险。国内外银行和供应链分别开展了反向保理、存货代为占有、贸易分销服务、存货质押融资、仓单质押融资等各种供应链金融实践。本章介绍供应金融的背景、概念、构成及发展。

1.1 供应链金融的发展背景

1.1.1 商业银行业务创新

随着市场竞争的加剧和经济全球化的深入，许多行业呈现出越来越明显的集中趋势，市场竞争演变为供应链之间的竞争，在这一竞争态势下，核心企业和中小企业的资金需求发生了变化，呈现出许多新特点。

(1)核心企业(买家)为了美化自己的资产负债表，尽可能地延迟将供应商的供货计入自己名下，比如采用供应商管理库存(VMI)的模式。

(2)由于核心企业的延迟购入存货、付款，供应商需要低成本的资金渠道来补充流动性资金需求。

(3)由于核心企业向分销商不断压货，分销商寻求盘活自己大量库存的资金占用。

(4)外包导致的产业空心化使得发达国家的跨国公司赖以支持自己融资的实物资产越来越少。

(5)发展中国家承接国外订单的中小企业，往往面临苛刻的融资环境，高成本的融资或资金链紧绷的问题，导致供应链产品成本上升或供应商退出。

(6)核心企业的强势地位，使得国际结算中赊销逐渐代替了部分信用证结算方式，供应商通过信用证融资的渠道进一步收窄。

新的供应链竞争态势和供应链间结算方式、账期的变化，使企业纷纷向银行寻求新的融资解决方案，包括提供新的技术支持手段、面向赊销的金融工具以及新的应付、应收融资解决方案。同时这种变化为银行提供了业务创新的机会。原先只是满足客户贸易中个别环节的融资需求，现在要作为企业的战略伙伴，对其整条供应链提供服务方案。过去，银行习惯于以产品为中心的贸易融资策略，现在，这种传统策略必须让位于促进供应链间合作关系的维持和竞争力提升的策略。为了成功地实施有利于客户的供应链金融解决方案，银行必须成为客户的战略伙伴，并了解银行能够为客户的供应链提供的价值。

这时的供应链金融服务解决方案包括订单、发票的数据管理，银行保障的赊销(bank-assisted open account)，赊销结算，卖方融资和买方融资。

1)订单/发票的数据管理

考虑到全球的商品交易主要围绕订单、发票和其他非银行单据运行，银行应创新性地将订单、发票数据整合到传统贸易融资手段中，并创新出赊销解决方案。比如，通过数据上传技术或后台的对接，银行可以获得订单、发票等数据，进而提供以订单、发票为基础的融资，订单和发票的对碰服务，订单完成情况追踪等。

2)银行保障的赊销

确认即付承诺(approval to pay)是一种新型的由银行信用支持的赊销方式，其对交易的支持作用类似于信用证，但客户无须支付信用证方式中的银行授信敞口占用费。确认即付承诺提供了一揽子结构化的服务框架，内容包括审单、订单/发票的对碰和跟踪、订单/发票融资、卖方结算和买方融资等。

3)赊销项下的支付

赊销项下的支付提供了到期发票的代理直接付款服务。

4）卖方融资

银行对卖方融资的介入方式多种多样，取决于不同银行的风险管理策略、银行在交易中扮演的角色以及银行对市场的了解程度等。首先，国际贸易中银行在出口信用证和跟单托收方式下可以提供装船前和装船后融资。虽然这些都是传统业务，但在订单/发票数据与银行系统实时直联的技术支持下，银行风险进一步降低，可以提高融资比率或提供更优惠的利率。其次，可以启动买方主导下的卖方融资（buyer-backed seller export finance），即银行在买方的要求下对卖方货款进行提前支付。这种方式的好处是买方利用其较高的融资信用度为供应商统一解决资金瓶颈，使得供应链的总体融资成本降低。

5）买方融资

买方融资主要解决买方赊销项下的付款问题，银行主要依据评估买方未来的销售收入来提供融资。

供应链金融固然可以由资金实力雄厚的核心企业自己来提供，比如向供应商实施的提前付款计划、增加对分销商赊销等等。但是在大部分情况下，这种解决方案并不可行，原因在于：第一，核心企业实际上替代了银行的作用，专业性和效率值得怀疑。更重要的是，核心企业承担了上下游的信用风险；第二，现实中，股东和投资人对核心企业财务稳健的要求，以及核心企业本身面临的资金压力，使得这些企业的财务改善方向恰恰是向上游延长账期和向下游缩短账期。

从银行角度看，最有条件开展供应链金融的行业包括：零售、汽车、制造、电子、食品及饮料、制药、批发、重型装备等行业，这些行业有条件开展供应链金融的企业占行业比例如图1-1所示。93%的国际性银行感觉到公司客户对供应链金融的需求强烈。65%的大型企业正在探寻对其供应商可持续地延长付款账期的办法，这意味着供应链融资手段的价值将进一步被发现和挖掘。

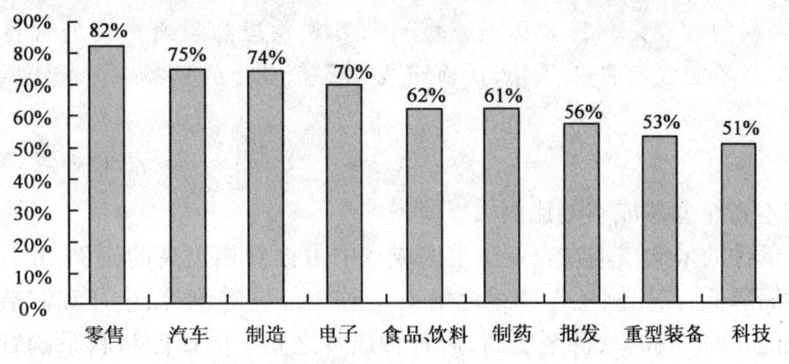

图1-1　各类行业具备供应链金融条件的企业比重

在这种背景下，供应链金融解决方案除了供应链的核心企业外，银行是不可或缺的。银行作为资金提供者还可以为供应链财务管理设计和实施提供解决方案。在国际性银行的供应链金融实践中，很多情况下解决方案的提供商是电子交易的网络化平台提供商，这种平台为银行设置了触发贷款交易的以信息流为基础的"按钮"，并可以引导供应链成员企业按照电子平台所规定的路径进行交易结算，以保证银行贷款的自偿性。

阅读案例1-1

AT公司提供供应商融资服务

AT是一家在英国和爱尔兰拥有90家连锁店的快速时尚零售商。过去，其亚洲的供应商通常凭借AT提供的信用证，在当地银行贴现信用证项下的货款，以便获得现金流的支持。但这样做的代价是，贴现可能损失高达20%的货款。

现在，AT为供应商提供了供应链融资服务。这样，供应商在集装箱装船离开码头时即可从融资提供商那里获得70%的货款，等到货物进入英国仓库时再得到剩余的30%货款。要做到这一点，AT必须向融资提供商传递供应商的信息，以便其准确地评估贸易背景的风险。使用供应链融资服务后，供应商可以挽回5%～15%的订单价值，而且AT本身也可以通过享有5%～10%的折扣率来分享这笔节约的价值，从而达成了共赢局面。

资料来源：宋炳方.《商业银行供应链融资业务》.2008

1.1.2 跨国企业的渠道融资

采购是企业的基本经营行为，采购的目标是以合理的价格、适合的数量，在正确的时间将物料发送到正确的地点。在当今经济全球化的环境中，企业参与市场竞争的程度不断加深，采购活动日益复杂，企业的采购管理面临着诸多挑战。

1）众多跨国公司在全球范围内进行资源配置，企业间竞争更广泛、更深入

随着世界经济步入全球化和信息化阶段，国外供应商不断渗入中国市场，中国生产和制造企业也不断通过各种形式走出国门，这使得中国企业的采购活动面临着前所未有的风险和挑战。

阅读案例1-2

中国航空(新加坡)采购风险导致破产

2004年中国航空(新加坡)股份有限公司的破产事件就是由于采购风险所引起的。中航油买卖期权的初衷是保障中国航空燃油的可靠供应和规避燃油的价格风险，但其不科学的期权交易不但没有降低风险，反而造成5.5亿美元的巨额交易损失，并最终葬送了企业的前程。

资料来源：网上资料.2008

2）采购成本占企业总成本的比例大

原材料或部件的采购成本在企业总生产成本中占据着相当高的比例，并且随着企业内部运营成本的不断降低，该比例还在持续地增大。据Bender等测算，生产和制造业的原料采购成本占销售额的60%～80%，甚至更高，居各种成本之首。因而原材料采购管理对企业收益和经营风险具有巨大的影响。

3）市场需求的不确定性增强

在经济全球化进程中，技术创新速度加快，新产品不断涌现，从而导致市场需求的不确定性增强。一方面，企业对于新产品的需求缺少历史销售数据，预测未来需求的难度增加，预测精度降低；另一方面，顾客对产品更加挑剔，顾客对某一产品的喜好程度随着其他竞争产品的出现而不断改变，产品需求瞬息即变。

4）产品的生命周期逐渐缩短

随着市场竞争加剧，产品的生命周期也越来越短。一方面由于科学技术的快速发展，不断创造新的需求，推动着市场前进，产品更新换代速度加快；另一方面市场竞争也要求企业通过不断地推出新产品，来保持市场的领先地位以及获取市场的竞争优势。这种趋势加剧了市场需求的不确定性，使得采购活动更加复杂。

5)物料采购的提前期更长

在经济一体化进程中,企业的采购已不仅限于国内,采购活动也拓展到国外。而在大多数行业中,国际采购的提前期较长,其采购的原材料和部件往往是通过海运来运输的,时间通常要三个月,甚至更长,而且物料价值往往较大。企业既不愿意看到部件不足以致无法满足顾客的需求,也不愿意看到采购的物料变成库存,但是离市场最终需求越远,预测信息就越不准确,这给采购计划造成了很大的困难。

在面临着新挑战的情况下,许多企业经历着以下两种困境:

(1)当市场繁荣时,产品的库存不够,无法满足客户的需求,于是生产部门加班加点,但是可能因为物料采购不足而无法满足生产部门的供应。

(2)当市场萧条时,产品和原料库存大量积压,生产部门生产出大量库存。在这种新的市场环境下,采购活动给企业和企业所在的供应链带来了巨大的成本和风险。

阅读案例1-3

新市场环境下的采购风险

2000年3月,Ericsson某款手机芯片的唯一供应商PHILIPS的某个半导体厂因火灾停产了几个星期,而竞争对手Nokia作出了快速的反应,超前购买了所有可以替代的芯片,这使得Ericsson由于供应链断裂造成了18亿美元的巨大损失,并丢失了4%的市场份额。

2001年,Cisco由于不准确的市场预测和僵化的采购合同造成了巨大的损失,并宣布报废价值25亿美元的库存,裁员超过1 000名。

2002年,美国西海岸港口工人罢工使得中远集团的船舶无法卸货返航共造成中远集团超过2 400万美元的损失,而且中远集团的客户也因此损失惨重。同年,福特汽车由于原材料金属钮的市场价格和其定量合同约定价格的差异,导致10亿美元的采购损失。

2004年,美元对欧元的汇率下降20%~30%,而对人民币的汇率不变,这使得上海柴油机厂从德国进口的柴油机零部件成本大幅增加,给企业造成一定的损失。

资料来源:陈雪松.《商品融资与物流监管实务》.2008

新的市场环境给企业带来了新的挑战,同时也带来了新的机遇。如果企业能够采取有效的策略,降低由于激烈的市场竞争所带来的诸多不确定因素,降低采购成本和风险,使采购成为企业的核心竞争力,便能使该企业乃至其所在的供应链在激烈的市场竞争中脱颖而出,成为领跑市场中的佼佼者。

为了实现销售指标,大企业不得不日益加强其分销渠道。然而,恰恰是分销商正逐渐成为实现这些销售目标的瓶颈。这是因为分销商能够提供的支撑融资的抵押资产毕竟有限,根本无法匹配大企业竞争、大企业销售增长率目标。这迫使作为卖方的大企业不得不为分销商提供更长的账期,自己再寻求新的融资以补充占用的流动资金。面对困境,卖方常常引入保理和应收账款保险作为解决方案。虽然保险通常设定了10%的免赔额,但是毕竟显著降低了记录在卖方会计账簿中的信用风险。但是,保险并没有解决卖方的流动资金问题,对买方延长账期的压力还在,应收账款平均回收天数(Days Sales Outstanding,DSO)不断延长。

这种情况促使银行、卖方和分销商合作研究增强分销商流动性的解决方案,这些解决方案通常被称为渠道融资方案(chain finance),即作为核心企业的卖方和银行共同安排每个分销商的授信额度。

阅读案例 1-4

花旗银行提供应收账款融资

花旗银行将渠道融资定义为“一揽子解决导向(portfolio-oriented)”的应收账款购买和服务方案。这些方案的核心是让卖方继续向分销商或终端客户延长账期的同时,缩短卖方的应收账款回收天数。卖方可以选择保持原有的对分销商的贻销账期,同时向银行申请贴现对于分销商的应收账款。不过更常见的方式是:卖方进一步延长对分销商的账期,并要求银行在原账期的到期日贴现应收账款。这种方式使分销商获益,而且卖方也能实现自己的财务目标。

另外,花旗银行还提供另外一种资产负债表和流动资金的优化方案。该方案提供一种网络平台,卖方与分销商通过平台交换和处理交易单据及信息,并实现一系列高效率的互动操作,比如批准订单、确认发票和结算追踪等。这减轻了买卖双方应付账款和应收账款管理的负担。同时,该平台还允许卖方设定分销商的信用额度。该平台通过接收订单信息,并与预设的分销商信用额度进行比较,决定提供每次融资的金额大小。卖方将随时获得分销商可支用授信额度的信息,并据此发运货物和准备发票。随后,银行根据卖方指定的时间,对发票进行贴现,并追踪分销商的付款情况。分销商会按账期的要求进行准时结算,以保证卖方对其保留赊销政策。

与银行借款不同,分销商通过这种方式所获得的流动性在资产负债表上反映为应付账款,这使得分销商得以更灵活地利用自己原有的银行授信。卖方主导的分销商资金解决方案使得分销商紧密地绑定在卖方的销售链中。

资料来源:深发展—中欧商学院课题组.《供应链金融》.2009

1.1.3 国内市场背景

目前,我国已成为世界上最具经济活力的地区和最富潜力的消费市场,越来越多的跨国公司将制造中心或采购中心转移到我国,而国内企业也开始面向全球采购原料和销售商品。

据中国物流与采购联合会统计数据显示,2007 年全国社会物流总量为 75.2 亿元,同比增长 26.2%。2007 年全国物流业增加值为 16 981 亿元,同比增长约两成,占全国服务业增加值的 17.6%,比 2006 年上升 0.5 个百分点;占 GDP 的比重为 6.9%,比 2006 年上升 0.2 个百分点。2007 年,全国社会物流总费用为 45 406 亿元,同比增长 18.2%,增幅比 2006 年提高 4.7 个百分点。物流保管费用增长也较快。2007 年,保管费用为 14 943 亿元,同比增长 21.2%;2007 年管理费用为 5 755 亿元,同比增长 13.6%。目前我国是全球铁矿石、铜精矿和大豆的最大进口国,原油的第二大进口国。2005 年仅中小企业的存货和应收账款就超过 6.3 万亿元,而同期基于物流的融资总额不超过 3 000 亿元。供应链金融业务在我国的发展存在广阔的市场空间。

1)金融机构对供应链金融的需求

在中国,银行主要是以分业经营的形式进行运作的,存贷利差成为银行利润的主要来源。随着中国加入 WTO,金融业逐步对外开放,外资银行的进驻带来了激烈的竞争。中小企业数量多,分布范围大,资金分散但总量需求大,发展贷款业务的市场和潜力大,这将成为国内银行业务竞争的主要战场之一。但在现实情况中,银行对中小型企业不敢轻易放款,贷款条件也相当严格。而且,由于中小企业间货款拖欠现象较为严重,加之其“逃债”现象比较突出,造成了信贷恶性循环。所以金融机构需要在产品更新、风险控制等方面来推进对中小企业服务以及开发新的业务，增加自己的竞争力，特别是开拓流动资产融资的业务创新。对于金融业务来说，供应链金融的功能是帮助金融机构降低信贷风险，扩大贷款规模，在业务扩展服务上能协助金融机构处置部分不良资产、有效管理 CRM 客户，提供质押物评估、企业理财等顾问服务项目。因而供应链金融服务为银行提供了新的利润途径和新的竞争手段。具体表现在：

(1)供应链金融市场潜力大。目前，中小物流企业获得的银行贷款期限一般不超过半年，只能用于填补流动资金的缺口。但中小物流企业需要的是较长期限的贷款，以便用于进行技术改造和基础设施建设。目前，许多企业为了发展，往往动用流动资金来搞技改和基建，结果导致流动资金紧张。

我国供应链金融市场规模至少在万亿元以上，目前市场尚处于跑马圈地阶段，这能够为银行庞大的资金寻找一个稳定的出口。而且供应链金融一体化服务特征使融资业务能够带动多种中间业务互动发展，实现对客户价值的深度挖掘。

(2)供应链金融是智能化的服务。供应链金融相对复杂的业务结构、较高的信息化要求以及规模优势特征能够有效地发挥银行在人才储备、科技水平和经营规模方面的优势，降低经营成本，提高市场竞争能力。同时银行强大的网点、资金和客户资源优势能够实现整个产业链上的全程融资，提供更有吸引力的融资产品。

(3)供应链金融降低银行的融资风险。供应链金融产品能够有效地保障银行融资安全，较好地解决在信贷区域环境较差地区的业务发展问题。在实际融资活动中对金融机构而言，如何降低风险最为重要，而掌控着企业物流活动的机构应当成为最直接、最有效力的发言者。企业商品的流通渠道是基本稳定不变的。作为金融机构的银行为了控制风险，就需要了解抵押物、质押物的规格、型号、质量、原价和净值、销售区域、承销商等，要查看权力凭证原件，辨别真伪，这些工作不仅费时费力，而且超出了金融机构的日常业务范畴。

(4)供应链金融有较大发展前景。从国际大型银行的发展历程来看，供应链金融业务是实现国际化经营的一个基础性方式，花旗、汇丰、德意志、巴黎银行、渣打银行等大型跨国银行都在供应链金融领域颇有优势，这对正处于国际化过程中的国内银行业来说是很好的借鉴。供应链金融立足于解决供应链物料流和资金流的协调管理，具有重要的现实意义和发展前景。

2)第三方物流企业对供应链金融的需求

随着全球经济一体化的发展，市场竞争日趋激烈，物流服务的需求方对第三方物流企业的要求越来越复杂，甚至希望第三方物流企业能够提供资金流、物流和信息流集成的综合服务。显然，第三方物流企业要在当前激烈的市场竞争中脱颖而出，必须不断进行业务创新，在原有提供物流和信息流集成服务的基础上引入资金流的服务内容。另外，供应链金融业务是物流企业获取新的竞争优势的有效途径。供应链金融业务使得物流企业得以控制全程供应链，保证特殊产品的运输质量与长期稳定客户；而且，物流管理已从物的处理提升到物的附加值方案管理，能为客户提供金融融资的物流供应商在客户心中的地位会大幅度提高，供应链金融将有助于形成物流企业的竞争优势。

在物流业务中，基础性的物流操作如仓储、运输，其利润率已经越来越低。物流的主要利润来源已经转向各种增值服务。供应链金融作为一种新的盈利模式，正在成为业内关注的目标。未来的物流企业谁能掌握金融服务，谁就能成为最终的胜利者，这也是 UPS 的发展战略之一，目前供应链金融已经成为该公司重要的利润来源。全球最大的船公司马士基在供应链金融服务方面也作出了出色业绩。这些跨国物流公司依托良好的信誉，并和金融单位相结合，利用自己对物流过程中货物的实际监控，在为发货方和货主提供物流服务的同时，也提供金融服务，例如，开具信用证、仓单质押、票据担保、结算融资等，这样不仅吸引了更多客户，而且在供应链金融活动中还创造了可观的利润。同样地，一些世界著名的银行，也看准了供应链金融这一新的利润增长点，把供应链金融作为新的金融产品推向市场，并且不断拓展其业务内容。

1.2 供应链金融的概念

《欧洲货币》杂志将供应链金融形容为近年来银行交易性业务中最热门的话题。一项调查显示，供应链融资是国际性银行2007年度流动资金贷款领域最重要的业务。

商业银行利用自身在供应链资金流管理上的专业优势，通过对有实力核心企业的责任捆绑和对供应链资金流、物流的有效控制，针对链条上核心企业、供应商、经销商及终端用户等不同客户的融资需求，提供以货物销售回款自偿为风险控制基础的组合融资服务，这类金融服务一般称之为供应链金融(Supply Chain Financing，SCF)。

阅读案例1-5

台湾国泰世华银行的供应链金融业务

台湾国泰世华银行是一家专业银行机构，也是较早推出供应链金融服务的专业机构，其供应链金融计划以采购供应网、资金流服务和物流运筹服务为基础，以信息贯穿中心厂、供货商、物流业者及银行，使得整体经济环境得以跨阶段并跨产业的提升竞争力，获得中心厂、供货商、物流业者及银行共赢的局面。

1)服务理念与服务模式

国泰世华银行的供应链金融服务强调三多理念。

(1)多商品。配合供应链订单周期的各阶段，提供相对应的金融商品，其中包含：寄存仓(Vendor Managed Inventory Model)的拉货指示融资、订单融资、出货后融资、发票融资、应收账款融资、应付账款融资等多样化金融服务，大幅增加供货商资金取得渠道及提前期资金取得时间。

(2)多行。供货商可通过“国泰世华 My B2B 全球资金运筹网”，查询参与计划各银行的资金往来情况。

(3)多国。经由国泰世华银行提供“My B2B connect”的服务，企业户可同时查询多国账户，了解资金部位，并进而在线进行资金调度，以畅通国际收支，进行全球资金运筹。

国泰世华银行的供应链金融服务强调，由银行承担买方的信用风险，企业无须提供其他担保品，便可经由跨越国界限制的“国泰世华 My B2B 全球资金运筹网”将应收账款变成现金，提高应收账款周转率，并避免业务发展过程中，因放账交易而产生客户账款拖欠，导致资金无法顺利及时回收的情形，以在线融资交易满足买卖交易中之资金流需求。银行所提供的主要服务项目包括：寄存仓拉货指示融资、订单融资、出货后融资、发票融资、应收账款融资和应付账款融资等。

2)对供应链成员的利益

国泰世华银行的供应链金融服务，从根本上来说，是要实现供应链共赢的目标。

银行能给供应商提供的价值在于：

(1)电子收款。减少追踪、兑付等作业时间与成本。

(2)联机汇款。财务人员在线处理资金调度，节省企业的人力及时间成本。

(3)整批电子对账。电子式对账,快速、正确、无纸化。

(4)大陆汇款。解决两岸三地资金调度,实现两岸三地运筹融资。

(5)全球支付。全球资金快速移转。

(6)电子化现金管理。随时掌握资金部位,财务调度有效率。

(7)多样、创新的在线电子融资。依照需求调度资金,降低成本,同时缩小资金缺口,加速周转率,提高资金运用效率。

银行可以给卖方提供的价值包括:

(1)强化资金融通与财务调度能力。公司可立即将应收账款转为现金,缓解资金压力,充裕营运资金。

(2)账务管理与收款服务。提供专业的账务管理,使客户实时掌握买方最新的付款动态。

(3)优化公司财务报表。提高应收账款周转率,并能降低负债比例,改善财务结构。

(4)快速的拨贷流程。公司依资金需求,随时在线动拨,在最短的时间内,补足当日资金缺口。

3)电子平台

以上业务和服务的开展,需要良好的信息化电子平台的支持。国泰世华银行的电子平台由台湾好好物流(LSP)集合其他10家物流业者来导入电子对账,并将原先制定的供应链融资机制在台湾物流信息标准P/P Billing上实施,计划范围分为电子对账及银行取得电子融资两部分,如图1-2所示。

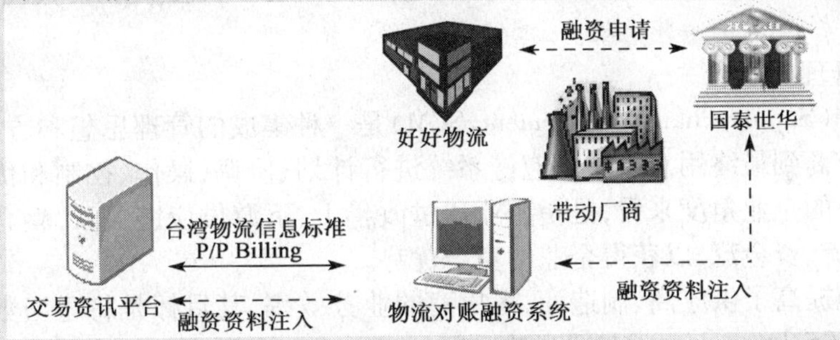

图1-2 国泰世华银行的物流金融业务电子平台

资料来源:http://www.cathaybk.com.tw.2008

供应链金融不仅帮助供应链企业解决资金流、物料流中供应和需求不匹配的风险,还强调应用电子支付的手段以降低供应链中资金流运作成本,同时还帮助供应链企业降低信用风险、汇率风险等。

1.2.1 供应链管理与供应链金融

1)供应链的概念

供应链(Supply Chain)的概念在20世纪80年代被提出,并迅速在制造业管理中得到普遍应用。近几年来,供应链管理作为一种新的管理模式在几乎所有行业得到普及,产生了良好的示范效应。

通俗地讲,相关企业之间的供需关系是客观存在的,比如,有些企业为了使自身区别于其他企业,使自己保持核心的竞争优势,必然要把非核心的业务交由其他企业来做。这些企业向上联系供应企业,向下联系下游销售企业,形成了一条从原材料采购到产品制造、销售的链条,称之为供应链。供应链反映了企业之间的合作关系及其产业关联关系。

传统意义的供应链主要是指一个企业内部不同部门之间的产供关系,即将采购的原材料和收到的零部件，通过生产和销售等过程传递到企业用户的过程。

现代意义上的供应链是更大范围、更为系统的概念，它不再仅仅是企业内部各个部门之间的关系，而是指从客户需求开始，贯通产品设计、原材料供应、产品生产、批发、零售等过程，把产品送到最终客户的各项业务活动，连接的是一个企业与其上下游企业之间关系的网链结构。

如图1-3所示，供应链是围绕核心企业，通过对信息流、物流、资金流的控制，从采购原材料开始，制成中间产品以及最终产品，最后由销售网络把产品送到消费者手中的将供应商、制造商、分销商、零售商、直到最终用户连成一个整体的功能网链结构。供应链下的供需企业之间是长期合作关系，彼此之间联系紧密，相互之间信息共享，共同努力解决问题等。从不同侧面，对供应链有不同的理解。

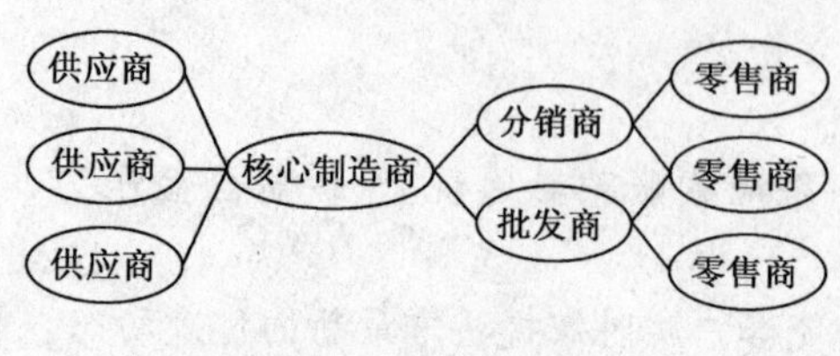

图1-3　供应链组成

(1)它是一条联结供应商到用户的物料链，通过链中不同企业的制造、组装、分销、零售等过程将原材料转换成产品再到最终用户的过程。在任何一个产业内部都存在链状结构。比如，在制造商的上游有供应商，二者形成原料供应关系；在制造商下游有经销商和最终用户，相互之间形成产品销售关系。

(2)它也是一条增值链，物料在供应链上因为加工、物流而增加其价值。通过对供应链的管理可以实现价值的增值。比如，从原料投入开始，经过加工、转化并被消费者购买的消费，当中做出的所有增值活动都是由供应链上的各个企业完成的，增值过程所构成的网络称为制造商的价值链。

2)供应链管理的概念

供应链管理(Supply Chain Management，SCM)是一种集成的管理思想和方法，供应链管理就是指对从供应商到最终用户整个供应链系统进行计划、协调、操作、控制和优化的各种活动和过程。从单一的企业角度来看，是指企业通过改善上、下游供应链关系，整合和优化供应链中的信息流、物流、资金流，以获得企业的竞争优势。

供应链管理提高了供应商、制造商、零售商的业务效率，其目标是将适当数量(right quantity)的适当产品(right product)，在适当的时间(right time)和适当的地点(right place)，以适当的条件(right condition)、适当的质量(right quality)和适当的成本(right cost)交付给客户。

供应链管理的目标是在满足客户需要的前提下，对整个供应链(从供货商、制造商、分销商到消费者)的各个环节进行综合管理，例如从采购、物料管理、生产、配送、营销到消费者的整个供应链的货物流、信息流和资金流，把物流与库存成本降到最小。

3)供应链金融概念的界定

供应链金融是银行依托供应链上的核心企业，将核心企业和上下游企业联系在一起，通过对供应链上相关企业的信息获取和资金流、物流的控制，降低资金风险，为供应链上的相关企业提供的综合性金融服务。

从银行角度看，供应链金融是银行的一种业务模式，银行依托核心企业，通过对供应链上物流、资金流的控制规避供应链单一企业的信用风险，为核心企业和上下游多个企业提供灵活运用的金融产品和服务；从供应链各企业角度看，供应链金融是供应链上各企业利用银行提供的金融服务，满足各企业资金周转需要以维持供应链的运作；从电子交易平台服务商角度看，供应链融资的解决方案是由提供贸易融资的金融机构、核心企业自身，以及将贸易双方和金融机构之间的信息有效连接的技术平台提供商组合而成。技术平台的作用是实时提供供应链活动中能够触发融资的信息按钮，比如订单的签发、按进度的阶段性付款、供应商管理库存的入库、存货变动、指定货代收据的传递、买方确认发票项下的付款责任等。

在整个供应链中，竞争力较强、规模较大的核心企业因其强势地位，往往在交货、价格、账期等贸易条件方面对上下游配套企业要求苛刻，从而给这些企业造成了巨大的压力，而上下游配套企业恰恰大多是中小企业，难以从银行融资，结果最后造成资金链十分紧张，整个供应链出现失衡。供应链金融最大的特点就是在供应链中寻找出一个大的核心企业，以核心企业为出发点，为供应链提供金融支持。一方面，将资金有效注入处于相对弱势的上下游配套中小企业，解决中小企业融资难和供应链失衡的问题；另一方面，将银行信用融入上下游企业的购销行为，增强其商业信用，促进中小企业与核心企业建立长期战略协同关系，提升供应链的竞争能力。在供应链金融的融资模式下，处在供应链上的企业一旦获得银行的支持，资金这一"脐血"注入配套企业，也就等于注入了供应链，从而可以激活整个链条的运转，而且借助银行信用的支持，还为中小企业赢得了更多的商机。

1.2.2 与传统融资的区别

供应链金融与传统的融资方式相比，有五个明显特点。

(1)供应链金融还强调授信还款来源的自偿性，即引导销售收入直接用于资金偿还。

(2)银行对客户授信的评估不同。银行债项的安排不仅基于客户的信用，更是基于客户的存货、应收账款和未来的货权。担保条件的落实也是基于客户的存货资产，而不看重客户的固定资产和其他担保手段。

(3)通过对物流、资金流的控制，控制风险。对成员的融资严格限定于其与核心企业之间的贸易背景，严格控制资金的流向，且融资中往往会利用物流监管公司对物流进行监管，防范风险。

(4)操作环节和日常操作增加。从银行的角度讲，传统业务主要基于固定资产的抵押和担保，所以放款以后银行没有太多的操作；而供应链金融中，银行要面临大量的日常操作，比如说要监控质押物价格的变化，要根据客户的应收账款来调整风险敞口和控货的比例，要根据客户的还款签发提货通知等，这些操作具有非常重要的意义。

(5)客户对融资和物流具有非常个性化的要求。比如，有的客户是通过国际贸易方式融资，有的客户需要通过国内贸易的结算过程来融资，有的客户需要海运，有的客户需要实现在工厂的仓库监管。不同行业客户的贸易和结算方式的不同，也会造成供应链金融在债项安排和物流监管操作上的差异。客户的需求是多样的，对不同的客户需要不同的监管方式，需要不同的融资方案。

1.2.3 供应链金融的特点

供应链金融通过整合信息、资金、物流等资源，来达到提高资金使用效率并为各方创造价值、降低风险的目的。

1)供应链金融属于信贷类产品

这其中包括对供应商的信贷产品，如存货质押贷款、应收账款质押贷款、保理等，也包括对分销商的信贷产品，如仓单融资、原材料质押融资、预付款融资等。此外，除了资金的融通，金融机构还提供财务管理咨询、现金管理、应收账款清收、结算、资信调查等中间增值服务，以及直接对核心企业的系列资产、负债和中间业务提供服务。

2)供应链融资市场属于短期货币市场

尽管供应链金融有着独特的风险控制技术、自成体系的产品系列以及特别的盈利模式，但是从融资用途和期限的角度看，基本上可以归入广义的短期流动资金授信的范畴。

3)供应链金融业务主体

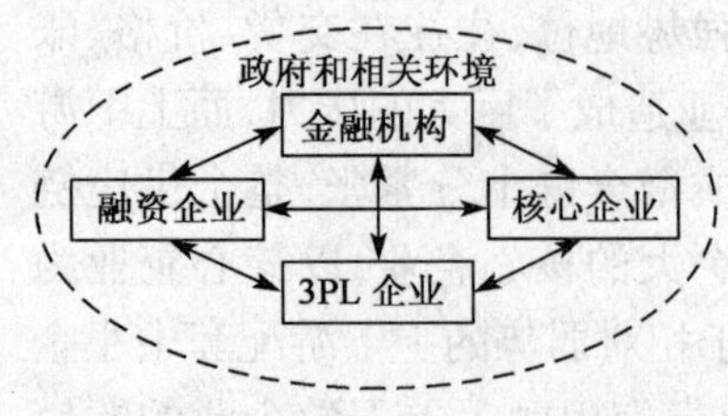

图 1-4 供应链金融业务主体

供应链金融系统主体包括金融机构、第三方物流(3PL)企业、融资企业、供应链核心企业等。系统主体间关系如图 1-4 所示。

(1)金融机构。金融机构泛指能够提供资本的机构，如银行、担保公司等。

(2)第三方物流(3PL)企业。第三方物流企业是提供质押物(动产)的物流服务和资产管理服务(监管、拍卖等)的承载者。第三方物流是在物流渠道中由中间商提供的服务，中间商以合同的形式在一定期限内，提供企业所需的全部或部分物流服务。

(3)融资企业。融资企业指供应链中资金不足的企业，由于资金不足将会限制该企业实现最优的运营决策。一般来说，借款企业往往是中小型企业。中小型企业主要的特点表现在两个方面：一是流动资产占总资产的比重较大；二是处于供应链中的弱势地位，上游的供应商和下游的需求方均具有较强的实力，导致中小型企业在正常现金流需求方面存在困难。

(4)供应链核心企业。供应链核心企业往往规模较大，实力较强，所以能够通过担保、提供出质(物)或者承诺回购等方式帮助融资企业解决融资担保困难，从而保证与融资企业良好的合作关系和稳定的供货来源或分销渠道。供应链金融服务中，由于产业链核心企业的参与顾及供应链整体利益，使得银行信贷风险有效降低。产业链核心企业可以通过供应链金融集成式产品服务，帮助上游供应商解决融资困难，保持与其长期友好的合作关系和稳定的供货来源。

4)供应链金融的制度环境

(1)法律法规环境。它包括动产担保物权的范围规定、设定程序、受偿的优先顺序、物权实现等的相关法律，以及监管部门的业务监管相关制度。政府和相关商贸环境主要指税务、海关、银行等机构和有关的政策和法规，以及相关的会计、法律、拍卖等相关业务环境和流程。供应链金融集成式产品服务还受到税务、海关等政府监管部门的影响，同时也需要具备会计、法律、拍卖租赁等中介服务机构的良好环境。

(2)技术环境。它包括与产品设计相关的金融技术和信息技术。

1.2.4 供应链金融的分类

1)按照是否授信业务分类

供应链金融涉及授信业务和非授信业务，如图 1-5 是按照这种角度进行的细分。

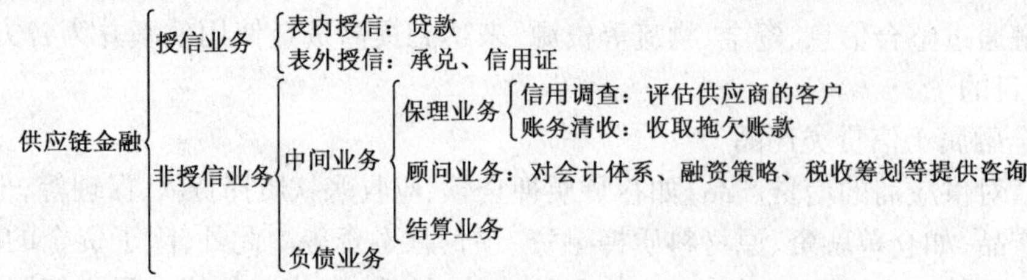

图 1-5 供应链金融分类

2)按照服务于整个供应链的环节分类

供应链金融可以分为采购环节的供应链金融和销售环节的供应链金融。

阅读案例1-6

降低采购成本与风险——商业承兑汇票贴现融资

安徽省新能源有限公司是由省政府出资设立的国有独资公司,代表省政府负责对电力等能源项目进行投资经营管理,对建设项目进行资本运营。主要涉足电力、煤炭、采掘、煤化工、煤层气、新能源、物流及天然气管输、金融证券、房地产开发、酒店餐饮、高科技等产业的大型企业集团。公司注册资本2亿元,总资产高达230亿元,年销售收入超过80亿元。作为本地的龙头企业,其在各家银行闲置贷款额度极大。

1)银行业务窘境:贷款不启用

某银行提供给安徽省新能源有限公司1亿元的贷款额度,但是,安徽省新能源有限公司根本不启用。这家银行进而为其设计提供供应链融资。

2)探究问题与发现契机

这家银行分析了安徽省新能源有限公司供应商现状:其有超过30多家供应商,分别为煤炭供应商、电力设备供应商、电缆供应商、发电绝缘件供应商等,这些中小供应商普遍资金紧张,账期多在2个月左右。

从这2个月的账期中,这家银行寻找到了商业契机。这家银行帮助安徽省新能源有限公司将账期从2个月延长到5个月,但是必须签发商业承兑汇票给供应商。由银行劝说供应商答应更改这种融资方式的方案。

3)银企合作

经过银行的仔细分析,供应商都答应接受商票付款的方案。银企合作情况如下:

(1)安徽省新能源有限公司挑选出10家供应商,每家应付货款金额在1 000万元。安徽省新能源有限公司1亿元贷款额度全部为商业承兑汇票贴现额度;

(2)安徽省新能源有限公司签发1亿元商业承兑汇票,并与供应商及银行签订《商业承兑汇票代理贴现三方协议》,银行承诺按照提供给安徽省新能源有限公司的优惠商业承兑汇票贴现利率提供给供应商,安徽省新能源有限公司可以收取0.1%的手续费;

(3)安徽省新能源有限公司签发1亿元的商业承兑汇票给供应商,并代理供应商完成贴现,银行提供商业承兑汇票贴现融资;

(4)银行将贴现后款项直接划付给10家供应商。

在采购环节的供应链金融实践中,使用商业承兑汇票贴现融资,可以使得采购企业账期延长,即现金交付延迟,使得采购企业充分利用信用额度,有效管理资金流,降低采购风险。使得供应商能够以银行为中介顺利收回货款。而银行通过提供融资服务,赚取贴现利率。银企合作呈现共赢的局面。

资料来源:http://blog. sina. com. cn. 2009-12-03

3)按照融资使用的质押对象分类

供应链金融可以分为应收账款融资、存货融资和预付款融资三类。应收账款融资和存货融资是国际上广为接受的融资产品,有着成熟的法律框架和实践基础。而预付款融资可以视为一种"未来存货的融资"。

(1)应收账款和存货融资(Accounts Receivable And Inventory Financing,ARIF)。ARIF简单而言就是借款人以自己应收账款和存货等流动资产的价值作为融资的担保,取得资金用于支持生产和销售活动。融资的还款来源是应收账款回收存货销售产生的现金流。根据借款人不同的信用风险度，银行对担保性资产实施不同严格程度的控制。

根据美国财政部货币监理署在 ARIF 业务监理手册（OCC，2000）中的解释，ARIF 区别于普通商业贷款的最大特点是：ARIF 的还款来源是流动资产变现所产生的特定化的现金流，而普通商业贷款的还款来源是经营活动所产生的现金流。ARIF 更多关注应收账款和存货的质量和价值，关注银行控制权和监控系统，关注银行在扣押状态下变现抵押品的能力，而不是关注收入和资产负债表的信息。

（2）预付款融资。从风险控制的角度看，预付款融资的担保基础是预付款项下客户对供应商的提货权，或提货权实现后通过发货、运输等环节形成的在途存货和库存存货。

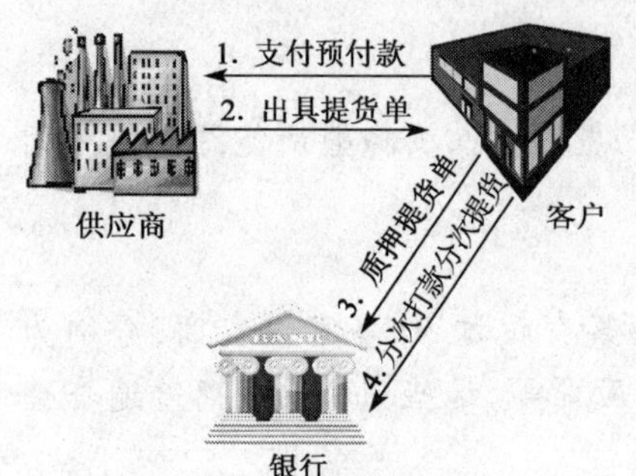

图 1-6　提货权融资流程

提货权融资的情况如担保提货（保兑仓），这是指客户通过银行融资向上游支付预付款，上游收妥后即出具提货单，客户再将提货单质押给银行，之后客户以分次向银行打款方式分次提货。提货权融资流程如图 1-6 所示。

对一些销售状况非常好的企业，库存货物往往很少，因此融资的主要需求产生于等待上游排产及货物的在途周期。这种情况下，如果买方承运，银行一般会指定中立的物流公司控制物流环节，并形成在途库存质押；如果卖方承运，则仍是提货权质押。

货物到达买方后，客户可向银行申请续作在库的存货融资。这样，预付款融资成为存货融资的“过桥”环节。

传统流动资金贷款的贷款用途也可指定用于预付款，而且广义上，预付款融资包括了银行对客户采购活动的信用支持，如信用证的开立。但是这两种情况下，银行一般会要求授信申请人提供不动产抵押或保证担保以覆盖敞口。显然这与供应链融资中的预付款融资概念不同。在供应链融资的预付款融资中，融资的担保支持恰是融资项下的贸易取得，因此对客户融资的资产支持要求被简约到了最大限度。预付款融资是国内银行供应链金融的特色产品系列，因为国内银行更关注分销商而不是供应商的融资。而核心企业对分销商的财务压力集中在预付而非应收领域。在预付款融资中，国内银行将把核心企业的信用捆绑技术引入对分销商的授信中，如深圳发展银行在 2001 年推出的先票后货授信、担保提货授信、国内信用证、进口项下货权质押授信等。

4）按照风险控制及解决方案的问题导向分类

如图 1-7 所示，按照风险控制体系及解决方案的问题导向维度，供应链金融可以分为基于货权控制的供应链金融、基于债权控制的供应链金融和基于核心企业连带关系的供应链金融三类。

（1）基于货权控制的供应链金融业务——存货类和预付款类。存货类对应 ARIF 中与存货融资相似。预付款融资可以细分如下。

①先票（款）后货授信。先票（款）后货是存货融资的进一步发展，它是指客户（买方）从银行取得授信，在交纳一定比例保证金的前提下，向卖方支付全额货款；卖方按照购销合同以及合作协议书的约定发运货物，货物到达后设定抵（质）押率，作为银行授信的担保。在实践中，一些热销产品的库存往往较少，因此企业的资金需求集中在预付款领域。同时，该产品因为涉及卖家及时发货、发货不足的退款、到货通知以及风险控制等环节，因此客户对卖家的谈判地位也是操作该产品的条件之一。

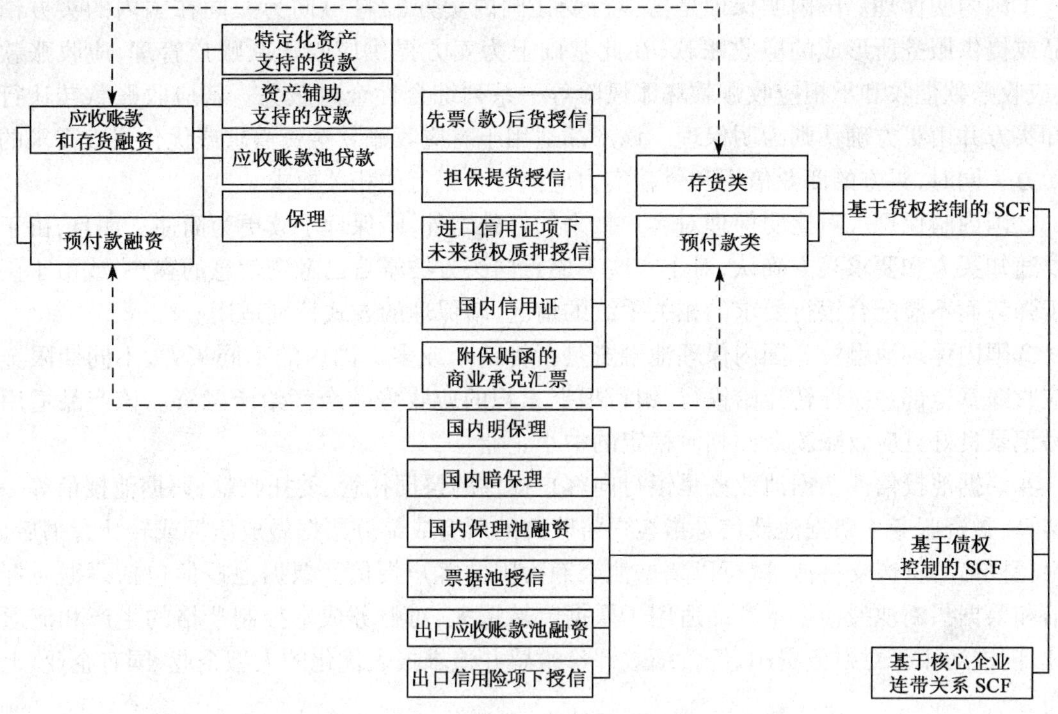

图 1-7　两种分类结构与比较

②担保提货(保兑仓)授信。担保提货是先票(款)后货产品的变种,它是在客户(买方)交纳一定保证金的前提下,银行贷出全额货款供客户向核心企业(卖方)采购,卖方出具全额提单作为授信的抵(质)押物。随后,客户分次向银行提交提货保证金,银行再分次通知卖方向客户发货。卖方就发货不足部分的价值承担向银行的退款责任。该产品又被称为"卖方担保买方信贷模式"。

③进口信用证项下未来货权质押授信。进口信用证项下未来货权质押授信,是指银行根据进口商(客户)的申请,在进口商根据授信审批规定交纳一定比例的保证金后,为进口商开出信用证,并通过控制信用证项下单据所代表的货权来控制还款来源的一种授信方式。货物到港后可以转换为存货抵(质)押授信。

④国内信用证。国内信用证业务是指在国内企业之间的商品交易中,买方(客户)申请开出符合信用证条款的单据,银行承诺支付货款。国内信用证可以解决客户与陌生交易者之间的信用风险问题。它以银行信用弥补了商业信用的不足,规避了传统人民币结算业务中的诸多风险。同时,信用证也没有签发银行承兑汇票时所设的金额限制,使交易量更具弹性,手续更简便。此外,客户还可以利用在开证银行的授信额度来开立延期付款信用证,提取货物,用销售收入来支付国内信用证款项,不占用自有资金,优化了资金使用效率。卖方按规定发货后,其应收账款就具备了银行信用的保障,能够杜绝拖欠及坏账。

⑤附保贴函的商业承兑汇票。附保贴函的商业承兑汇票实际上是一种授信的使用方式。但是在实践中,由于票据当事人在法律上票据责任的存在,构成了贸易结算双方简约而有效的连带担保关系,因此可以当作独立的产品使用。

(2)基于债权控制的供应链金融业务——应收账款融资。基于债权控制的供应链金融又称为核心企业的渠道融资,主要是对应收 ARIF 中应收账款融资。

①国内明保理。国内明保理是指银行受让国内卖方(客户)向另一同在国内的买方销售商品或提供服务所形成的应收账款,在此基础上为卖方提供应收账款账户管理、应收账款融资、应收账款催收和承担应收账款坏账风险等一系列综合性金融服务。若应收账款转让行为通知买方并由买方确认则为明保理。该产品适用于有应收账款融资需求或优化报表需求的国内卖方。同时,买方的商业信用和付款实力应该符合银行的相关要求。

②国内暗保理。对比明保理对客户带来的好处之外,暗保理手续更为简便。而且,由于不需要通知买方和要求买方确认,对于一些不愿意向买方披露自己融资信息的客户,或由于买方过于强势而不愿配合银行要求的相关手续的情况,暗保理的方式特别适用。

③国内保理池融资。国内保理池融资是指将一个或多个国内的不同买方、不同期限金额的应收账款全部一次性转让给银行,银行根据累积的应收账款余额给予融资。该产品适用于交易记录良好且应收账款余额相对稳定的中小企业。

④票据池授信。票据池业务是银行向客户提供的票据托管、委托收款、票据池授信等一揽子结算、融资服务。票据池授信是指客户将收到的所有或部分票据做成质押或转让背书后,纳入银行授信的资产支持池,银行以票据池余额为限向客户授信。票据池授信包括票据质押池授信和票据买断池授信。本产品适用于票据流转量大、对财务成本控制严格的生产和流通型企业,同样适用于对财务费用、经营绩效评价敏感并追求报表优化的大型企业、国有企业、上市公司。

⑤出口应收账款池融资。出口应收账款池融资,是指银行受让国际贸易中出口商(客户)向国外进口商销售商品所形成的应收账款,并且在所受让的应收账款能够保持稳定余额的情况下,结合出口商主体资质、经营情况、抗风险能力和应收账款质量等因素,以应收账款的回款为风险保障措施,向出口商提供融资的短期出口融资业务。本产品适用于经常性发生出口贸易、具备一定主体资质和出口业务规模的中小企业,此类企业须拥有优良的出口收汇记录,保持稳定的应收账款规模,且出口融资需求旺盛,银企配合意愿强。

⑥出口信用险项下授信。出口信用险项下授信是指已投保出口信用保险的客户将赔款权益转让给银行后,银行向其提供短期资金融通,在发生保险责任范围内的损失时,保险公司根据相关规定,按照保险单规定理赔后应付给客户的赔款,直接全额支付给融资银行的业务。该产品适用于出口到高风险地区或向不了解的进口商出口的情况下购买了出口信用保险的客户,且特别适合采用赊销方式进行结算的客户。

(3)基于核心企业连带关系的供应链金融。基于核心企业连带关系的供应链金融是服务于供应链和交易链集群企业的系统性解决方案。深圳发展银行的“1 + N”模式即为该供应链金融的典型实践。

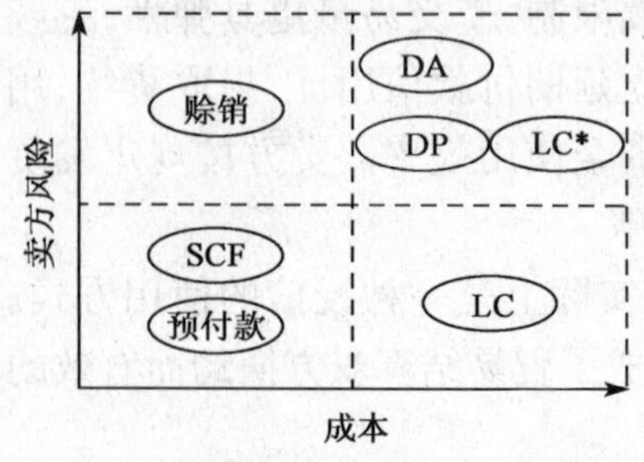

图1-8　基于连带关系的供应链金融与其他融资比较

银行和核心企业(即“1”)进行统筹安排,针对供应链不同片段的交易结构及衍生的融资需求关键节点,选择性地对核心企业上下游的供应商和分销商(即“N”)提供授信。基于核心企业连带关系的供应链金融以提高整个供应链的便利性和降低融资综合成本为导向。这种系统性的供应链金融与传统的贸易融资等相比,在成本和风险控制上都达到了一个更好的均衡,如图1-8所示。

在这张描述企业交易中面临的风险和成本的二维图

中,赊销令卖方承担巨大风险,预付款方式对卖方而言是风险最小,成本也最低的交易条件,但同时这种方式必然将风险与成本转移到买方身上,因此也并不总能达成。DA(承兑交单)和DP(付款交单)则极大地取决于买方是否如约付款,对卖方而言风险依然较大,业务操作成本亦较高。信用证方式是国际贸易中采用最广泛的支付方式,尽管它为卖方提供了较高的信用保证,但涉及很高的单证处理成本。而且在国际贸易中,约有80%的信用证业务中存在不符点,无法一次通过完成交割。这会将其地位从LC的位置推向LC*所处的较高风险、高成本区域。

5)按照融资使用的质押授信类型分类

供应链金融可以分为静态抵(质)押授信、动态抵(质)押授信、标准仓单质押授信、普通仓单质押授信四类。

(1)静态抵(质)押授信。静态抵(质)押授信是动产及货权抵(质)押授信业务最基础的产品,它是指客户以自有或第三人合法拥有的动产为抵(质)押的授信业务,又称为"特定化库存模式"。银行委托第三方物流公司对客户提供的抵(质)押的商品实行监管,抵(质)押物不允许以货易货,客户必须打款赎货。静态抵(质)押适用于除了存货以外没有其他可质押物的客户,而且客户的购销模式为批量进货、分次销售。相对来说,静态抵(质)押授信是货押业务中对客户要求较苛刻的一种,更多地适用于贸易型客户,客户得以将原来积压在存货上的资金盘活,扩大经营规模。

(2)动态抵(质)押授信。动态抵(质)押授信是静态抵(质)押授信的延伸产品,它是指客户以自有或第三人合法拥有的动产为抵(质)押的授信业务,又称为"核定库存模式"。银行对于客户抵(质)押的商品价值设定最低限额,允许在限额以上的商品出库,客户可以货易货。该产品适用于库存稳定、货物品类较为一致、抵(质)押物的价值核定较为容易的客户。同时,对于一些客户的存货进出频繁,难以采用静态抵(质)押授信的情况,也可运用本产品。该产品多用于生产型客户。

(3)标准仓单质押授信。标准仓单质押授信是指客户以自有或第三人合法拥有的标准仓单为质押的授信业务。标准仓单是指符合交易所统一要求的,由指定交割仓库在完成入库商品验收、确认合格后签发给货主用于提取商品的,并经交易所注册生效的标准化提货凭证。该产品适用于通过期货交易市场进行采购或销售的客户,以及通过期货交易市场套期保值,规避经营风险的客户。

(4)普通仓单质押授信。普通仓单质押授信是指客户提供由仓库或其他第三方物流公司提供的非期货交割用仓单作为质押物,并对仓单设置出质背书,银行提供融资的一种银行产品。

各类供应链金融的抵(质)押物区别见表1-1。

各种融资类型的抵(质)押物 表1-1

供应链金融类型	抵(质)押物	供应链金融类型	抵(质)押物
先票(款)后货授信	到达货物	国内保理池融资	多方多期应收账款
担保提货(保兑仓)授信	卖方出具全额提单	票据池授信	收到的所有或部分票据或转让背书
进口信用证项下未来货权质押授信	信用证项下单据所代表的货权	出口信用险项下授信	已投保出口信用保险的赔款权益
担保提货(保兑仓)授信	卖方出具全额提单	出口应收账款池融资	出口应收账款

续上表

供应链金融类型	抵(质)押物	供应链金融类型	抵(质)押物
国内信用证	银行依照买方(客户)申请开出的符合信用证条款的单据	静态抵(质)押授信	商品存货
附保贴函的商业承兑汇票	附保贴函的商业承兑汇票	动态抵(质)押授信	动产
国内明保理	应收账款	标准仓单质押授信	标准仓单
国内暗保理	应收账款	普通仓单质押授信	非期货交割用仓单(设置出质背书)

1.2.5 供应链金融与物流金融

1)物流金融

物流金融是包含金融服务功能的物流服务,指贷款企业在生产和发生物流业务时,为降低交易成本和风险,通过物流企业获得金融机构的资金支持;同时,物流企业为贷款企业提供物流监管及相应的融资及金融结算服务,使物流产生价值增值的服务活动。

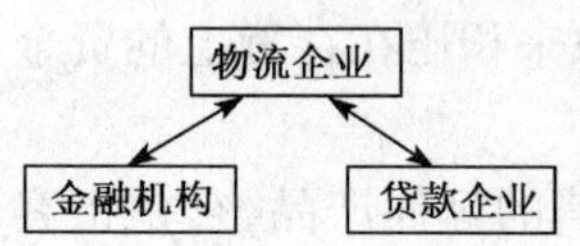

图1-9 物流金融业务关系图

图1-9为通常意义上的物流金融业务关系,可以看出,物流金融仅为供应链或非供应链的某一贷款企业进行服务,由于仅面向一个企业,此融资方式流程简洁,不存在关联担保,且融资关系简单清楚,风险性小。

(1)运作主体。从定义可以看出,物流金融主要涉及三个主体:物流企业、金融机构和贷款企业。贷款企业是融资服务的需求者,物流企业与金融机构为贷款企业提供融资服务,三者在物流管理活动中相互合作、互利互惠。

(2)运作模式。根据金融机构参与程度的不同,物流金融的运作模式可分为资本流通模式、资产流通模式及综合模式。其中资本流通模式是金融机构直接参与物流活动的流通模式,包含四种典型模式:仓单质押模式、授信融资模式、买方信贷模式和垫付贷款模式;资产流通模式是金融机构间接参与物流活动的流通模式,其流通模式有两种:替代采购模式和信用证担保模式;综合模式是资本和资产流通模式的结合。

2)供应链金融

由图1-10可以看出,供应链金融是为某供应链中一个或多个企业的融资请求提供服务,它的出现避免了供应链因资金短缺造成的断裂。在具体融资过程中,物流企业辅助金融机构完成整条供应链的融资,供应链金融模式不同,其参与程度也不同。由于面对整条供应链的企业,金融机构易于掌握资金的流向及使用情况。

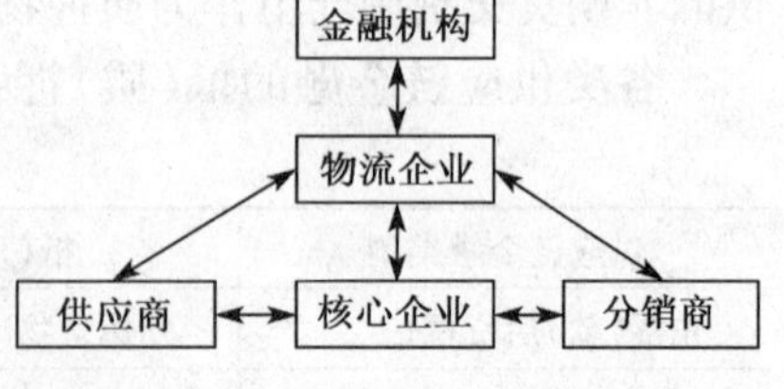

图1-10 供应链金融业务关系图

(1)运作主体。供应链金融主要涉及三个运作主体:金融机构、核心企业和上下游企业。其中核心企业和上下游企业是融资服务的需求者;金融机构为融资服务的提供者;物流企业仅作为金融机构的代理人或服务提供商,为贷款企业提供仓储、配送、监管等业务。

(2)运作模式。从风险控制体系的差别以及解决方案的问题导向维度,供应链金融的运作模式分为存货融资、预付款融资、应收账款融资模式;采取的标准范式为“1 + N”,即以核心企业"1"带动上、下游的中小企业"N"进行融资活动,"+"则代表两者之间的利益、风险进行的连接。

3)两种融资方式的区别

综上所述,物流金融与供应链金融在具体的融资活动中既有共性也有差别,除去运作模式的不同,其他主要区别如下:

(1)服务对象。物流金融是面向所有符合其准入条件的中小企业,不限规模、种类和地域等;而供应链金融是为供应链中的上下游中小企业及供应链的核心企业提供融资服务。

(2)担保及风险。开展物流金融业务时,中小企业以其自有资源提供担保,融资活动的风险主要由贷款企业产生。

供应链金融的担保以核心企业为主,或由核心企业负连带责任,其风险由核心企业及上下游中小企业产生。供应链中的任何一个环节出现问题,将影响整个供应链的安全及贷款的顺利归还,因此操作风险较大。但是,金融机构的贷款收益也会因整条供应链的加入而随之增大。

(3)物流企业的作用。对于物流金融,物流企业作为融资活动的主要运作方,为贷款企业提供融资服务。供应链金融则以金融机构为主,物流企业仅作为金融机构的辅助部门提供物流运作服务。

(4)异地金融机构的合作程度。在融资活动中,物流金融一般仅涉及贷款企业所在地的金融机构。对于供应链金融,由于上、下游企业及核心企业经营和生产的异地化趋势增强,因而涉及多个金融机构间的业务协作及信息共享,同时加大了监管难度。

1.2.6 物流监管

供应链管理包括对物流、资金流和信息流的计划、控制和管理。目前,国内很多企业不能对物流、信息流和资金流进行集成管理,使得企业具体的物料流和资金流的运作不顺畅,导致企业资金交付后未能收到货物,或者货物销售后资金未能回笼,或者企业经营过程中出现资金缺口等。高效的供应链管理要求供应链中的部分企业能够提供对物流、账单流(信息流)和资金流集成管理的综合服务。

作为金融和物流集成式创新服务,供应链金融不仅可以为整个供应链提供一体化服务,而且可应用于有效支付和收款解决方案。资金流的有效管理可以减少资金成本,提高企业的投资收益;反之,账单流和资金流的有效管理可以促进物流效率。

现实中,国内银行主要接受固定资产抵押贷款,因为固定资产的不可移动性使之作为抵押物易于监管。但是很多企业(特别是中小型企业)可用作抵押的固定资产有限,所以融资规模较小,不能满足企业发展和运营的资金需求。而企业的流动资产如存货、权利单证(如仓单、应付和应收款项、单据凭证等)往往占企业总资产的较大比例。由于流动资产的监管困难,金融机构往往不愿意开展基于动产的贷款业务。供应链金融则通过对流动资产的有效监管来帮助银行和企业解决"企业想借借不到,银行想贷贷不出"的困境:物流服务代理银行监管流动资产,金融服务则为企业提供融资及其他配套服务。

金融机构贷款存在信用风险,供应链金融服务对流动资产的有效监管可以降低基于动产融资贷款项目的风险。另外,由于未来的不确定性,原材料、部件、半成品和产成品的价格会波动,数量会变化,从而引发很多供应链风险。供应链金融服务不仅可以通过监管服务来降低银行的贷款风险,而且可以运用银行业近几十年发展的风险管理成熟理论和方法(如金融衍生工具,如期货和期权等)帮助企业降低供应链风险,进一步提高供应链整体效率。

目前,在国内开展物流监管业务的除中国外运集团以外,还有中国储运总公司、中远物流、五矿等物流或贸易型企业。这些企业大多利用其良好的资信建立与银行的合作关系,同时利用自身网络优势控制货物流向,向银行提供监管服务,同时向客户提供物流服务或是贸易服务。

尽管越来越多的人认识到,供应链金融会产生巨大经济效益和社会效益,但是这一业务在中国还处于起步阶段。国际权威咨询公司的分析指出,中国供应链金融的市场规模可能会达到15 万亿元,但是目前中国实现的市场规模仅仅只有2 000 亿元左右,巨大的市场需求远远没有被满足。

目前,国内大多数商业银行,关于供应链融资也没有成熟的产品,大都是探索性的。美国银行授信业务约80%是基于动产的授信,而只有约20%是基于不动产的授信。在这一点上中国恰恰相反,约80%以上的授信采取不动产担保的方式,而约20%以下的授信采用动产抵押和质押的方式。随着中国的金融向世界开发,外资银行进入中国,势必造成金融市场竞争的加剧。国内银行迫于压力必须完善产品,寻求金融业务的创新。

阅读案例1-7

国内物流监管案例

1)中国储运

中储1992 年开始探索供应链金融业务,1999 年第一笔物流监管业务运作成功。目前,宝钢、邯钢等钢铁公司及其经销商、银行和中储签订的四方协议,由银行为客户开立银行承兑汇票用于购买钢材,客户将购买的钢材质押给银行,银行委托物流公司为上述质押的钢材提供物流、仓储、监管等服务。目前,中国物资储运总公司属下已经有20 家单位开展了物流监管业务,质押监管的授信额度突破了20 亿元,质押产品期末库存量占整个公司期末库存的22%,产品涉及黑色金属、有色金属、建材、食品、家电、汽车、纸张、煤炭、化工九大类。

2)中国外运

从1998 年中国外运各子公司开展物流监管业务以来,尤其是振兴仓储计划将物流监管业务纳入中国外运重点工作后,物流监管业务得到了极大的发展。经过四年多的实践,基本上摸索出了一条适合企业实际的发展道路。中国外运发挥资信、管理和网络优势,采取集中控制、分级管理、统一标准、授权经营的发展思路,取得了相当明显的成效。

中国外运与各银行密切合作,利用外运庞大的仓储资源(场地和仓储队伍)和网络优势,基本确立了目前在物流监管业务市场的优势地位。

(1)建立了适合外运实际的管理体系。中国外运总公司负责制订标准、监督检查,子公司负责销售和业务操作。在市场划分上,子公司负责区域性客户,总公司负责跨区域和大客户。这样的管理体系,既明确了中国外运和子公司的业务分工,又保持了各方的业务积极性,还保持了业务的统一性,控制了业务风险。

(2)建立了初步的产品体系。中国外运与十多家银行签订了业务合作协议或开展了业务合作,这些银行包括中国工商银行、中国银行、中国交通银行、深圳发展银行、中信银行、光大银行、民生银行,还包括奥地利中央合作银行、渣打银行等外资银行。中国外运初步建立仓储质押监管、物流质押监管两个体系的多个产品。这些产品对范本合同、单证格式、操作流程、人员安排、岗位职责都有明确细致的规定,从法律上、操作上有效提高了外运的业务竞争能力和风险控制水平,逐步被各银行接受,成为其利润增长点。同时,中国外运还深化了物流监管业务在行业的应用,在汽车、石化产品、液态商品监管方面,积累了丰富的经验,尤其是在汽车经销商融资和质押商品汽车监管等方面，中国外运完善了产品，经受住了市场的考验。

(3)建立了比较严格的风险控制体系。中国外运与各银行商定的范本合同和格式单证，有效控制了法律风险。中国外运就专门业务种类编制了各产品的业务指导书，大项目编制了业务手册，有效地控制了操作和经营风险。到2007年底，公司已经与一些保险公司洽谈物流监管业务的保险问题，基本控制了业务风险。

资料来源：网上资料.2009

随着供应链金融业务不断得到市场认可，物流监管的专业化和信息水平不断提高，其他物流公司(比如中远物流)还依托其强大的网络优势和储运技术等研发了海陆仓、全程监管的服务品种，物流监管业务向大中型物流企业集中的趋势正在形成，物流监管的专业化为供应链金融的深入发展提供了保障。

1.3 供应链金融的构成

在供应链金融中，商业银行对一个产业链中的单个企业或上下游多个企业提供全面金融服务，以促进供应链核心企业及上下游配套企业"产—供—销"链条的稳固和流转顺畅，通过金融资本与实业经济的协作，使商业银行、企业和商品供应链互利共存、持续发展。在供应链管理过程中，商业银行为供应链管理者——核心企业提供资金流管理解决方案。那么，电子商务企业和物流企业则分别承担着信息流和物流的解决方案。从供应链金融的角度看，物流和信息流是触发银行向供应链成员企业融资和回收授信的基础变量。因此要实现三流的有序衔接，保证供应链金融业务运行的效率和安全性，还应该在商业银行、电子商务公司和物流公司之间建立起合作联盟。

阅读案例1-8

中小企业"傍大款"

有道是"背靠大树好乘凉"，只要与核心企业交易，无论是核心企业的供应商还是经销商，佛山工行均可提供融资支持，以解决中小企业的融资担保难题。

近年来，随着社会化生产方式的不断深入，产业经济的发展已经从企业与企业之间的竞争转变为供应链与供应链之间的竞争，同一供应链内部各方相互依存，"一荣俱荣、一损俱损"。

不过，在供应链中，竞争力较强、规模较大的核心企业常常因其强势地位，在交货、价格、付款等贸易条件方面对上下游配套企业要求苛刻，给这些企业的经营、发展造成了巨大的压力。而上下游配套企业大多是中小企业，由于有效担保不足、财务管理不规范、企业信用信息不对称、抗风险能力弱等未能得到根本性解决，很多时候难以通过传统的信贷方式获得银行的资金支持，结果导致资金链紧张，后续环节停滞，甚至使整个供应链出现失衡。

而佛山工行所推出的供应链金融正好解决了这个问题。据介绍，作为一种全新的融资模式，供应链金融的最大特点就是在供应链中寻找出一个大的核心企业，以核心企业为出发点，整合物流、资金流和信息流，将核心企业的良好信用为供应链创造信用，为供应链提供金融支持。按照佛山工行相关负责人的话说，只要与核心企业交易，无论是核心企业的供应商还是经销商，佛山工行均可提供融资支持。

与传统的融资模式不同，在供应链金融中，银行不再单纯看重企业的规模、固定资产、财务指标，也不再单独评估单个企业的状况，而是更加关注其交易对象和合作伙伴，关注其所处的产业链是否稳固以及目标企业所在的市场地位和供应链管理水平，更注重企业健康的现金流而不是仅仅关注其资产，更注重单笔交易而不是仅仅对企业进行评估，更关注企业交易背景、交易过程和交易记录，变注重贷前调查评估为全过程管理。

据了解，目前佛山工行已针对不同行业开发出了不同类型的供应链金融产品。例如借助钢材生产企业的回购承诺和物流企业的货物监管，钢材贸易商缴纳一定比例的保证金后，工行就会免担保为其开立远期国内信用证，而钢材生产企业发货后就能在工行交单办理卖方融资迅速回笼资金，融资利息承担由买卖双方协商确定，让买卖双方皆大欢喜。而佛山工行还与大型家电企业合作，家电企业配合确认订单和应收账款，工行为其众多供应商提供融资，既优化家电企业的付款条件，又便利其供应商融资和扩大销售，稳定整个供应链。

最近，工行还推出了针对核心企业订单的融资产品。据介绍，中小企业只要是签订了核心企业的订单，供货有保障，销售资金能回笼工行，工行就可凭订单为中小企业提供融资支持，而无须等到发货后，也无须抵押担保。

资料来源：根据中国工商银行网站(http://www.icbc.com.cn)资料整理.2008

1.3.1 核心企业

供应链金融主要从核心企业入手研究整个供应链，将资金有效注入处于相对弱势的上下游配套中小企业，以解决中小企业融资难的问题。供应链金融以供应链上下游企业之间交易项下的资金流、物流和信息流为依托，以交易项下的未来现金回笼作为还款保障，由商业银行向企业提供金融支持，满足企业综合金融服务需求。这种融资模式在深圳发展银行内部被称为“1 + N”供应链金融模式，其中，核心大企业为“1 + N”中的“1”，中小企业群为“1 + N”中的“N”。在过去的几年中，这一模式被学者们不断赋予经济学和管理学的丰富内涵，并在各家银行推广供应链金融的实践中被广泛演绎。

“1 + N”是金融实践系统论的产物，即着重从整体与部分之间，整体与外部环境之间的相互联系、相互作用、相互制约中综合地、精确地考察对象，并定量地处理它们之间的关系，以达到最优化处理。正如一些学者所指出的，“1 + N”表达了深圳发展银行这样一种见解：即很多小企业是依赖一个大企业而生存的。企业的关系不是厂家间的堆积，而是一个生态群的整合。在供应链金融中，银行不会只是考虑供应链中某个企业的资信情况，而是把供应链企业的贸易关系综合起来考虑，提供的融资会渗透到这个交易链的每一个环节，如图 1-11 所示。

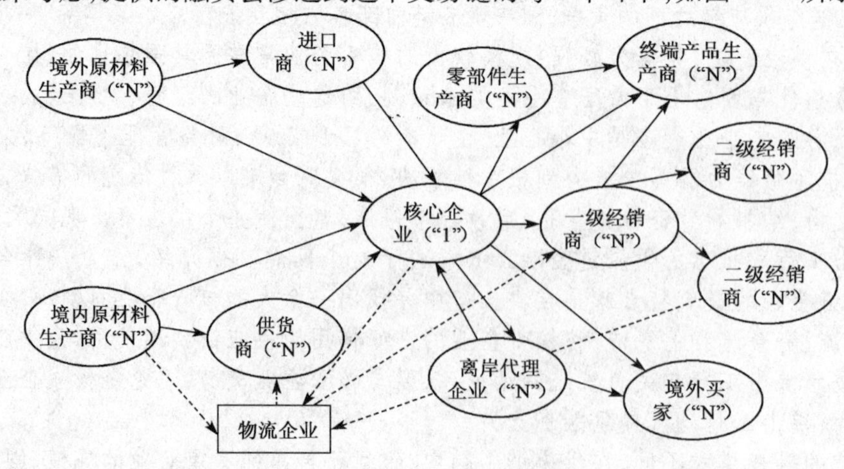

图 1-11　供应链金融“1 + N”模式

为支持中小企业发展,2005 年 7 月深圳发展银行正式确定公司业务面向中小企业和贸易融资战略转型后,贸易融资投放力度迅速加大。2006 年底,中国银行与苏格兰皇家银行就供应链融资展开合作,围绕这一业务发展的需求和前景,研讨了买方和供应商的驱动和准入、装船前/后融资模式、IT 平台开发和客户支持模式等内容。中国工商银行则利用沃尔玛公司的优良信用,对其供货商提供从原材料采购、产品生产到销售的全过程融资支持。供应链金融产品不同于传统的银行融资产品,其创新亮点是抓住大型优质企业稳定的供应链,围绕供应链上下游经营规范、资信良好、有稳定销售渠道和回款资金来源的企业进行产品设计,借助大型核心企业对中小供应商的深入了解,选择资质良好的上下游企业作为商业银行的融资对象,这种业务既突破了商业银行传统的评级授信要求,也无须另行提供抵押质押担保,切实解决了中小企业融资难的问题。

把核心企业作为直接和常规的切入点也是国际银行业的一般做法。为了在新的国际分工框架下密切与老客户的关系,并对客户所在供应链成员分散融资带来的财务成本不经济以及离散节点供应链成员的现金流困境作出积极的应对,国际性银行以与核心企业共同提供供应链融资主体解决方案的方式,重新开发了客户关系管理的新型模式。

国际银行业自始至终主要解决的是"1"的问题,即全球化外包安排下,供应链成员的融资瓶颈对供应链稳定性和成本的影响。通过这个问题的解决,银行得以深入参与"1"的供应链运行,在稳定与"1"的业务关系的同时,培育新兴市场的客户群。反观国内的情况,供应链金融的前期突破口是"N"。为了给众多中小企业为代表的"N"融资,银行与"1"和"N"之间的三方协议方式被引入。近年来,尽管"1"作为有效的风险控制变量和业务开拓突破口的价值被逐渐发现,但对大多数银行来说,"1"仍只是市场营销的中介手段,目标客户群仍然指向"N"。

1.3.2 物流企业

物流企业是供应链金融最常见的参与者,以 UPS 资本(UPS capital)为代表的一批金融物流混业经营的企业所获得的商业成功,证明了金融业与物流业在面对供应链贸易背景的视角上,具有天然的利益和价值契合点。简单而言,物流企业作为供应链金融切入点的价值存在于以下几个方面。

(1)物流企业客户与供应链金融客户高度重叠,因为供应链的内部物流,包括从供应商到核心企业或是从核心企业到分销商,构成了物流企业业务越来越重要的部分。因此,银行与物流企业的客户共享,实现多窗口的客户导入,是供应链金融营销的重要路径。

(2)供应链融资的产品运用很多都涉及物流的控制,在这类业务中,物流企业往往充当银行代理人的角色,监管信贷的支持性资产,并就企业的经营活动向银行提供预警。这类业务的客户将同时作为银行和物流企业的客户,为物流企业带来新的利润增长点。这方面的利益激励引导物流企业积极发掘存在潜在融资需求的客户。

(3)物流外包已成为现代企业扩张到特定发展阶段的趋势性选择,面对这一趋势并依托主业项下的物流管理职能,引入金融增值服务来吸引外包业务,完全可以成为一种有效的竞争策略。在这种策略下,物流企业的资源投入并未增加,但可以获得物流和动产监管的双重收益。物流企业参与供应链金融服务,不仅可以获得监管利润和其他物流业务,同时也赢得了银行授信的支持。这为物流企业的发展和扩大带来了更多机遇。

深圳发展银行在供应链金融业务的开展中,率先与包括中国对外贸运输(集团)总公司、中国外运股份有限公司、中国物资储运总公司、中远物流有限公司及中铁现代物流科技股份有限公司在内的国内第三方物流企业签订了供应链金融业务合作协议,与国际物流业巨头 UPS

建立全球供应链金融合作关系。目前与该行合作的第三方物流公司超过270家。每年深圳发展银行从这些渠道引入的新增客户也在100家以上,而深圳发展银行多年来也累计为物流行业创造了近7 000亿元的货押监管货值或物流运输货值。

1.3.3 电子商务交易平台

从国际经验看,供应链金融大多涉及电子商务平台的运用。技术提供商是供应链金融平台的提供者,它们提供了一个让商品交易和融资交易的各方相互对接的平台,平台将供应链的关键事件透明化,并提供若干交易环节完成标志作为"融资触发器"(financing triggers)。

供应链金融电子商务平台是对供应链内部交易和融资获得渠道的完全整合。当前最为流行的供应链金融电子商务平台主要聚焦于应付账款和应收账款从发生到实现各个环节的自动化,其中包括通过买卖双方的ERP与银行系统之间的对接,实现发票传递和结算的电子化解决方案,以及贸易融资中信用证和赊销结算方式的线上化。近来,发票融资、发票贴现和存货融资等功能也逐渐被引入此类电子商务平台中。

图1-12的金字塔描述了供应链金融不同层次的电子商务技术实现。最下几层的基础性技术实现了买卖双方文件和数据的电子交换,即无纸化贸易。往上几层分别是建立在基础性技术之上的未来结算资金流的提前贴现,多环节的供应链融资,以及各种帮助核心企业评估供应链整体融资成本的分析工具。

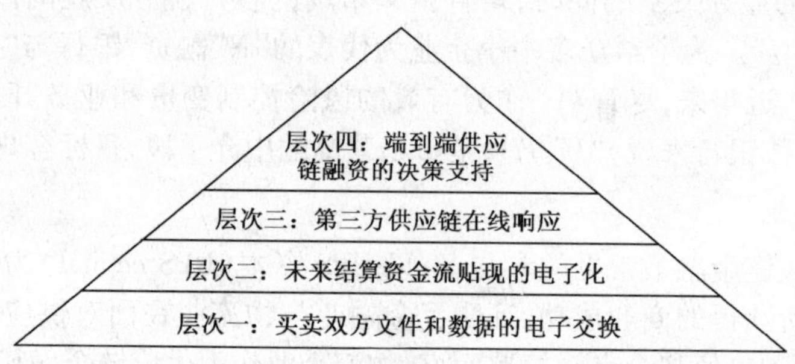

图1-12 供应链金融电子商务技术层级结构

在这个金字塔中,底层基础性技术至关重要,因为它提供了买方卖方和金融机构之间的交易信息的可视度,这为金融机构融资发放的时间点和发放量提供了实时的贸易背景依据。

Aberdeen集团的调查发现,欧美被调查企业中有48%在使用或准备使用第三方的供应链金融电子商务平台,30%的企业在使用或准备使用自己开发的平台,24%的企业使用或准备使用的是金融机构提供的交易融资平台。此外,使用电子商务平台的企业获得应收账款融资、预付账款融资和存货融资的可能性,是不使用电子商务平台企业的1.5~2倍。

从国内的情况看,2006年中国B2B电子商务交易规模为9 957亿元人民币,2007年增长率高达25.5%,交易规模达到12 500亿元人民币(CNetguide,2008)。另根据iResearch的预测,目前中国中小企业B2B电子商务交易规模每年以超过50%的速度递增。企业级协作凸显,产业垂直型电子商务模型正在萌芽,以部分大型、超大型企业为节点,通过电子商务模式建立起面向上下游产业链的交易平台,将会有越来越多的中小企业加入。

随着越来越多的中小企业进入电子商务交易平台,过去的供应链管理逐步变成了电子商务供应链管理。它的内容与传统供应链管理无异,主要还是包括订单处理、生产组织、采购管理、配送与运输管理、库存管理、客户服务、支付管理等几个方面。但是,电子商务供应链管理使这些领域逐步借助信息化、网络化的技术手段完成,这为银行的金融服务提供了更为安全、及时和低成本的物流节点。及时和低成本的物流节点与电子商务平台的合作,将是国内供应链金融业务下一阶段发展的技术导向之一。

1.3.4 保险公司

保险作为天然的风险转移类产品,可以运用到几乎所有供应链融资产品的流程环节之中。在某些产品中,保险是选择性部件,根据具体的贸易背景灵活选择。比如一般要求存货融资项下必须对货物购买综合险,对于容易搬动的抵(质)押物,还要求购买盗抢险;预付款融资中买方承运的情况下,也要求购买在途运输的相关保险。在另一些情况下,保险是产品设计的必须要件,如信用险项下的出口融资。该产品在出口收汇所创造的授信自偿性存在不确定性的前提下,进一步引入了保险赔款这个第二自偿性的还款来源。

在某些情况下,保险产品与银行融资产品满足了企业的同一类需求,例如应收账款承购(保理)和信用保险。两者的对比见表1-2。

应收账款承购与信用保险的比较 表1-2

比较项目	应收账款承购	信用保险
承保国家	较少	较多
申请买方额度	以Fax为主	大多已可以网络申请
账款入账	较慢(需要1周到10天)	较快(因不需代收账款)
收账服务	提供(发票逾期日起)	提供(自保日通知日起)
日常作业	烦琐(每笔发票转让)	烦琐(只需申报营业额)
承购费/保险费	较高(1%~1.5%)	较低(0.3%~0.5%)
等待期	一般为90天	一般为5~6个月
理赔乘数	最高100%	一般为90%~95%
风险保障	筛选式(具不确定性)	较全面
操作弹性	较低	较高(最长放账期间,未出货保障)
资金需求	由银行提供	由银行提供

2003年,平安财产保险公司在科法斯集团的帮助下,推出了企业国内贸易应收账款短期信用保险服务。这样,保险对供应链金融流程环节的全面覆盖形成体系。由于保险公司为企业交易行为提供的信用保险产品有助于降低交易风险。因此,很多国际知名银行,如渣打银行、荷兰银行等均通过与保险经纪公司的合作为供应链成员提供融资支持。这种合作实际上是引入了保险公司作为银行的营销代理,而保险公司则引入了银行作为其保险代理。

1.4 供应链金融的发展

1.4.1 供应链金融的发展背景

在历史上,供应链金融一些基础性业务出现的很早。

在西欧,保理业务在几个世纪以前就已很常见。通常,供应商因为流动性出现问题,所以将应收账款打折后出让给金融机构或其他第三方。

在美国,存货融资市场在19世纪很普遍。随后,美国于1916年颁布了《仓储法案》(U.S. Warehousing Act),并以此为根据建立起一套仓单质押的系统规则。这种仓单既可以作为结算手段,也可以向银行申请贷款。

在俄国,沙皇时代就出现了货物质押贷款业务:农民在丰收季节市场价格低时,将大部分谷物抵押给银行,用银行贷款资金投入后续的生产和生活;待市场价格回升后,再卖出谷物归还银行本金利息。

然而,现代意义上的供应链金融来源于供应链管理的思想。

跨国公司全球化运营带动了供应链管理的发展。在信息技术革命的带动下,跨国公司具备了超越远程组织协调经营活动的能力,开始在全球范围内优化其价值链并进行生产经营的资源配置。随着跨国公司的大量出现,越来越多的分工从企业内转向企业间。例如,通用汽车公司的凯迪拉克轿车,装配在韩国进行,发动机、驱动桥和电子设备在日本生产,设计在德国公司进行,小型零部件由中国台湾地区、新加坡等供应。企业间分工代替企业内部分工,供应链核心企业要在全球范围内开展外包与采购。和传统国际贸易相比,以企业间分工为背景的贸易活动有很大不同。

(1)产品结构不同。传统贸易主要以初级产品(包括农产品、石油和矿石等原材料)和最终产品为主;分工贸易以零部件、半成品等中间产品为主,在其构成中占据了重要地位。

(2)单笔交易量和交易频率不同。为了适应看板生产(just-in-time)和品种多样化的需求,核心企业在尽量降低采购库存的同时希望保证供应的及时性。因此,在采购过程中出现了单笔订单数量下降、采购周期缩短、交易频率提高的特点。据统计,2004 年企业间单笔贸易交货价值只有 50 年前的 40% 左右。

(3)从交易的支付与结算方式上看,传统贸易主要采用信用证和托收等结算方式。为了保证信用,购买方企业必须要在银行账户上留存一定数量的保证金。而在分工贸易中,由于交易双方往往保持较长久的合作关系,对对方的信用状况比较了解,而且,由于交易频繁,反复开立信用证变得非常不方便和不经济。这样,赊销结算被广泛采用,并且经常采取“多次交易、集中结算”的方式。

总之,分工、制造、贸易模式的变化,导致贯穿整个产品价值链的管理变得更加复杂。在传统纵向一体化模式下,对整个生产过程的管理集中于单个企业的管理层。但是,一旦生产环节分散到多个企业,就需要有一个核心企业来对整个生产过程进行协调。在这种背景下,供应链管理在最近 20 年应运而生。供应链管理导致企业传统管理出现了两个重要的变化:

(1)资源管理的范畴从单一企业资源扩展到了企业集群的资源,每一个企业都要尽可能地与同自己具有共同市场利益的企业形成战略联盟,来解决终端客户的需求。

(2)现代信息技术成为管理过程的基本支持手段。为了实现看板生产和精益生产模式,许多企业在采购、库存、资金管理方面都越来越多地借助于各类管理软件(尤其是 ERP 软件)和电子网络平台。而为企业之间的交易提供支持的物流公司、金融机构也通过各类电子交易平台提供电子订单、发票、网上支付等电子化服务手段,甚至利用全球卫星定位系统(GPS)来提高物流和财务管理的效率。

然而,跨国公司全球性外包和采购往往损害整个供应链的资本效率。比如,跨国多方交易涉及额外的税费、运输延误、生产中断、金融监管,以及汇率风险等一系列问题,无一不对供应链的财务现金流提出挑战。同时,全球化的运作往往会延长数周的价值链周期,由此积压高达 30% 的流动资金。另外,核心企业往往通过推迟对供应商的付款或加快向分销商转移库存来降低自己的资金占用。但是,这些做法实际上形成了对上下游的资金占用,结果往往导致整个供应链的融资成本高,并且可能迫使供应商延迟原材料的购买、缩减在产品存货,进而推迟对核心企业的交货;或者迫使分销商延迟结算和高成本借款,从而给整个供应链的持续运营带来很大的风险。这样一种简单的成本转移,无疑是把上下游企业置于竞争的对立面,没有真正体现供应链成员之间利益共同体的原则。

这种背景下,供应链金融的思想应运而生。2000 年左右,企业家和学者们发现,离岸外包活动导致的供应链整体融资成本问题,以及部分节点资金流瓶颈带来的"木桶短板"效应,实际上部分抵消了生产资源配置所带来的最终成本节约成果。由此,供应链资金流管理的价值逐渐被认识并深化,供应链金融理论和实践开始大发展。[1]

下面就全世界范围内,分别对该业务发展进行具体论述。

1.4.2 Nafin 的"生产力链条"计划

墨西哥国家金融开发银行(Nafin)通过在线方式为中小供应商提供保理服务,是供应链反向保理(reverse factoring)融资的成功范例。所谓反向保理,是指保理商所买断的应收账款的对家是一些资信水平很高的买家。这样,银行只需要评估买家的信用风险就可以开展保理,而授信的回收资金流也直接来自于买家。

该保理项目被称为"生产力链条"计划,旨在构筑大买家和小供应商之间的低交易成本和高流动性的交易链。该计划使融资困难的小供应商得以凭借它们对大买家的应收账款进行流动资金融资,并且通过让大买家的低信用风险替代小供应商的高信用风险,从而降低小供应商的融资成本。

从 2001 年 9 月该计划开始实施以来,到 2004 年中,Nafin 已经和 190 家大型买家(大约 45% 是私人企业)和超过 70 000 家中小企业建立了生产力链条。有 20 家国内银行和独立金融机构参与其中。从开始到 2004 年,该计划共开展了 1 100 万笔保理,每天约 4 000 笔业务,其中 98% 是与中小企业的交易。通过这个计划,Nafin 在市场上的保理份额从 2001 年的 2%,上升到 2004 年的 60%。

Nafin 在这个计划中主要扮演再贷款人的角色,即 90% 的业务是对银行和金融机构的保理融资进行再融资,剩余的 10% 是对客户的直接融资,且主要针对的是公共项目。

Nafin 提供无追索权或抵押品的服务,不收取服务费,最高的融资利率为 12%,而商业银行的平均融资利率为 13%。重要的是,只要中小企业在线或是通过电话注册,并在银行或保理商那里开立账户,那么供应商的应收账款转让以及给供应商融资出账都是电子化的。资金直接转账到供应商的银行账号上,银行就变成了债权人,在 30 ~ 90 天后买家支付货款时,银行即收回了贷款。Nafin 为每个大型买家提供专属的网页,而小规模的供应商则通过"链接"方式集合到各自有业务往来的买家网页上。在处理电子商务交易和电子文件的传送方面,Nafin 也发挥了重要的作用。Nafin 先和供应商签订一个协议,允许电子商务方式的贸易和应收账款转让。Nafin 和银行、买家间的补充合同规定了相互间的权利义务,如买家必须将已经转让的应收账款项下的货款直接电汇给银行。

一旦供应商提供了货物和发票,买家会在他们自己的 Nafin 网页上张贴"可议付单证"的金额,即可以转让给保理商的应收账款额。然后,供应商通过互联网进入其买家的网页,并点击它的应收账款。每个与买家及供应商有业务联系并且愿意受让该笔应收账款的贷款人,将在点击后被显示出来,同时,每个贷款人的利率报价也会同时被显示。如果确认要转让该笔应收账款,供应商只需点击它选择的保理商的名字,则与扣除了利息的应收账款等额的资金将立

---

[1] 在本部分的分析中,沿用国际上较通用的概念,我们把以银行为核心的物流金融服务称为供应链金融,把以 3PL 企业为核心的金融和物流集成服务称为物流金融。

刻到达供应商的账户。当发票到期时,买家将向保理商直接支付货款。Nafin 保理计划之所以成功,是因为它所运用的电子交易平台压缩了成本,提高了交易效率。所有的交易在 3 小时之内完成,资金在交易日结束之前会划到供应商账上,这给供应商提供了快速的流动性。此外,Nafin 保理计划比商业保理更便宜,因为 Nafin 没有收取保理服务费。

1.4.3 GE 的存货代占解决方案

存货代为占有解决方案(inventory-ownership solutions)是一种新兴的供应链金融解决方案。这种方案让供应商能够以低于一般流动资金贷款的利率获得融资,从而减轻由于买卖双方融资成本差异带来的流动资金压力。在供应商需要保持的在途存货数量巨大或者供应商在买家的压力下不得不持有大量存货仓储设施的情况下,比如供应商代买家持有库存模式(VMI),存货所有权解决方案为供应商提供一个新的资金来源。

GE 公司推出了贸易分销服务(GE trade distribution service),旨在盘活供应链中存货所占用的资金。GE 从供应商购买存货商品,当商品在运输途中或在仓库里的时候,GE 拥有对这些商品的货权。当卖家(如核心企业)需要提货的时候再将存货出售给买家。GE 公司运用记载有在途数据的信息管理系统来管理这项服务。相关的协议条款经过了严密的设计,目的是避免在买家最后没有提完货物的情况下 GE 沦为最后的货主。通过这项服务,GE 公司为供应商提供了库存实时变现的途径,规避了存货积压产生的资金占用。

1.4.4 摩根大通银行的"联姻"

2005 年,摩根大通银行收购了一家物流公司 Vastera,并在亚洲组建了一支新的物流团队,专门为供应链及分销链提供金融服务和支持。此举被行业内专家誉为"实体供应链和金融供应链的联姻"。

作为世界上最大的现金管理服务商,摩根大通银行的资金清算部门在全球的美元清算业务中拥有举足轻重的地位。而现金管理与供应链贸易融资是两项相辅相成的银行业务。新组建的 JP Morgan Chase Tastera 公司提出的价值宣言是:为进出口商提供一站式服务,妥善解决跨境货物运输中日益增加的各种挑战和风险,包括由于不充分的进出口信息和文件传递延迟引起的运输耽搁、违反国际贸易法规遭受的政府罚款以及由于供应链中的缺陷导致的现金流问题等。

在为全球供应链中主要的结算环节(包括收付货款、支付运费、支付保险费、支付关税等)提供服务的过程中,摩根大通银行可以自动获得各类贸易相关数据。而利用运输单据制作和管理的自动化,Vastera 原有的流程和技术有力地支持了实体货物的跨境流动。

这项收购通过提高货物运输信息的可视度,为整条供应链提供了更高水平的金融工具和更多的融资机会。跨行业的并购打破了厂商、物流公司、银行通过互不关联的系统及流程分别参与供应链中物流和资金流的格局。通过整合不同的平台,实现互补、创造合力,摩根大通银行希望在供应链融资领域取得重大突破。

然而,与战略并购相反,也有不少银行选择将贸易融资的后台操作外包,以集中更多的资源强化贸易融资业务中的核心部分。如英国巴克莱银行与荷兰银行签订了特殊协议,将其贸易服务的操作环节外包给荷兰银行处理,自己则保留了与客户联络、客户关系管理、客户数据分析等功能。与摩根大通银行相同,巴克莱银行也看到了在贸易融资方面的巨大业务机会,但是它采取了截然不同的方法,通过后台操作外包提高运营效率,降低操作差错,增加操作风险的可控性,从而可以集中精力开展贸易融资技术平台的构造,提高在服务及客户关系管理方面的核心竞争力。

1.4.5 荷兰银行的亚洲供应链金融

信用证贸易由于涉及多家银行及买卖多方的单证处理,因此管理成本高、交货易被耽搁。目前荷兰银行采用的一种比较可行的解决方案是,通过自己的 MAXTRAD 系统实现离岸单证的业务外包。拥有全球布点和网络的商业银行,合理运用因特网技术,就有可能做到通过供应链金融业务为客户创造双倍的价值。

以一家地处欧洲的大型零售商 R 为例,它的供应商在中国内地及香港,每年 R 公司需要从银行开数千份信用证用于进口亚洲产品,传统信用证贸易下的单证处理所耗费的时间和成本对贸易关系形成极大的障碍。荷兰银行的 MAXTRAD 信息系统是一种客户拥有端口、由银行进行管理的数据系统,该系统免去了客户面对大量烦琐纸质单证的烦恼。买卖双方客户端只需将所需数据输入 MAXTRAD 信息系统,数据通过因特网被传输到荷兰银行的全球网络系统。所有单证的开立、通知、承兑、确认等往来全部由荷兰银行在全球不同地点的分支机构通过 MAXTRAD 处理。传统有纸化流程中复杂的制单、核证等劳动密集型的事务,全部由荷兰银行设在印度钦南的后台处理中心完成,近似于单证业务外包。印度低成本和高质量的集中专业化、无纸化单证处理极大地降低了信用证业务的成本。同时,由于荷兰银行拥有全球网络,开证、通知、承兑等多银行间的合作有可能全部被纳入荷兰银行的内部系统,流程效率得到最大限度地提高,如图 1-13 所示。

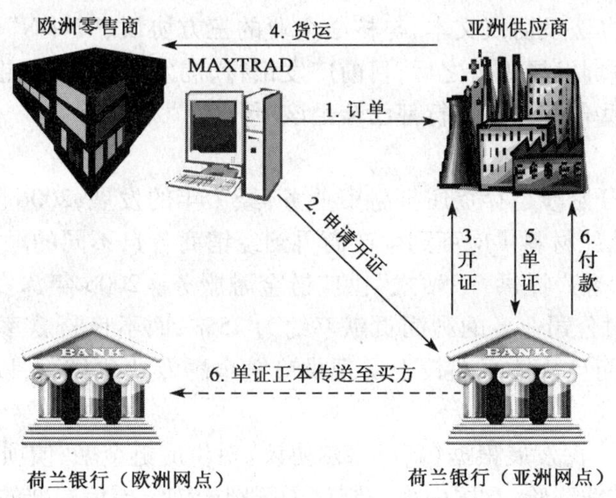

图 1-13 荷兰银行信用证贸易流程

通过 MAXTRAD,买方贸易成本降低,开证速度加快,买方与供应商关系得以加强,可供选择的供应商数量增加。

这里值得强调的是荷兰银行位于印度钦南专业单证处理的后台部门发挥的作用。在全球范围的贸易中,采用离岸式(offshore)单证处理,至少有如下的好处。

(1)避免某些税率偏高的地区(如欧洲)对信用证征收很高的印花税。供应商本身就在亚洲,供应商当地中小型银行开立的信用证有时不被供应商接受,而荷兰银行开立的当地银行的信用证非常受企业欢迎。

(2)节约成本。荷兰银行不同地区银行的运营成本不同,将某些业务环节由高成本分行外包给低成本后台服务中心,高成本地区的分行无须增加设施和人员投入(比印度高得多),节约的成本也能惠及客户,如开证费的降低。

荷兰银行对比了采用单证处理后台技术前后，贸易流程周期变化及因单证不符而产生的返工制作处理的情况，见表1-3。

荷兰银行单证处理有无后台支持效率差别　　表1-3

对比项目	采用单证处理后台技术前		采用单证处理后台技术后	
	亚洲	欧洲、中东	亚洲	欧洲、中东
平均资金周转天数	71	52	27	34
单证不符率	61%	75%	11%	22%

注：该表内容来自ABN AMRO集团资料。

1.4.6　中国国内的供应链金融

国内供应链金融业务的若干产品出现的历史，比如存货抵押贷款，最早可以追溯到20世纪20年代的上海银行。20世纪20年代中期，随着中小商业银行在竞争压力下的持续创新，存货融资业务开始得到零散的恢复。之后，深圳发展银行在总结面向中小企业的货押和票据业务经验的基础上，提出了自偿型贸易融资理念和“1+N”供应链融资系列产品包，并于2005年总结提升为供应链金融服务。2006年深圳发展银行在业内率先推出了“供应链金融”的品牌，系统地对供应链中应收、预付和存货提出了结构性的解决方案。目前，供应链金融的一系列阶段性业务规范几乎都是由深圳发展银行奠定的，比如产品系列划分、准入评级办法、授信后操作规范、物流监管办法及协议文本、与核心企业的三方协议、“1+N”营销模式、供应链全景图分析方法等。继深圳发展银行之后，目前广发银行、浦发银行、兴业银行、华夏银行、招商银行、民生银行以及一些传统国有银行都已涉足该项业务。

1）深圳发展银行

深发展自1999年开始涉足存货质押融资业务，经7年的发展，2006年提出要打造“供应链金融专卖店”，针对从原材料供应商到生产商再到经销商各自不同的融资需要，设计和整合了20多项金融产品，为客户提供“一站式”供应链金融服务。2006年深发展银行相关授信的发生额达3 000亿元，对公司业务的利润贡献率约为25%，而不良贷款率却控制在1%以下。深发展不仅从概念上，而且从体系建设上实现供应链金融专业化经营，以四大平台建设推动“供应链金融”。

（1）制度支持平台。深发展根据《新巴塞尔协议》对供应链金融、债项评级等的要求，结合本土市场贸易融资的实践经验，在国内率先制订了区别于传统授信标准的自偿性融资的授信、评级、授权制度体系，真正做到分析企业经营的行业、商品、交易地位等交易细节，契合企业经营规律来作出信贷决策，强调对质押商品的有效监管和现金流控制，实现全过程的风险管理。

（2）物流监管平台。深发展以“对物流的有效监控是供应链金融设计核心思想”为指导，将与银行业务相关的物流监管环节外包给专业物流公司。该行陆续与中远、中国储运、中外运三大全国性物流公司开展包括货物监管、货代清关、价值评估、质物回购和处置等多项内容的业务合作。

（3）产品支持平台。深发展在总行层面设立产品开发部，专司供应链金融产品开发和模式创新，结合深发展自身的经营特点和市场定位，坚持以贸易类客户为业务重点，设计“货押十票据”为核心的自偿性融资方案，陆续推出基于商品存货、应收账款、预付账款三种重要经验路径的融资产品线，并不断延伸产品结构，2007年陆续推出进口全程货权质押授信业务、应收账款等融资方案。

(4)信息管理平台。深发展与多家行业协会及其行业权威商务网站建立了长期合作关系,以使其能够及时获知最新的行业政策和动态信息。一些最新的行业政策和动态信息,尤其是市场走向、价格波动信息等,深发展能够第一时间获知并在全行共享。

2)工商银行

2003年,工行一些分行开始探索仓单和存货质押融资业务,积累了一些经验。但由于缺乏总行政策支持、操作规范性差、物流监管的有效控制力弱、产品体系的连续性和适用性不强,从整体上业务发展滞后。2006年,工行陆续与中外运、中远物流、中储三大物流监管公司签订供应链金融合作协议,并推出基于商品存货的静态质押、滚动质押和信用证项下货权质押三种供应链金融业务模式。质押商品包括钢铁、有色金属、棉花、纺织原料、化工原料、油品、汽车等百余类商品,其中占比例较大的商品是钢材、铜、铝等。

3)外资银行

外资银行较早涉足该业务领域,但由于国内对其实施政策限制,导致多年来发展缓慢。随着人民币业务的全面开放,外资银行凭借超前的理念、专业化的人才、先进的技术和整套服务体系开始大力推广供应链金融业务。

花旗银行并购广东发展银行后,借助广发行的网点大举进入供应链金融业。

巴黎银行、富通银行、荷兰银行等一些国际大型银行则将着眼点更多地放在钢铁、有色、能源化工等大宗商品的进出口融资上。2006年巴黎银行与中外运签署物流融资战略合作协议,利用自身在大宗商品物流方面的领先优势和中外运的在库、在途物流监管和船代、货代能力,拓展中国企业大宗商品进出口融资业务。

渣打银行根据其在全球50多个国家的中小企业信贷经验建立了一套评分系统并形成了综合考虑借款人及其股东品行、还款能力、信用信誉、现金流和抵押品情况的5CS原则,其推出的中小企业的供应链金融方案可配合企业在不同经营领域的资金流特点和需求进行灵活组合,企业最高能获得担保品价值10倍的贷款额度。以中小企业融资见长的渣打银行则利用其独特的风险管理技术,推出针对中国中小企业的供应链金融方案——快捷贸易通。在快捷贸易通融资模式中要求提出申请的企业必须是与渣打银行既有的企业客户保持长期、稳定的供货或销售关系,而且企业本身也是整个供应链条上的一环。

1.4.7 国内外发展状况的比较

国内外银行供应链金融的发展在融资业务、服务对象、顾客关系、信息技术、相关法律等方面的侧重点、广度和深度都有所差别。

(1)国际银行的供应链融资以"应收账款融资"为关键词,通过电子平台对订单、发票等数据信息流的公示和鉴证,为供应链成员和银行提供面向多个环节的融资申请和批准按钮。国内银行的供应链融资则以"存货融资"为关键词,通过第三方物流监管的引入以及一定程度上对核心企业的信用引入,为供应链成员提供融资。

(2)国际银行的供应链融资业务是传统国际贸易融资的延伸,而国内业务更多属于资产支持性贷款范畴,改进之处在于引入核心企业作为风险控制变量,同时也涉及核心企业与银行间的系统性安排。国际银行的主要面向核心企业的上游供应商,而国内供应链金融大多集中于下游。国际银行推出供应链金融的初衷在于维系老客户关系,而国内银行的供应链金融则明显具有明确的新客户导向,即一种开发中小企业市场的新的授信技术和盈利模式。

(3)出于对外包基地稳定性和成本控制的关切,国际银行的供应链金融主要面向核心企业的上游供应商,而对分销商的存货融资和预付款融资大多建立在一对一的基础上,系统性的分销商融资安排刚刚起步。国内的情况恰恰相反,供应链金融大多集中于下游,即“分销链金融”或“渠道融资”的范畴,因为国内核心企业与下游的利益紧密度往往超过了与上游的利益联系。

(4)如果说国外银行推出供应链金融的初衷在于维系与老客户的关系,即避免因全球化背景下产业组织结构变化导致的老客户流失;而国内银行业热衷于供应链金融则基于明确的新客户导向,即一种开发中小企业市场新的授信技术和盈利模式。

由于国内供应链金融还在起步阶段,且由于技术手段、市场环境和制度环境方面的特点,国内供应链金融的发展存在一系列明显的阶段性欠缺。

(5)由于国内企业供应链管理的意识普遍薄弱,供应链普遍表现出松散的特征。具体表现在供应链的边界模糊,核心企业对供应链成员的管理缺乏制度化的手段。在这种条件下,供应链融资中对核心企业的资信引入有时缺乏利益激励。而成员企业对核心企业的归属感不强,也导致基于供应链的声誉效应和违约成本构造起来比较困难。这种状况不仅使得银行可选择开发的链条有限,而且需要审慎评估供应链内部约束机制的有效性。这解释了国内供应链金融相对集中于汽车、钢铁等有限几个行业的原因。

(6)国内金融信息技术和电子商务发展的相对滞后,使得供应链金融中信息技术的含量偏低。作为一项高操作成本的业务,信息技术的应用程度与操作成本节约高度相关。目前在单证、文件传递、出账、赎货、应收账款确认等环节的劳动密集型特征,是对供应链融资业务经济性损害最大的问题,同时也是风险的额外来源。同时,电子商务手段有助于增强贸易背景可视度、降低交易成本,但国内商业银行普遍没有将供应链金融有机整合到这类平台之中,由此带来贸易环节和融资环节额外的割裂成本。

(7)国内银行的供应链金融局限于国内供应链,对供应链中的国际贸易融资延伸和整合不足。面对跨国公司的大批国内供应商和分销商,也没有从系统论的视角提出有效的解决方案,错失了大量的业务机会。从业务营运的机构设置看,除了深圳发展银行以外,大部分银行的供应链融资尚未独立于传统流动资金贷款的风险控制体系运行。对供应链融资仅停留在概念营销层次,风险控制的核心价值并未有效吸收。结果不仅未能充分发挥营销的效率,也存在较大的风险隐患。比如,大多数银行没有设置专门的债项评级体系、没有特别的审批通道、没有专业化的操作平台、缺乏针对核心企业和物流监管合作方的严格的管理办法等。

(8)在以美国为代表的发达国家,综合性的单一担保物权替代了多种传统形式的动产担保权益。动产抵押采用统一登记制度,信贷人无须实际占有借款人动产,而享有担保物易变现、易执行的相关便利。反观国内,有关动产担保物权的设定、保护及实现的相关法律严重滞后于国内实践,使得第三方物流作为不可或缺的风险控制变量被银行引入货押业务操作中,操作流程相对复杂、成本更高。

(9)国内动产担保物权相关法律的不完善,导致供应链金融业务在很多操作和预期损失领域存在不确定性。同时,监管部门对供应链金融的认识很大程度上停留在传统的流动资金授信层次,对供应链金融的风险特征、信贷技术以及核心价值了解有限,相关的规范、引导和监管工作比较欠缺。

尽管存在上述问题,有几个因素决定了国内供应链金融业务将在中长期内获得深化发展。首先,国内产业组织结构中的供应链模式发展趋势不可逆转,核心企业的财务供应链管理需求将日益凸显;其次,国内大部分中小企业的未来生存方式不可避免地需要依附于某条供应链,这对银行服务中基于系统论的评审技术和开发模式提出了要求;此外,供应链金融作为涵盖传统流动资金贷款、国际贸易融资以及相关负债、中间业务的整合性概念,相关技术手段和风险控制理念更为完善和先进,具有适应变化中的市场环境的顽强生命力。

第2章 供应链金融综合分析

目前,供应链金融业务的开展还存在一些问题。首先,政府主管部门已经加紧物流和供应链"硬件"的建设,但对于供应链金融"软件"(如法律政策、资金流、信息流管理)建设重视不够、引导不足。其次,我国的信用体系不健全,具体表现为金融机构现有的抵押担保制度和信用评级制度尚未系统规范,企业的信息库尚未完善统一,导致现在的金融机构开展供应链金融业务存在一些操作上的困难。再次,银企之间缺少有效沟通平台,导致供应链金融业务开展存在很多"空白领域"。

2.1 法律政策环境分析

物流企业受银行的委托现场管理质物,银行向借方企业提供质押融资,这是国内供应链金融业务的主要模式。在法律上,这种供应链金融模式属于质押担保的范畴。供应链金融业务开展之初的法律依据主要是《中华人民共和国担保法》(以下简称《担保法》)、《中华人民共和国合同法》(以下简称《合同法》)及相关司法解释。2007年《中华人民共和国物权法》(以下简称《物权法》)实施,为供应链金融提供了更严密的法律支持。

2.1.1 《担保法》与《物权法》

1)《担保法》

《担保法》分为七章,总计九十六条。与质押融资、供应链金融相关的条款如图2-1所示。

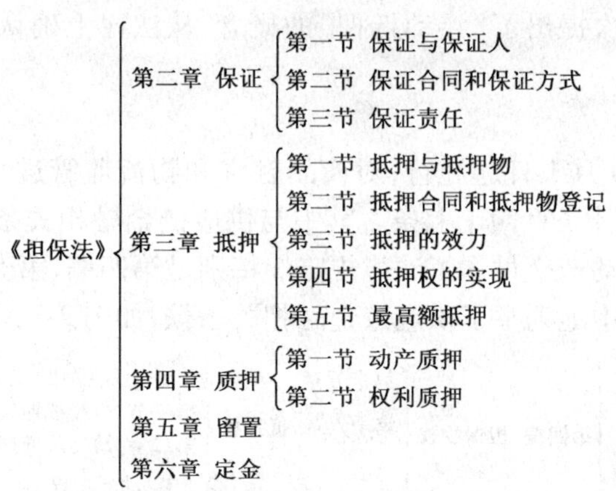

图2-1 《担保法》与供应链金融相关条款

(1)按照《担保法》的规定,质押分动产质押和权利质押两种形式。

第四章第一节第六十三条:"本法所称动产质押,是指债务人或者第三人将其动产移交债权人占有,将该动产作为债权的担保。债务人不履行债务时,债权人有权依照本法规定以该动产折价或者以拍卖、变卖该动产的价款优先受偿。前款规定的债务人或者第三人为出质人,债权人为质权人,移交的动产为质物。"

《担保法》第四章第二节第七十五条规定,“下列权利可以质押:

(一)汇票、支票、本票、债券、存款单、仓单、提单;

(二)依法可以转让的股份、股票;

(三)依法可以转让的商标专用权,专利权、著作权中的财产权;

(四)依法可以质押的其他权利。”

《担保法》第四章第二节第七十六条:“以汇票、支票、本票、债券、存款单、仓单、提单出质的,应当在合同约定的期限内将权利凭证交付质权人。质押合同自权利凭证交付之日起生效。”

《担保法》关于质押条款有三个内涵:

①质押的质物是动产(或某种权利,具体指可转让并适用于质权的财产权);

②债务人或第三人应将质物移交债权人占有;

③当债务人不履行债务时,债权人有权就该质物优先受偿。

(2)《担保法》对质押合同的规定。

《担保法》第四章第一节第六十五条规定,“质押合同应当包括以下内容:

(一)被担保的主债权种类、数额;

(二)债务人履行债务的期限;

(三)质物的名称、数量、质量、状况;

(四)质押担保的范围;

(五)质物移交的时间;

(六)当事人认为需要约定的其他事项。

质押合同不完全具备前款规定内容的,可以补正。”

通常,银行对商业物权设立抵押、质押,并由第三方物流公司进行监管。随着中国人民银行《中国信贷人权利的法律保护》的发布和《物权法》的实施,存货和应收账款作为贷款担保的法律属性进一步明确,并首次提出了“浮动抵押”的概念,从法律上确认了动产担保融资的法律依据。

2)《物权法》

《物权法》自 2007 年 10 月 1 日起施行,对商品融资和物流监管进一步明确和细化。《物权法》分为五编,十九章,总计二百四十七条。其中与供应链金融相关条款比重较大。其中第一编总则中对不动产登记、动产交付作了法律规定。特别是第四编、第五编涵盖第一百七十条至第二百四十五条,比较集中地列举了供应链金融相关条款,如图 2-2 所示。

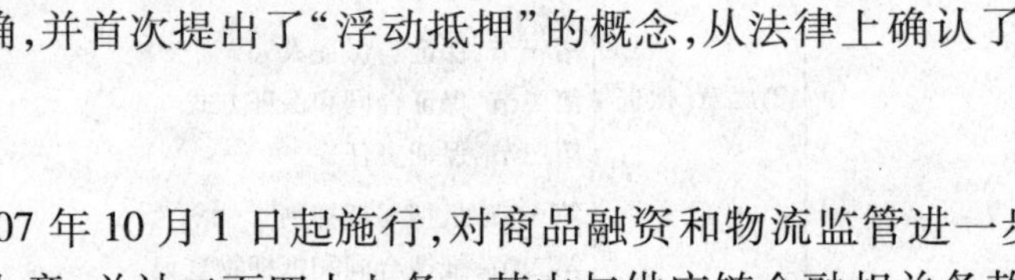

- 《物权法》
  - 第四编 担保物权
    - 第十五章 一般规定
    - 第十六章 抵押权
      - 第一节 一般抵押权
      - 第二节 最高额抵押权
    - 第十七章 质权
      - 第一节 动产质权
      - 第二节 权利质权
  - 第五编 占有
    - 第十八章 留置权
    - 第十九章 占有

图 2-2 《物权法》与供应链金融相关条款

(1)《物权法》对交付作了明确解释。

《物权法》第二百一十二条:“质权自出质人交付质押财产时设立。”同时法律对交付作了清楚的解释,交付可分为现实交付、简易交付、指示交付、占有改定四种方式。因而更加明确和容易操作。

(2)《物权法》规定了抵押担保范围。

《物权法》第一百八十条规定,"债务人或者第三人有权处分的下列财产可以抵押:

(一)建筑物和其他土地附着物;

(二)建设用地使用权;

(三)以招标、拍卖、公开协商等方式取得的荒地等土地承包经营权;

(四)生产设备、原材料、半成品、产品;

(五)正在建造的建筑物、船舶、航空器;

(六)交通运输工具;

(七)法律、行政法规未禁止抵押的其他财产。

抵押人可以将前款所列财产一并抵押。"

《物权法》第一百八十一条:"经当事人书面协议,企业、个体工商户、农业生产经营者可以将现有的以及将有的生产设备、原材料、半成品、产品抵押,债务人不履行到期债务或者发生当事人约定的实现抵押权的情形,债权人有权就实现抵押权时的动产优先受偿。"

在《物权法》的支持下,抵押担保范围不局限于不动产,扩大到动产,例如现有的和未来获得的生产设备、原材料、半成品、产品和应收账款等。

(3)《物权法》完善了动产抵押登记与浮动抵押制度。

《物权法》第一百八十九条:"企业、个体工商户、农业生产经营者以本法第一百八十一条规定的动产抵押的,应当向抵押人住所地的工商行政管理部门办理登记。抵押权自抵押合同生效时设立;未经登记,不得对抗善意第三人。"

该法明确规定了动产抵押应当向抵押人住所地的工商行政管理部门办理登记。这一条款完善了动产抵押登记制度和浮动抵押制度。

关于抵押登记的效力,《物权法》较《担保法》有所变更。《物权法》规定:"抵押权自抵押合同生效时发生效力;未经登记,不得对抗善意第三人。"换言之,抵押权的产生不再依《担保法》在登记之后才产生,一旦抵押合同生效,抵押权就产生。但如果没有登记,当抵押人又把抵押物抵押给第三人且进行了登记,在后一个抵押权人要求实现抵押权时,前一个未登记的抵押权人不能要求在后一个已经登记的抵押权人实现抵押权之前实现抵押权。这样一方面有利于保护当事人的权利,另一方面也督促当事人进行登记以完善权利。

专栏 2-1

《物权法》与《担保法》的冲突解决原则

《物权法》第四编在创设诸如担保物权合同与担保物权变动的区分原则等一些新的制度规则的同时,大量吸纳并修改完善了《担保法》和《担保法司法解释》中的若干制度规则,同时也导致了《担保法》、《担保法司法解释》与《物权法》之间的诸多冲突,由此会引发一些《担保法》与《物权法》适用上的衔接问题。

对此,最高人民法院副院长万鄂湘表示,《物权法》的颁行并不意味着《担保法》的废止。《物权法》正式施行后将出现《民法通则》、《担保法》、《物权法》、《海商法》等规定中均有担保物权内容的诸法并行局面。在处理《担保法》等法律与《物权法》衔接问题时,人民法院首先应当坚持"法不溯及既往"的原则。其次应当按照《立法法》与《物权法》规定的原则和精神,根据"上位法优于下位法"、"新法优于旧法"、"特别法优于一般法"的原则解决法律适用冲突问题。第三，在抵押权登记效力、抵押登记的公信力、独立担保的适用依据、抵押权的重复设定等方面，人民法院将重点加以关注。

资料来源：http://www.people.com.cn

2.1.2 《物权法》环境下业务分析

过去由于法律的约束，存货和应收账款不能被充分用作贷款担保品，而这部新法律使得借款人可以通过提供他们现有的和未来获得的资产、原材料、产成品和应收账款作为担保品来取得贷款。《物权法》对改进中国的"动产融资"法律框架具有深远的意义，将促进我国动产融资业务的发展。

除了不动产之外的一切资产，都算作是动产。在一个经济体中，动产的价值总是比不动产要大。特别是在企业部门中，动产的价值要比不动产大得多。在2006年完成的"中小企业融资调查"中，动产占被调查企业总资产的75%以上。

在原有担保物权制度下，中小企业大部分都面临融资难的困境，其根本原因在于抵押担保高度集中于不动产。前面提到，《物权法》第一百八十条、一百八十一条为动产担保提供了法律依据，扩大了动产抵押的范围：

(1)经当事人书面协议，企业、个体工商户、农业生产经营者可以将现有的以及将有的生产设备、原材料、半成品和产品抵押；

(2)正在建造的建筑物、船舶、飞行器可以抵押；

(3)基金份额可以质押；

(4)应收账款可以质押。

《物权法》对可抵押财产的范畴也予以了界定。可抵押的财产包括建筑物和其他地上附着物，但是规定将建筑物及其占用范围内的建设用地使用权进行了"捆绑"。也就是说，土地及土地上的房子是一体的。同时，《物权法》增加了可设抵押的"物"的范围，正在建造的建筑物、船舶、飞行器均可以抵押。特别令人关注的是对可以转让的基金份额、股权，注册商标专用权、专利权、著作权等知识产权中的财产权等也可以质押。但以基金份额、股权出质的，双方应当订立书面合同，出质后未经双方协商同意不得转让。股权、基金份额允许出质是世界通行的做法，在《物权法》实施后，这种质押行为在我国将会越来越多。这一规定使社会财富得到了更充分的发挥，体现了"物尽其用"的原则。不但为中小民企解决了融资难和贷款难的问题，而且也扩展了创业者的资金来源渠道。

1)应收账款融资

(1)应收账款融资的意义。在动产当中，除了现金和存单外，应收账款是最好的担保品，因为它接近于现金，而且没有储存、腐烂、遭破坏等问题。对中小企业而言，不动产资源是有限的，它们的资产主要表现为应收账款、存货和设备。因此，应收账款担保融资对于改善中小企业的融资困难有特别重要的意义。在美国，大部分中小企业担保贷款都包含有应收账款担保(包括应收账款加上其他担保资产的情况)。

根据2006年的中小企业融资调查，在我国，应收账款占被调查企业总资产的15%。据此推算，在整个经济中，应收账款的存量应在人民币10万亿元左右。但是，由于法律和制度安排上的原因，我国的贷款机构对其利用还很不充分。

(2)应收账款融资的主要方式。应收账款融资是一种基于债权控制的供应链融资形式，无论是否还有其他资产作为借贷支持。应收账款融资主要有两大类：一是保理方式，即贷款机构购买应收账款，提供短期融资。在传统保理中，保理商承担信用风险(即无追索权)，而且不通知应收账款债务人。融资可在应收账款到期日前按账面价值的一定折扣支付,也可在平均到期日支付,后者一般包括全面的应收账款管理和收账服务。二是担保方式,即以应收账款为担保,提供短期或中期融资。贷款机构不取得应收账款的所有权,只是在应收账款上设立担保物权。贷款可以是循环授信安排、定期贷款或中期授信安排(在适当的情况下,可长达5年)。除了这两种基本方式外,还可以将应收账款(包括应收贷款)证券化,在资本市场中进行交易。本书第8章将对基于债权控制的供应链融资进行详细介绍。

专栏2-2

应收账款融资操作的特殊性

世界银行集团国际金融公司中国项目开发中心副总经理兼金融发展和政策改革部经理赖金昌接受经济日报记者采访,谈及了应收账款融资操作的特殊性。

记者:应收账款融资在操作上有哪些特殊之处?

赖金昌:首先有一个"借款基础"的概念,这是指合格的应收账款(和存货)的总量乘以一个放款率(或称折扣率)所得出的可用贷款额。并不是所有的应收账款都可以作为贷款基础,例如对冲账款(借款人同时欠应收账款债务人的钱)、账龄超过90天的应收账款、信用质量较差的应收账款债务人的全部应收账款(无论好坏)、有各种瑕疵的应收账款等都不能计入合格应收账款总量。应收账款融资的放款率一般在60%~95%,比存货和设备的放款率要高。

其次,在应收账款融资这个总概念下,可以设计出针对不同客户类型的许多产品,除了期限、条款、附加担保品、放款率等方面的差别外,一个很重要的方面是监控的强度。监控强度的范围从最简单的由借款人每月签发一份"借款基础证书",到每日几乎实时的监控(通过电子系统);在两者之间,存在不同强度的各种监控安排。对应收账款回款的控制程度也包括从"不控制"(由借款人自己还款)到要求所有应收账款必须打入一个由贷款人拥有和完全掌握的"锁箱账户"之间的各种情况。

第三,和所有动产担保的要求一样,在应收账款上设立的担保物权是需要公示的。贷款人可以在单笔应收账款上设立担保物权,也可以用批量的方式在现有和将来的应收账款上设立担保物权。从国际经验来看,主要是以批量担保的方式为主,因为这种做法最经济,效率最高。此前,贷款人无法有效地公示对应收账款的担保权益,中国人民银行在很短的时间内就建立了一个全国统一的应收账款担保物权登记系统,这是值得称赞的。世界银行集团国际金融公司中国项目开发中心和外国投资咨询服务局非常荣幸地在系统的建设过程中提供了必要的知识支持,希望这一基本按照现代担保物权制度建立的登记系统能够成为中国将来改革和统一动产担保登记系统的一个榜样。

就这一问题,有一点需要特别说明。保理作为应收账款融资的一种方式,尽管只是应收账款的买卖关系,但也属于"类似担保"交易关系,根据国际上的最佳实践,也是应该登记的。登记的目的是为了公示在应收账款上的权益和建立优先权的先后顺序。从保理商的角度看,登记比不登记好,登记有利于保护保理商的权利。

资料来源:经济日报 2007-12-19

2)存货融资

中国经济与发达国家相比库存比例相对过高,根据企业经验数据,库存占用资金约占20%。因此,对于中小企业来说,利用存货融资,加快资金流周转,提高资金利用率。《物权法》第一百八十一条规定:"企业、个体工商户、农业生产经营者可以将现有的以及将有的生产设备、原材料、半成品、产品抵押。”

存货融资是一种辅助形式的融资服务，根据存货总额来取得的循环贷款，可与应收账贷款共同运用。一般来说，只有原材料及制产成品方可视作存货来融资。

《物权法》第二百二十三条规定，“债务人或者第三人有权处分的下列权利可以出质：

（一）汇票、支票、本票；

（二）债券、存款单；

（三）仓单、提单；

（四）可以转让的基金份额、股权；

（五）可以转让的注册商标专用权，专利权、著作权等知识产权中的财产权；

（六）应收账款；

（七）法律、行政法规规定可以出质的其他财产权利。”

这一条款，为标准仓单质押融资业务提供了法律依据。本书第7章将对基于货权控制的供应链金融两种形式（标准仓单质押融资和普通货权质押融资）进行详细介绍。

2.2 企业资金缺口分析

全球经济一体化及社会化大分工，使得从采购原材料，制成中间产品以及最终产品，最后由销售网络把产品送到消费者手中的涉及的供应商、制造商、分销商、零售商，直到最终用户连成一个整体的功能网链结构。21世纪的竞争，不再是企业和企业之间的竞争，而是供应链与供应链之间的竞争。

在供应链管理理念下，企业建立战略伙伴关系，整合和优化供应链中的信息流、物流、资金流，以获得供应链整体效益最优为目标。例如以丰田汽车为代表，首先产生了“零库存”（Just In Time，JIT）管理方式以及精益物流管理方式，以“订单”为驱动，进而拉动生产、采购等，消除一切不必要的浪费。

供应链管理在重视物流的同时，更加重视资金流、信息流的整合。因此，分析资金流周转慢的原因，分析资金流缺口现象对改善企业运营效益乃至增强社会市场活力、保障金融环境健康十分必要。

2.2.1 资金规律分析

1）对资金运动规律的认识和运用不足

资金在生产过程中循环和周转，经历准备、生产、销售三个阶段。资金流是企业的生命源泉或“血液”。

企业资金短缺，原因就是没有按此资金运动规律把资金合理地配置于经营活动、投资活动、筹资活动。要保证资金周转顺利，就必须做好资金收支在数量上和时间上协调平衡，也就是购产销活动的平衡。

阅读案例2-1

亚细亚：野心压断资金链

郑州亚细亚这个20世纪80年代在中国升起的“野太阳”，掀起了一场零售革命，缔造了20世纪90年代短暂辉煌之后，创始人王遂舟的神话终归破灭。

郑州亚细亚成立之初的成功在于突破了计划经济的藩篱，将服务理念、CI设计、营销方式、差异化策略等运用于企业经营，快速占有了市场。然而其失败的教训更为深刻，除了人事管理、高层管理、挤压供应商、经营成本高、商标滥用、流通体制、价格策略、固执于自建商场等多种原因外，盲目扩张带来的资金周转困难是关键的原因。

1993年9月，亚细亚扩股增资，走上了"连锁经营"的道路，在不到4年时间内，先后开出15家大型连锁百货分店。而令王遂舟没有想到的是，当亚细亚在全国攻城略地，赢得媒体欢呼时，却已经走上了绝路：亚细亚对分店开设的盲目、管理的不善和失控直接导致了其债务负担愈益严重。

亚细亚内部财务管理混乱，9年没有进行一次全面彻底的审计；营业额的增长无法带来利润成长，企业的纯利润从来没有突破过1 000万元；新分店开一家亏损一家。

截至1997年底，前几年销售额一直名列郑州各大商场前茅的亚细亚商场滑到全市7大商场中倒数第2名，仅账面显示亏损700多万元；拖欠银行债务7 000余万元，拖欠厂家货款1亿元；资产负债率达168%。已属资不抵债；半年内，近百起诉讼将郑州亚细亚推上被告席，已被判决败诉强制执行划走的和已冻结资金800万元，准备执行的债务达4 100万元。与此同时，以亚细亚商场作为亚细亚集团的主体，濮阳、漯河、开封、南阳的4家直接连锁店、省外的10家所谓的连锁店经营失利造成的数亿元债务也毫不留情地压在了郑州亚细亚商场的肩头。2000年，亚细亚的郑州大本营宣告破产，一个中国商业的神话终结了。

资料来源：http://finance.com.cn.2009

2）缺乏应有的资金管理意识

（1）缺乏资金控制制度。企业由于缺乏对资金循环过程的控制，导致资金比例失调，或储备资金过多，或半成品、产成品过多，或产品不适销对路，或超过市场需求量；也不能及时根据资金控制过程中反馈的市场产品供求、价格、质量及售后服务不到位等信息去及时更新产品、进行相应价格调整去加大市场营销力度、改进产品质量、提高售后服务水平；不注意防范资金被人为侵吞、流失。总之，不能及时传递资金控制过程中反馈的信息，易使生产和流通脱节，措施滞后。

阅读案例2-2

资金流动性不足引发的资金链断裂

资金流动性不足引发的资金链断裂大多见于两种情况：

（1）增加流动负债弥补营运资金不足，企业为弥补营运资金缺口，用借入的短期资金来填充，造成流动负债增加引发流动性风险；

（2）短资长用，企业运用杠杆效应，大量借入银行短期借款，增加流动负债用于购置长期资产，虽能在一定程度上满足购置长期资产的资金需求，但造成企业偿债能力下降，极易引发流动性风险。

在这两种情况中，第二种情况更为危险，曾昙花一现的中国普尔马斯特超市（以下简称"普马"）即属此例。

1996年注册成立的中国普马在成立后的8年内在中国开设了近50家分店，迅速跻身为中国最大的零售商之一。如此大规模的扩张需要大量的资金来支持，中国普马的核心模式是以当地银行的贷款开新店扩张，通过供货商赊销经营，通过各个分店之间的现金调配来平衡现金流，甚至调配分店的资金作为新店的资本金。

这种高速增长的模式看似完美无缺，但是流动性不足，资金链紧绷像紧箍咒一样如影随形。2004 年，当西南某银行收回一笔 2 亿元贷款时，中国普马各地的门店终于像多米诺骨牌一样倒掉。

资料来源：百度文库(http://wenku.baidu.com).资金链的五种“死法与活法”

(2)企业的资产结构不合理。资产结构是指企业进行投资中各种资产的构成比例，主要是指固定投资和证券投资及流动资金投放的比例。

目前企业普遍存在流动资金不足的问题，其中一个很重要的原因就是没有处理好固定资金和流动资金投入的比例。从盈利性来看，基于流动资产和固定资产盈利能力上的差别，如果企业净营运资金(流动资产减去流动负债所得)越少，意味着企业以较大份额资金运用到盈利能力较高的固定资产上，从而使整体盈利水平上升；但从风险性看，企业的营运资金越少，意味着流动资产和流动负债的差额越小，则到期无力偿债的危险性也越大。在实际工作中，如过多的资金投入到前期的固定资产上，极有可能引出流动资金紧张，无力进货，拖欠职工工资，短期偿债能力下降等恶果。不能盲目追求利益，而打乱了其原有的整体经营思路。所以说资产结构管理的重点，在于确定一个既能维持企业正常进货周转等经营活动，又能在减少或不增加风险的前提下，给企业带来更多利润的流动资金水平。发展一新的项目以前不仅要考虑前期固定投入，也应该关注流动资金的充足性。

3)企业财务管理过程中造成资金短缺

(1)资金筹集过程影响资金短缺的原因分析。当前，企业的筹资渠道单一，筹资方式不灵活。企业在筹资渠道上仍以银行信贷为主，筹资方式普遍采用银行借款或商业信用，不能满足企业筹集到足额资金之需。

企业在筹集资金时，缺乏对资金成本及筹资风险的认识，没能正确负债经营。而且，企业对各种筹资方式对资金成本和财务风险影响考虑不充分，没有选择最佳筹资方式、组合。

(2)资金投放过程影响资金短缺的原因分析。如果一个企业没有对其投资项目进行科学的决策，缺乏对预期投资收益和投资风险的科学决策，那将会引发一系列的问题。企业进行投资都是以盈利为目的，都是以投资的盈利性和风险性相比较为基础进行决策的。企业必须考虑规模、效益和风险等因素，而实物资产的投资更受投资的时间性、整体不可分割性、流动性等多方面因素的制约。所以进行投资，尤其是财务资源有限的情况下必须考虑工期、资金到位情况、投资规模等众多因素。

阅读案例 2-3

投资失误引发的资金链断裂

企业由于投资失误，无法取得投资回报而给企业带来风险。投资风险产生的原因为：一是投资项目资金需求超过预算；二是投资项目不能按期投产，导致投入资金成为沉没成本。

著名的广东合俊玩具厂的倒闭案亦属于此种情况。合俊玩具厂 2006 年之前毛利率一直不错，2006 年以后由于原材料成本上涨、人民币升值等，毛利率从原来的 13% 降低到 5%。为了扩大产能、寻求“多元化”发展，该公司在 2006 年和 2007 年分别斥资收购一家即将倒闭的玩具厂和一个银矿采矿权，但玩具厂最后没能救活，银矿投资也因为一直没有拿到采矿许可证而无法产生效益，而主业经营又每况愈下，最终导致企业一夜之间被清盘。

资料来源：百度文库(http://wenku.baidu.com).资金链的五种“死法与活法”

(3)资金耗费过程影响资金短缺的原因分析。企业资金耗费现象严重,首先是缺乏成本费用定额,使编制的资金支出预算对成本费用的考核和生产经营中的一切重大决策没有依据,导致资金预算支出高估,资金占用过多。加之生产经营和市场营销中存在重大决策失误,也会造成巨大浪费。其次是管理者没有充分意识到成本费用指标在降低资金消耗方面的作用,不注意进行成本费用的控制。最后是企业不采用新技术,不改进工艺流程,不搞好劳动组织,材料浪费,能耗高。

(4)资金收入环节影响资金短缺的原因分析。很多企业没有根据市场动态制订并实施正确的营销策略去占领市场,没有根据自身经营情况制订合适的销售政策和收回货款的信用政策。在收回销售货款的日常管理工作中,没有注意调查客户信用状况,建立客户信用台账,没有对客户及时进行账龄分析。在资金收入环节,没有确保商品既要有一定市场占有率,又要及时收回货款。处理积压商品不及时,增加了资金占用。不能及时、准确、科学地预测进货量,如一次进货量大,极易引起库存积压,一方面占用大量的资金,提高了资金的使用成本;另一方面增加了存货的管理成本,同时其毁损的可能性也越大,而且承担了很大的跌价风险。如一次进货不足,会增加采购次数,增大采购成本和因商品不足而带来的机会损失。尤其对服装、鞋帽零售来说季节性更强,稍一疏忽,不是因商品积压造成了损失,就是因商品不足错过了销售良机。

合理运用赊销政策有助于稳定销售渠道,控制市场。但由于赊销并不是完全意义上的销售,它会直接产生应收账款,对赊销控制不当和对应收账款的管理不严,都会影响企业流动资金的正常周转。据专业机构统计分析,在发达市场经济中,企业间的逾期应收账款发生额约占贸易总额的0.25% ~0.5%;而在我国,这一比率高达5%以上。应收账款增加不仅占用了大量资金,导致流通中资金沉淀,降低了资金周转速度;另外由于企业信誉和偿债能力的不同,不可避免产生了一些坏账,导致资金彻底损失。近年来困扰企业很大的一个问题就是应收账款难以及时收回,有的企业应收账款达到了流动资产的30% ~50%,企业几乎无可用流动资金。当然应收账款的增多与计划体制下一味追求利润产值指标有关,但与对此项资产的无序管理也有密切的关系。目前企业中一年不进行往来账核对的单位比比皆是,再加上商业企业购销频繁,稍一放松管理,势必造成应收账款错误百出,坏账成堆。即使有的企业积极催收也可能因对方业绩不佳而徒增清账费用。由此可见,应收账款的增加也是企业资金短缺的一个重要因素。

(5)资金分配环节影响资金短缺的原因分析。没有合理确定分配规模和分配方式,以使企业利益最大。企业积累资金少,影响企业发展的需要。分配现金股利过多,影响债权人的利益。投资者预期报酬没有实现,企业声誉下降,进一步影响企业以后资金的筹集。

2.2.2 产业组织形势分析

1)银行贷款分布不均衡

1978年改革开放以来,我国基础建设规模迅速增长。我国银行信用呈现出一种典型的80/20分布,即80%的贷款集中在基础设施建设领域内的少数大型国有企业,而中小企业贷款市场则极不发达。

随着中国经济的过快增长,中国越来越难以承受这种靠投资推动的经济增长模式所带来的压力,持续的宏观调控,更让银行对于基建类别的贷款所遭遇的政策风险胆战心惊。包括监管部门也已经意识到了贷款集中度过高的风险,要求银行进行更多金融创新,以改变目前这种风险过于集中的风险状况。

2)我国产业资金缺口

(1)物流产业资金缺口。我国企业物流成本较发达国家甚至中等发达国家高。2009年统计,我国物流成本约占GDP的20%,美国等发达国家物流比重约占GDP的10%,一些中等发达国家如韩国也仅为GDP的16%。

物流产业居高不下的成本及落后的成本管理一定程度上加重了物流产业资金缺口。

此外,物流产业处于快速发展阶段,物流基础设施投入,信息系统建设及国际贸易的开展都急需大量资金投入。目前,许多物流园区存在建设资金不足的巨大压力。部分物流园区反映,物流园区作为平台公司,承担了大量的基础设施建设任务。但是,许多地方物流园区建设无法享受工业用地政策,土地价格奇高,导致园区高负债运营。

例如,我国港口物流行业,在开展国际物流、货运代理时,公司需要垫付运费,一定程度上增加了国际贸易风险,也限制了企业规模和发展。因此,借助供应链金融业务控制风险,使用"提单"等融资解决资金缺口问题成为关注的热点之一。

(2)汽车产业资金缺口。我国汽车产业在政策支持下,发展较快。

①汽车产业资金占用较大。汽车产业整条供应链从零部件采购、到组装、车辆生产线下线、到售后维修都占用大量资金。由于汽车是耐用消费品,价格较高,经销商要保持正常经营活动需投入大量的周转资金。对于汽车经销商来说,基本的工作就是围绕着进货、库存、销售这三个环节来进行。其中,库存是重点,库存的多少直接决定了经销商的资金使用效率。

专栏2-3

汽车库存深度警戒线

库存是中国汽车行业比较有争议的一点,面对突如其来的销量下滑,大部分汽车企业为了完成年终的销售计划,加大了向经销商压货的力度。

库存深度简单说是库存与销量的比值,反映了汽车在经销商处的周转速率。

一般来说,在经销商终端0.8~1.5的库存深度是合理的。但销量波动或下滑,导致部分厂家终端的库存深度甚至达到了2.5以上,大量的库存占用了经销商数目庞大的周转资金,导致了经销商资金链处于紧绷状态,并频频出现经销商4S店转手或破产的消息。因此在汽车产业,很多经销商和4S店将库存深度作为库存是否合理、资金是否流畅的警戒线,一定程度也是汽车降价、促销的信号。

合资品牌的库存深度基本上在1.5左右,而自主品牌的库存压力最大,普遍库存深度达到了2,有的甚至达到了3。相对而言,由于进口车受资源的影响,库存深度大约为1,尚在合理水平。

资料来源:http://auto.sohu.com.cn.2008

②重组与并购。汽车产业业务整合、兼并重组、合资合作、跨国收购和资本运作等战略实施,对资金链是很大考验。

阅读案例2-4

长安集团并购考验资金链

2009年11月,中国兵器装备集团(长安集团母公司,以下简称兵装集团)对中航汽车进行重组成立了新长安汽车集团之后,长安集团已经将国内除上汽通用五菱外最具有实力的两家微车企业(哈飞和昌河)进行了整合。显然,微车领域已经没有适合长安胃口的对象,考虑到乘用车企业的整合难度,长安集团总裁徐留平的目光或许将先锁定长安集团相对薄弱的重型商用车领域。

2010年,长安集团在重型车领域只有一家太原长安重型汽车股份有限公司,但该公司规划产能只有5万辆。那么,长安将把谁弥补进自己的重型车短板?其实,这个并购对象早在2009年就已经露出了端倪。当时,兵装集团透露,按照国资委的重组计划,兵装集团和中国兵器工业集团(以下简称兵工集团)将会整合,兵工集团拥有在重卡行业享有一定地位的北方奔驰重卡,这恰恰是长安集团垂涎的对象。

实际上,长安如此积极地进行重组扩张,还来源于2009年那个与长安集团失之交臂的机会。

2009年11月,哈飞和昌河被重组进了长安集团,借此,徐留平认为长安将在2009年成为仅次于上汽的中国第二大汽车集团。然而,最终数据表明,东风和一汽依靠不到8万辆的优势,将长安集团挤到了第四名的位置。2010年2月9日出炉的中汽协汽车产销数据显示,长安汽车集团在2010年的第一个月挤掉了东风和一汽,登上了中国汽车集团排名第二的位置。

然而,看上去恢弘的并购重组计划,却也在不断考验着长安集团的资金链。

2010年2月11日,长安汽车股份有限公司公布了公开增发方案,拟募资40亿元,投资生产线扩能改造项目、小排量发动机产业升级项目以及自主研发能力建设项目。

不久前,重庆市相关部门还对外透露了长安正在筹划轿车第二工厂项目,该项目一旦启动,长安将面临更大的资金缺口。而且在整合了中航汽车之后,长安集团还需要投入巨资对哈飞和昌河的汽车资产进行进一步的整合。

资金缺口考验着长安集团的同时,其旗下核心企业长安汽车的负债率也在陡升。财务数据显示,截至2009年9月30日,长安汽车的资产负债率从2008年的49.84%猛升到57.94%。

显然,在国家鼓励汽车企业做大做强的背景下,长安集团也驶入了急速的扩张道路。但不断扩大的产能和不断拔高的目标,也给汽车产业资金链带来更为严峻的考验。

资料来源:http://www.allecn.com.cn.2010-3-8

(3)制造产业资金缺口。例如造船产业、钢材产业等资金密集型产业,原材料、库存带来了资金缺口。没有订单意味着造船产业资金紧张。有了订单,想把订单转化为现船,也需要大量资金保障,否则即存在着延期、取消订单或弃船的风险。据英国克拉克公司的数据显示,截至2009年,全球手持订单近3 000亿,中国手持订单数高于1 500亿。保守估计,船市低迷给中国船舶工业带来的是600亿美元的资金缺口。

(4)航运产业资金缺口。航运业是资金密集型产业,所需投资额巨大,投资回收期较长,而且伴随着高风险。航运金融是航运企业、港口、造船厂、银行、保险公司、证券公司、商品及衍生业务的经销商、金融租赁公司等机构从事船舶融资、海上保险、货币保管、兑换、资金结算、融通、航运价格衍生产品、集装箱运价衍生品等业务。

一般而言,航运服务类企业在出口旺季有较大的资金需求,一般持续1~2个月。而在其余时间,企业自有流动资金就可以维持日常运营。部分企业希望银行能够推出为期一季度、或者一个月的贷款,规模在200万~300万元,供企业垫付各种流动资金需求。而且企业可以承受的月息也可升至3%。

阅读案例2-5

上海的航运金融市场

据统计,全球每年与航运相关的金融交易规模高达几千亿美元,其中船舶贷款规模约3 000亿美元、船舶租赁交易规模约700亿美元、航运股权和债券融资规模约150亿美元、航运运费衍生品市场规模约1 500亿美元、海上保险市场规模约250亿美元，而目前上海在全球航运金融市场的份额还不足1%。

资料来源：上海国际海事信息与文献网(http://www.simic.net.cn)

2.2.3 供应链金融对资金缺口的对策

企业在运营过程中可能存在着资金缺口，急需供应链金融提供一体化解决方案，加快企业资金周转。

纵观供应链过程，有如下几个阶段容易产生资金缺口，需要供应链金融加以改善。

1)企业采购阶段

采购原材料、零部件的价格的波动或其他风险将会影响整个供应链的运营，所以需要供应链金融承担风险管理职能，降低采购风险。

采购期出现资金缺口，可采用供应链金融"先货后款"、"预付款保函"等业务来解决融资问题。

2)"支付现金"至"卖出存货"阶段

这一阶段企业大部分资产以动产(如库存资产等)形式存在。应用动产进行融资能大大减少企业资金压力。但是出资方必须考虑流动中的动产监管问题。供应链金融中的核心模式，则通过物流来监管作为融资质押物或抵押物的动产，来帮助银行解决资金缺口问题。

3)"卖出存货"至"收到现金"阶段

这一阶段企业拥有应收账款单据，可采用供应链金融"应收账款融资"等典型业务来解决资金缺口问题。

2.3 信息技术分析

帮助供应链实现物流、资金流和信息流协调管理是供应链金融服务的目标，也是推动其发展的内在动力。我国信息技术的飞速发展和广泛应用为供应链金融创造了良好的技术环境。

2.3.1 银行业信息化演变阶段

信息技术在银行中应用从单一环节逐步趋于全面化，信息技术可以说是银行业务创新的关键和有力支持。

1)银行业信息化演变

在国外发达国家，银行业信息化建设随着信息技术的几次革命，大体经历了四个主要阶段。

(1)第一阶段是脱机批处理阶段。大约在20世纪50年代，国外一些银行就开始利用计算机进行票据集中录入，实现账务管理的批处理，以提高银行账务处理效率。这一信息技术的应用在客观上使银行账务管理模式由传统的分散型走向了集中型。

(2)第二阶段是联机实时处理阶段。随着网络技术和计算机分时操作系统的出现，大约从20世纪70年代开始，国外银行开始通过联机实时交易实现异地的通存通兑，出现了ATM(Automatic Teller Machine，自动取款机)、POS(Point of Sells，电子收款机系统)机等新型自助服务渠道，使银行业务迅速超出传统的存、贷、汇范畴，金融的服务、产品和渠道发生了革命性的变革。

(3)第三阶段是经营管理信息化阶段。随着数据库和现代网络通信技术的发展,国外银行业在20世纪80年代开始利用现代信息技术进行客户关系管理(CRM,Customer Relationship Management),同时推出了更具个性化的家庭银行、企业银行、电话银行等服务和产品。初步建立了电子银行体系,基于信息技术的现代银行产品服务体系趋于完整。

(4)第四阶段是银行业务虚拟化阶段。进入20世纪90年代后,互联网技术突飞猛进,国外先进行业开始基于互联网技术探索对银行服务渠道和产品的不断创新,出现了网络银行、电子商务等新型服务渠道以提供虚拟化、个性化服务。对于银行业务的虚拟化,国外发达国家也处在尝试和探索阶段。

从最初单纯应用于业务操作,到后来应用于系统管理,直到现在信息技术改变了银行的经营模式、组织结构、决策过程等几乎所有方面。如今的银行正不断走向电子信息网络化,不断走向虚拟,并缔造了一个全新的组织体系与经营形态。

专栏2-4

银行业电子化手段

(1)电子渠道的改革。银行为了更好地服务供应链上的每个环节、每个企业,推出更多的电子化金融产品,更深入地介入电子商务市场,对电子化数字单证的签发/收、数字认证、传递进行探索与发展,与"金关工程"、"金税工程"、"金卡工程"以及电子口岸等系统直联,同时与SWIFT(Society for Worldwide Interbank Financial Telecommunication,全世界银行间金融电信学会)各系统建立直联,提供数据转换、代签、代认证的服务,实现供应链全程的无纸化操作,并向现金管理系统提供最及时、准确的有真实贸易背景的可信赖的贸易交易信息,作为现金管理和贸易融资的直接依据参加SWIFT组织的TSU(贸易服务设施系统),促使外汇业务和离岸业务与国际接轨,以国际标准化的数据处理模式,为企业提供涉外供应链金融服务。

(2)对内建立银行自己的供应链数据平台。商业银行可以参考EDI方式,将所有交易信息代码化、电子化,推动电子发票、电子运单、电子化单据的发展,提供电子单据的签发、加解押密、认证、传递等第三方服务,努力提高供应链金融服务的电子化程度。

(3)网上银行、银企互联、电话银行、柜面渠道等要增加服务功能模块,实现上中下游企业流动性管理、融资申请、发放、收回等全流程的电子化。

资料来源:CIO时代网资料整理.2009-4-13

2)信息技术给银行带来的变革

信息技术推动了金融业务创新,从银行业务创新的历史可以看到几乎所有金融创新品种的背后都有技术因素的有力支撑。

(1)网上银行的出现是信息技术带来银行业创新最直接的成果之一。使传统银行原有的组织结构、网点布局、业务流程、服务途径、服务范围等发生了变化。网上银行通过使用信息技术实现了交易无纸化、业务无纸化和办公无纸化。所有传统银行使用的票据和单据全面电子化,全面使用了网络货币,不仅能给银行节约使用现金的业务成本,而且可以减少资金的滞留和沉淀,银行利用计算机和数据通信网传递信息,利用电子数据交换进行结算,从而简化了业务流程,提高了银行的经营效率。

(2)信息技术为各金融机构的间接合作提供了一个技术平台。技术型金融创新可以有效地规避分业经营模式对商业银行金融创新的限制。利用互联网的交互性,银行只需聘请少数专业人员就可以解决客户购买保险、证券、基金等金融产品的各类疑问,从而顺利地实现分销。

从某种意义上说,互联网模糊了各行业之间的截然分别,实现了它们之间的有机合作,给客户提供一站式服务,在以后的柜台上可以享受保险、证券、基金的服务。从发达国家已经建立的网上银行看,它已经成为了"一站购足"的金融超市,各类金融服务和相关信息可以得到充分利用。

(3)信息技术为银行向客户提供个性化服务奠定了基础。以网络银行为例,由于网络银行的客户地域跨度大,传统的大众营销模式已经不适合新的客户结构。因此如何根据客户需求提供个性化的服务是网络银行竞争成败的关键所在。借助网上完善的交易记录,银行可以对客户的交易行为进行分析和数据处理,从中发现重要的客户,并细分服务市场,制订特定的营销策略和服务内容。

(4)由信息技术推动的金融创新给传统商业银行开辟了更加广阔的发展空间,银行借助信息技术可以更快的实现资金的流动。银行集中各式各样的经济和金融信息并向社会发布,从而引导社会商品运动和资金的运动,以实现金融资源在社会各经济部门间的最优配置。

2.3.2 物流企业信息化

1)物流管理信息化提高了银行对物流的控制能力

近年来,物流公司的信息化程度不断提高,一些专业化程度较高的监管公司已建立了专门的物流监管信息系统,银行从总行到分行、支行的业务管理人员,都可以随时通过互联网登录物流公司的物流信息管理系统,检查质押品的品种、数量和位置等情况,实现质押监管的规范化、实时化、远程化,提高了供应链金融的风险管理水平。

2)物流管理信息化拓展了供应链金融的业务空间

在一些大宗商品的现货批发市场,已经综合运用现代网络技术和电子商务模式建立了中远期仓单市场,形成全新的流通方式,实现了交易仓单标准化,报价机制准确,登记交割灵活快捷,大幅降低了物流成本,有效满足了业界规避价格风险和违约风险的需求,也为银行仓单融资业务提供了拓展空间。

2.3.3 生产型企业信息化

生产型企业在供应链中多数扮演核心企业的角色通过与供应链上其他角色如供应商、分销商等共享订单、市场需求等信息,进行库存管理和生产计划。

1)管理信息系统的应用

生产型企业利用 WMS(Warehouse Mangagement System,仓储管理系统)、MRP(Materials Resource Planning,物料需求计划)、MRPII(Manufacturing Resource Planning,制造资源计划)、ERP(Enterprise Resources Planning,企业资源计划)、SCM(Supply Chain Management,供应链管理)对采购、生产、配送、销售等进行有效整合。

管理信息系统的应用,使得库存降低、资金周转率提高,生产周期缩短,克服了"牛鞭效应"和"信息孤岛",为生产型企业建立战略联盟、业务外包提供技术支持。

2)自动识别技术的应用

条形码、RFID、互联网的发展与应用,使得原材料、零部件、在制品和产成品可追踪,企业管理者可以查询到库存、生产、销售等实时的、准确的数据,进而作出科学的决策。

可见,信息技术提供的强大支持可以促使各方提高管理水平,便于开展供应链金融业务。

2.4 质押标的物综合分析

2.4.1 质押标的物特点

质押属于担保物权中的一种。下面对质押标的物的特点进行分析。

1)质押标的物质量可控

在质押融资,特别是存货质押等动产质押中,债务人(或借款人)的存货等质押标的物物交由债务人或物流企业监管。债务人或物流企业监管"占有"质押标的物,负有妥善保管质押财产的义务。

因此,质押标的物通常是一些容易保管,质量比较稳定的物品。而易腐烂、易燃、易爆等存货不易于作为质押标的物。

质押标的物的这一特点在标准仓单质押中,体现的最为明显。标准仓单所对应货物的等级、质量、有效期等系列指标,由交易所统一制定标准。标准仓单质押中,质押标的物的品质是透明的,可控的。标准仓单质押减少了因为质押标的物质量衡量标准不一致、质量下降等产生的纠纷,降低了质权人的风险。

专栏 2-5

《物权法》赋予质权人保管质押财产的义务

《物权法》第十七章质权,第一节动产质权第二百一十五条:"质权人负有妥善保管质押财产的义务;因保管不善致使质押财产毁损、灭失的,应当承担赔偿责任。质权人的行为可能使质押财产毁损、灭失的,出质人可以要求质权人将质押财产提存,或者要求提前清偿债务并返还质押财产。"

资料来源:《中华人民共和国物权法》

2)大多数质押标的物价格波动小

无论对于债权人来说,还是对于债务人来说,都希望质押标的物的价格波动小,减少质押风险。

对于债权人来说,在债务履行期内占有质押标的物,当债务人不履行到期债务或者发生当事人约定的实现质权的情形,债权人有权就该动产优先受偿。虽然"质押财产折价或者拍卖、变卖后,其价款超过债权数额的部分归出质人所有,不足部分由债务人清偿"(《物权法》第二百二十一条),但是价格的波动增加了债权人收回贷款的风险。

对于债务人来说,也倾向于将价格波动小的物品用于质押。例如,价格波动造成的物品贬值,物品市场价格走势上涨时转移给债权人,当债务履行期届满后,质押标的物价格走低,这种情况下,债权人产生了经济损失,失去了市场的主动性。

专栏 2-6

价值缩水风险

对于银行来说,供应链风险要点取决于借款人将物流转化为还款的能力以及银行对借款人的掌控。这一般分为行业风险和操作风险。

行业风险是银行几乎无法控制的,这通常由供应链金融所涉及的行业本身决定。当然,质押物如果价值高且稳定,银行是乐意帮这个忙的,怕的就是质押物难以控制,如果在银行手中唯一的抵押物发生变化,那么银行的资产就会受到较大威胁。一般,供应链融资的系列产品有动产质押融资、应收账款融资、保单项下贸易融资、信用证项下贸易融资。

举个例子,如果核心企业抵押给银行的是物权,那么银行接受申请,现款放行,完成一切手续之后,就要开始承担货物价格的变化所带来的风险了。一旦货品由于国家政策、行业变动、市场影响、本身质变等缘故导致价格下降,那么对于银行来说,质押款将不再有原来的价值。

从2003年到2005年,钢铁价格发生了巨大变化。从每吨接近6 000元的价格一落到2 000多元,产量从2亿吨增加到4.8亿吨。曾在深发展天津支行申请融资的某钢材经销商,就被彻底"涮"了一回。由于判断失误,该经销商在钢铁跌价前贷款数千万买入大量存货,以期赢利。没有想到的是钢价一路下跌,经销商陷入窘境。这让深发展天津支行面临信贷风险。好在银行为了避免该情况的出现已经提前打了"预防针"。在国家对钢铁宏观调控开始,将钢材的质押率降低了10%,同时,在合作监管方的协助下,以最快的速度将该笔钢材转移销售,终于在质押率幅度范围内,将信贷资金全额收回。

正因为如此,价格的稳定性是银行要考虑到的首要问题。一般来说,价值稳定的技术原材料是银行们比较青睐的质押选择,钢铁、冶金、粮食、油品等行业价值相对稳定,比较容易得到银行的青睐。相对来说,产成品如医药、服装、日常消费品等保值期短、规格品种过多、使用期限不长、价值容易发生变化、变现率容易下降,很少成为供应链金融中银行的"座上宾"。

资料来源:陈雪松.《商品融资与物流监管实务》.2008

3)质押标的物适用性广

质押标的物适用性较广泛。分析银行与产业合作的供应链金融业务中,质押标的物可以是原材料、零部件、半成品或产成品,例如铜精矿(原材料)、阳极铜板(半成品)、阴极铜板(产成品)、钢材、粮食、煤炭、PTA(对苯二甲酸)、塑料原料(例如PVE、PP、PE、PS、AB)、机电设备、电子产品等;合作的典型企业包括中石油、中石化、兖煤、冶金矿产、电力等能源行业,鞍钢等钢材行业,格力电器、诺基亚等家电、电子通信行业,燃油电厂、炼厂、燃油贸易商,汽车、粮食、机电、化工、交通运输产业、港航造船行业等。

质押物选择对于供应链金融业务的风险控制至关重要,供应链金融业务中质押物选择主要应该考虑质押物的变现能力和销售能力,可以使用供应商选择经常采用的层次分析法(AHP)进行定性与定量相结合的选择。

2.4.2 质押标的物管理

1)质物的真实性

确保质物的真实有效是供应链金融业务运作的前提和保障。在存货质押融资业务中,必须为所有权明确的动产,如借方企业所拥有的生产原料、存货、商品等可流动的货物。而在仓单质押融资业务中要防范仓单的假冒,具体措施包括指定印刷、固定格式、预留印鉴、由指定专人送达等,并在协议中声明。在核实质物真实性方面物流企业可以提供有关的服务如查询、证明及担保等。

2)质押商品管理

为了防范和控制风险,现实中一般选择价格波动小、易变现、易保管的商品作为质物。在复杂多变的市场环境下,商品价格的波动和变化等情况更加频繁,因此针对不同质物商品分别进行细化管理是十分必要的。贷款价值比是借方企业在其商品质押后能得到的借款金额与其商品的评估总价值的比值。显然,贷款价值比的高低对银行控制贷款风险和提高客户满意度产生直接的影响。制订恰当的贷款价值比的关键是掌握商品的一般价值情况和变化的价值情况。对于大型的物流企业来说,掌握着大量的行业交易信息,如商品每天的到货数量、库存数量、销售数量等。它们往往比银行掌握更多的宏观与微观经济信息。物流企业可以向银行等贷款机构提供动产质押商品价值的历史资料分析、定期的商品价值报告,特别是减值报告等,帮助银行和借方企业确定质押商品的范围和估价、贷款价值比、贷款期限和变现等级等内容。

3)质押商品监管

质物商品的监管是存货质押融资中非常重要的环节之一。动产质押为担保物权而非用益物权,质权人没有对质物的使用收益权。质权人占有质物,目的在于限制出质人使用或处分质物。为了充分有效地利用质物,发挥质物的效益,各国民法又准许质权人有限度地使用或者授权使用质物。具体的内容可以在信贷合约中约定。物流企业受银行委托对质物商品进行监管,根据信贷合约要求制订存货管理的具体办法等,银行可以定期或不定期地进行监控。

在实践中,常用的监管办法是冻结该项资产,这样操作简便、易于控制。首先,借方企业要与银行认定的物流企业(或仓库)签订"仓储协议",明确商品的入库验收和养护要求,指明商品在入库后即开具专用动产证明,同时明确专用动产上所标明商品已属抵押给银行的货物,在出库前必须征得银行同意。其次,物流企业要书面承诺银行,保证质押商品手续完备,账物相符;且在质押期间无银行同意不得向借方企业或任何第三人发货;不以存货方(即借方企业)未付有关保管费等为由阻挠、干涉、妨碍银行行使质权等。但是,对于借方企业而言,存货往往占用的企业资金较多,而且存货周期短、周转速度快,冻结存货会影响借方企业的业务。针对这样的情况,目前一些金融机构如深圳发展银行推出"追加部分保证金赎出部分质押物"等方式以满足借方企业正常经营需要,顺利解决其融资和资金占压等问题。在信贷合约中,银行要与借方企业签订"账户监管协议",明确借方企业要在该银行开立专用监管账户,补充相应数量的保证金或者将该动产项下的商品的销售回笼款按比例打入该账户。物流企业应根据不同情况,对货物出库、销售等环节向银行提供监管服务。

4)质押商品处置

在存货质押融资中,质押商品的处置也是一项重要的内容。质押商品的处置通常有如下两种情况:

(1)贷款还未到期,由于市场价格下跌,银行通知借方企业追加风险保证金,对方仍未履行追加义务的,物流企业可接受银行委托,对尚未销售的商品尽快实现销售,收回贷款本金。

(2)贷款到期,但监管账户内的销售回笼款不足以偿还贷款本息且无其他资金来源作为补充,物流企业可接受银行委托对储存的相应数量商品实行销售处理,直到收回贷款本息。

以上两种处置方式和有关要求均需在贷款前以书面的形式与借方企业作出明确的约定,其中折价处理的平仓限额是信贷合约设计的关键内容之一。这里,物流企业一方面可以协助银行进行质押商品拍卖以收回资金;另一方面也可以提供质押担保等服务。

5)质押商品信息管理

供应链金融业务是一种典型的多方参与、优势互补的业务形态。为了有效地推进业务的开展,应该广泛地采用信息系统技术。一方面可以加快参与各方的信息交流,简化作业环节,缩短作业时间;另一方面,专业化的信息技术的运用,例如货物实时跟踪监控等,也确保了质押物的安全,有利于银行控制风险。

2.5 资金流管理

资金流(Financial Flow)是企业的血液,资金流可通过企业经营转化为产品,产品经企业销售可产生更多的现金。企业净现资金流的状况将决定企业的命运。

企业的资金流管理主要包括计划、筹集、运用、管理和效益评估,包含资金的从产生到终结的整个生命周期,是一项系统工程。

在供应链的运营过程中,资金流的循环与增值是由现金转化为储备资金、生产资金、产成品资金、结算资金,最终又转化为现金的过程。通过对资金流、物流与信息流的协调整合,可以保证供应链运营的顺畅以及资金的增值。

2.5.1 传统资金流管理

传统的供应链管理主要关注供应链物流和信息流管理的设计和优化问题。然而,在供应链管理实践中必然存在着资金流循环。强调资金流在物流和信息流的整合和协调的供应链,称为“金融供应链”(Financial Supply Chain)。

传统供应链管理主要关注那些可以触及的成本,如运输和仓储成本,而贯穿整个供应链的金融服务成本往往被忽视。这些成本不仅包含库存融资成本,而且还包括金融信用风险、贸易信用风险,以及保险等方面的成本。

供应链金融成本(Finance-related Logistics Costs)是指那些受物流活动驱动的金融服务的程序(processes)和活动所引发的成本。

1)资金流管理的内容

(1)资金的筹集。这相当于资金的产生,企业通过一定的资金渠道,利用筹资方式,筹集生产经营所需要的资金。企业在筹集资金的时候,应当根据企业资金需求量和筹集的可能性,合理确定资金的需要量、控制资金投放的时间,注意适量性和适时性,从而节约资金和提高资金效益。

(2)资金的使用。进行生产经营活动,要用筹集的资金,购置生产资料,为企业的生产经营活动创造物资条件。资金使用之前要做好详细的预算,关注资金的投入—产出以及资金投资回收期。使用时要进行财务管理,控制资金收支。

(3)资金的回收。企业产品生产出来之后进行销售,将生产出来的产品销售给购货单位,并从购货方取得货款,即为销售收入。

(4)资金的分配。将企业所取得的销售收入,进行分配,一部分资金用于补偿生产中的资金费用,重新购买劳动对象和支付职工的劳动报酬等,保证企业再生产过程的不断进行;另一部分资金则用于股东的分红等。

阅读案例2-6

资金流管理系统功能

资金流管理系统根据企业资金管理需要,引入内部银行的管理理念,以企业与银行的业务发生为基础,辅以系统提供的预期数据,全面综合的反映企业现在与将来的资金供求情况,包括资金的流入流出去向的跟踪,企业未来一段时间内资金的供需计划,以此掌控企业的现金流,为决策者提供确切、详实的资金信息。

资金流管理系统包括日常资金往来处理、业务管理、报表、查询几大系统，它以现金、银行日记账为基础，通过建立完善的内部银行体系，健全核算机制，利于规划脉络清晰的资金流向，编制准确的收付款计划，见表2-1。

资金流管理系统主要功能 表2-1

系统模块	功能描述
银行日记账	登记银行收支款项，包括开票、打印功能
收付款综合查询	分按部门和按现金流量代码统计收入、支出合计及明细
银行早间余额登记	为各银行早间存款实有数输入点，记录每日早间存款数，同时比对存款变动额，并有备注注释差额原因
银行存款余额表	实时统计各账户存款余额，以便财务制订拨款计划
银行对账管理	支持各家银行对账单导入功能，与企业内部银行进行核对
贷款管理	根据贷款合同内容登记管理，分两部分管理贷款执行情况，一是记录实际的还贷付息情况；二是依贷款实际下放日期运算生成本笔贷款的全部还贷付息计划，并据此计入应付计划表
应收应付票据管理	管理各类应收应付票据，根据到期信息生成应收应付计划表
进口开证管理	该功能主要用于贸易公司，记录信用证从开证起的全部执行情况，包括改证、承兑、付证等
资金运作计划和控制	每日银行账户实际余额登记取段余额分析，时间段或某一时间点分户，分类图表分析。资金计划编制，依贷款合同，远期承兑汇票，已审定的贸易资金计划等资金流入或流出计划编制时间段内的资金计划
应付票据查询	根据指定时间段查询应付票据开具情况、付款情况、到期情况及累计统计
进口开证查询	可根据指定时间段按银行或按部门分类统计即期、远期信用证的开证统计、已付款统计、未付款统计并显示明细
付款、收款凭证的自动制作	出纳每笔付款、收款按部门发放到核算员的待办凭证系统中交由核算员处理，自动生成会计凭证
资金额度控制系统	相对于每家银行，每种资金内部运作或对外担保形态（贷款、信用证、承兑汇票、押汇、保函等）输入银行对本公司的授信或本公司对担保单位的授信，依据资金的运作钩稽和比对授信额度的使用情况
对外担保管理	对远期承兑汇票担保、进口信用证担保进行管理，对担保单位的还贷情况实时跟踪，控制对外担保的授信情况

资料来源：深发展— 中欧商学院课题组.《供应链金融》. 2009

2）资金流管理存在的问题

由表2-2分析可知，供应链中资金流管理的改进已经远远落后于供应链管理其他方面。供应链资金流管理正处于变革的关键时期。崭新的自动化解决方案显示了减少流动资金的极大潜力，它们能够加速资金流动，使其流动更加可靠，更加具有可预测性，同时具有更低的成本。它们能够提高运营过程的透明度，带来了应收与应付账款不确定性的降低，减少了运营资金。另外，这种自动化解决方案加速了采购过程，连带地增加了支付与发票协调的速度，减少了应收账款的回收期等。

资金流管理存在的问题与原因　　表2-2

问　题	原　因
票据处理缓慢	手工处理
现金流不稳定且难以预测	缺乏及时、详细的信息
处理过程成本较高	不同部门协调和数据共享效率低下
应收账款的回收期(DSO)较长	发票协调的延迟
不合理的信用期安排	人工确定最优信用安排,缺乏定量的数学工具

2.5.2　资金流控制与管理

供应链金融的资金流管理是指银行通过对流程模式、产品运用、商务条款约束等要素的设定,对授信资金循环及其增值进行管理与控制,实现信贷资金投入后的增值回流。这里的资金流的管理,并非传统的资金流预测,而是区分资金的性质后,对资金进行包括出发点、流量、流向、循环周期等方面的全面管理。资金流管理旨在保障银行授信资金进入供应链的经营循环后,能够产生足够的现金流抵偿到期债务。控制住现金流,也就控制住了还款来源,增强了还款来源的可预见性、操控性和稳定性。

1)影响供应链金融成本的因素

影响供应链金融成本的因素包括三个方面:时间、风险和流程。

(1)时间会影响供应链金融成本。例如,库存成本是与整个交易时间长度相关的,减少整个供应链的库存水平(库存量),可以降低库存融资的利息。另外,应收账款周期越长,交易支付资金成本越多。

(2)风险会影响供应链金融成本。库存融资包含着较高程度的风险,风险可通过供应链中支付的保险金来反映。另外,在银行短期库存融资的贷款利率也可反映供应链金融风险。

(3)供应链金融业务流程影响供应链金融成本。例如回购担保方式供应链融资、标准仓单质押融资、应收账款质押融资等涉及授信额度申报、开设信用证、办理银行保函、开具商业汇票等流程,都产生了劳务成本、管理成本、信息处理成本等。例如,快速和准确的开票将影响现金流和应收账款的管理。

2)降低供应链金融成本途径

供应链金融成本是由供应链物料流、信息流和资金流不断循环活动产生的,有效控制供应链金融成本的关键在于将供应链金融服务整合至供应链管理中。所以,不同供应链过程存在着降低供应链金融成本的机会。

(1)传统供应链效率提高途径为:

①合理的库存策略。通过供应商管理库存(VMI,Vendor Managed Inventory)减少生产商、经销商库存压力;通过经济订货批量(EOQ,Economic Order Quantity)科学确定订货点、安全库存量;通过提高订货、运输响应速度,缩短订货提前期;通过对销量、需求的共享,采用订单驱动模式,开展准时制(JIT)生产。这些供应链管理新理念都是减少库存成本的有效途径。

②提高客户服务水平。虽然降低成本和提高客户服务水平存在"此消彼长"效益背反现象。但是,供应链企业在追求客户服务水平的一些创新和管理模式,提高了服务附加值,提高了企业效益,从供应链整体来看,向着精简成本的方向发展。例如,柔性生产(Flexible Producing)即通过系统结构、人员组织、运作方式和市场营销等方面的改革,使生产系统能对市场需求变化作出快速的适应,同时消除冗余无用的损耗,力求使企业获得更大的效益。另外,在汽车行业逐步开展的精益物流(Lean Logistics),通过消除生产和供应过程中的非增值的浪费,以

减少备货时间,提高客户满意度。

③加强战略合作。通过建立企业动态联盟(Dynamic Alliance of Enterprises),共享利益,共担风险,增强核心竞争力;通过协同计划、预测与补货(CPFR,Collaborative Planning Forecasting and Replenishment)应对需求波动,减少缺货。

(2)供应链金融资金流控制重点为:

在资金的流动中,应收与应付账款是资金比较特殊的存在形式,同时,它们对企业的生存与发展往往产生决定性的影响。

应收账款占用了企业大量的资金,经常导致企业资金周转不灵,使得企业再发展无从谈起;而应付账款的长期存在则会影响到企业与上游供应商的关系,长期积累则极有可能导致企业因资不抵债而破产。

3)资金流管理的要素

(1)流量的管理。主要是控制授信限额,重点考察现金流量与借款人的经营规模和授信支持性资产的匹配关系;借款人的采购或销售网络、上游的供货能力、下游的支付能力等因素。

其一,单笔贸易现金流量的计算,需要综合考虑交易双方的履约意愿和履约能力,申请人自身的承债能力等,估算该业务申请人自有资金和银行投入资金的比例。以公式表示:单笔合同金额 = 保证金 + 单笔融资金额(单笔贸易现金流)。其二,授信企业一定期限内现金流量的计算,主要依据授信企业过往交易记录及其业务合理发展幅度来匡算,即:季节性销售增长引发的现金流需求 = 营运投资旺季值 - 营运投资淡季值;营运投资 = 存货 + 应收账款 - 应付账款 - 应付费用。

长期性销售增长引发的现金流需求 = 近三年核心营运投资环比增长量。以公司在一年中的最低销售点时所必须保有的核心营运投资(存货 + 应收账款 - 应付账款 - 应付费用)来计算连续3年的环比增长。

(2)流向的管理。就是对现金流去向和来向的控制,即在具体操作环节上落实贷款用途。回流的现金是银行关注的重点,其中包括回流现金的路径、回流量以及回流时间。

(3)循环周期的管理。现金流管理的重点在于保证授信企业与上、下游之间资金流与物流相对运动的顺利完成。现金流周期管理要综合考虑行业内通行的结算方式及平均销售周期,来判断一个完整的资金循环所需时间。循环周期控制不当,会导致资金提前回流或滞后回流,使银行与企业在资金使用的安全与效率等方面产生冲突,甚至引发不良贷款。

4)资金流管理的手段

(1)金融产品的组合运用。根据金融产品本身的特征及其对资金走向和回收的组合安排,可较好地控制资金流的循环。如指定银行承兑汇票、商业承兑汇票的收款人以及指定付款账号可控制资金的去向,直接将资金支付给上游卖方;通过国内保理业务、指定商业承兑汇票贴现人、协议约定或购销合同上注明回款账号唯一性等手段可以确保现金的及时回流。以上操作控制手段可作为审批意见中的限制性条款,授信出账前落实和监督执行。

(2)信息文件的约束和控制。资金流的信息文件可以约束现金的流向,也可以客观地反映资金流运动。如资金的去向可以在汇票上载明收款人或指定付款账号,在发货单或提单上的收货人、提货人位置可注明为银行或银行指定的收货人以监控货物;同时发货单、提单也是物流的流向及不同节段上某一时间货物所处状态的证明。

(3)业务流程模式和商务条款的控制。可通过合同中的商务条款、协议中多方约定保障现金回流的路线。可通过给企业设定保证金账户、封闭授信来处理应付、存货的管理;办理业务时要求必须提供相关合同、发票发/收货证明资金流物化载体。

(4)发挥财务报表在资金流控制中的作用。授信人连续的财务报表可以勾画出一个相对完整的资金流向图。财务报表是资金流在数据上的体现,贸易链条各参与者每一时点的财务报表都体现了资金的静态状况以及与其有关资产负债项目的相关关系。对企业应收账款、应付账款、存货、货币资金及销售收入的监控和管理,是控制和监视资金流的有效手段。

专栏 2-7

资金管理市场份额分析

资金管理业务一直是外资银行的天下。花旗银行、摩根大通在中国开展现金管理业务的时间至少都在3年以上。

在我国,招商银行、中国工商银行占全球化现金流管理业务主要市场额度,截止到2010年,工商银行现金管理签约客户已达28万户,包括柯达公司、安利中国、中油BP、东方航空、南方航空、广东电信、TCL集团等企业已经与工商银行签订了现金管理协议。

工商银行已经开发完成了具有国际先进水平的资金汇划清算系统和综合业务处理系统,并推出了收款、付款、账户管理及信息服务、电子商务、流动资金头寸管理等几大类现金管理业务。

资料来源:网上资料.2010

2.5.3 资金流管理新趋向

现代意义的资金流管理是指银行针对客户的收款、付款、融资、理财、资金综合一体化管理,利用其覆盖广泛的银行网络(包括物理网点、网络银行)、先进的货币资金管理经验等优势,为跨国公司、大型客户或中小企业提供个性化、全方位资金管理服务、解决方案。

1)资金流管理新趋势

(1)全球化趋势。银行依托其全球现金管理服务系统、全球分支机构和合作银行网络等,实现了现金管理服务国别、银行和时区的突破,为跨国企业提供"一站式"现金管理,服务内容涵盖全球账户信息管理、收付款管理、风险管理等。

(2)注重客户服务水平。现金管理服务越来越多地考虑客户多样化现金管理需求。

①结合内部现金管理和外部现金流控制。

②结合人民币现金管理到外汇现金管理。

③满足多元化客户类型需求。细分客户,对企业集团、政府机构、事业单位等客户类型,根据其特点量身定制。

现金管理服务不是简单的收付款服务,而是银行为客户量身定制个性化现金管理方案,提供综合化的服务,协助客户对现金流入、流出及存量进行统筹规划,在保证流动性的基础上,实现客户效益最大化的金融服务。

对银行而言,现金管理服务既可锁定大客户的存贷款、获取中间业务收入,又可提高客户忠诚度、稳定优质客户群。

(3)集约化趋势。集约化包括纵向集约化和横向集约化两个方面。在横向集约化方面,银行资金流管理逐步克服跨银行资金管理流程、费用、信息等方面的技术壁垒。例如,招商银行采用跨银行现金管理系统(CBS),解决了大型企业在多家银行开设多个银行账户的难题。

(4)技术优势明显。

①遍布全球的网络。覆盖全球的物理网络、计算机网络使得数据得以实时处理、共享。

②高效的清算系统。它包括人民币资金汇划清算系统和外汇汇款清算系统,实现境内同城、异地本外币资金汇划实时到账。

③多元化的服务渠道支持。除传统的银行网点外,增加了电子银行和银企互联两种渠道。

通过网上银行、电话银行、手机银行、自助银行,为客户提供多元化的接入渠道,突破时间、空间障碍。实现24/7(24 hours a day,7 days a week)服务,为客户提供高度自动化的现金管理服务。通过专线将企业ERP系统与银行的银企互联系统连接。客户可以通过提交账户信息查询、收付款等指令实现综合付款、综合收款等多种功能,能够满足企业客户资金流入、资金内部流转、资金流出的全方位现金管理需求。

2)资金流管理创新业务

(1)采购卡系统。采购卡(Purchasing Card)是企业与银行联合开发的,通过企业的上层采购部门,对基层或者其他部门的有关人员进行授权,让其能够不通过采购部门,自主向企业的合格供应商采购本部门所需要的物资。

各部门的采购数量、获得的采购折扣、采购金额、缴税情况、供应商的状况等有关信息都能够在采购卡的数据库中采集,通过相应的发卡银行将这些信息传达到企业的上层采购部门。这些信息还能够实时地直接导入企业的ERP系统中运行,与企业采购流程协同工作。

阅读案例2-7

国内外银行采购卡发展现状

采购卡系统源于美国,2002年仅政府采购卡的交易金额已经达到1.89亿美元,近1.7万持卡人完成了约78.8万笔交易。

我国政府于20世纪90年代末也以地区为单位,开始推行采购卡。香港特别行政区政府采购实行集中采购制度,小额物品由各部门采用采购卡的形式直接采购。

香港汇丰银行是主要的发卡行,1999年在10个部门进行采购卡的试点工作,每张卡的最高限额为2万港元。持卡人可以用采购卡在指定供应商处自主购物,在划卡的同时银行资金也划拨到供应商的账户上,免去了记账和支付手续,同时也消除了携带支票或现金潜在的隐患。现在持卡人主要在指定的超市采购,不过与非指定供应商进行交易时,资金同样能够转到供应商处完成交易。香港全面推行采购卡的第一年发放采购卡超过3 000张。

目前,南京市、广州市、上海市等各地区也推行政府部门零星物资的采购卡制度,但是各地区往往各自为政,采购卡的指定供应商多为当地的供应商,有地方保护主义倾向,整体的采购成本并没有降低。

我国企业于2000年初才逐步接受电子商务,采购卡也是在2000年初才被企业所关注,针对这种发展趋势,中国工商银行与金贸网络中心于2001年底联合推出牡丹金贸国际信用卡,该卡能够作为企业电子采购卡,企业不用预付现金,就能从卡中获取一定的易货额度,随时上网采购所需材料。不过多数企业并没有接受采购卡的管理理念,到目前为止,该卡的运用并不成功。

资料来源:深发展—中欧商学院课题组.《供应链金融》.2009

(2)分销卡系统。分销卡系统(Distribution Card)通过对现金、客户信用期以及客户承诺记录的重新布置,来重新设计分销商和批发商的应收账款处理过程。通过把原先的人工处理过程以及从分销商处收集信息的压力转移给银行,分销卡系统把原先的信息收集过程转换成一种迅速的无纸化电子收支系统,从而从根本上降低了应收账款成本。

(3)电子发票出具及支付系统。电子发票出具及支付(EIPP,Electronic Invoice Presentment and Payment)系统为企业同时处理资金流与信息流提供了极好的机会。EIPP能够在传输有关已支付金额信息的同时，传输详细的账单信息（invoice-level information）、库存单位号码（SKU numbers）、数量（Quantities），汇票号码（PO numbers）等。这时的供应链能够避免在人工处理过程中经常出现的错误。

（4）应用网络系统集中化管理。企业的财务管理正在走向集中式管理。网络系统帮助企业资金管理者实现财务管理的集中化主要体现在会计核算的集中化、财务控制的集中化和财务决策的集中化。

网络财务的一个特点就是数据传送的时效性和及时性。对于企业的中、高层管理员可以直接获取企业的会计信息，对于财务的支出和收入进行监控，这样就可以达到提高闲置资金的使用效率、增强内部资金余额调剂能力、杜绝腐败等目的。同时，基于财务控制集中化的基础上，企业的决策层可以更方便、更直观地作出决策，以帮助企业正常的生产经营。

阅读案例 2-8

中国工商银行现金管理业务

1. 业务概述

中国工商银行现金管理业务起步于1998年，是国内最早推出现金管理业务的商业银行之一。中国工商银行现金管理的服务品牌为“财智账户”。“财”为“财富、资金”，“智”为“智慧”，“财智”突出了工商银行现金管理服务为客户专业理财、专家服务的特征；“账户”是银行金融服务的基础载体；“财智账户”阐述了中国工商银行财富与智慧结合的现金管理服务理念。

2. 产品介绍

产品大体分为七大类，具体分类见表2-3。

中国工商银行现金管理业务产品　　表2-3

收款服务	付款服务	账户管理及信息服务	流动性管理服务	资金增值服务	风险管理服务	供应链金融服务
委托收款；代理收款；即时通；支票直通车；E-bank收款；直接借记；上门收（送）款；协议钱箱	电子汇兑；E-bank支付；代发工资；牡丹公务卡服务；买方付息；全球快汇	账户收支管理；账户余额管理；支付控制；网上银行账户信息服务；电话银行账户信息服务；网点账户信息服务；工商银行信使服务；MT940客户对账单支持企业年金基金托管	人民币结构性存款；超短期人民币法人理财产品；委托贷款；集团账户；日间透支；法人账户透支；流动资金循环贷款	国债投资；基金投资；人民币法人理财业务；代客实物黄金；外汇结构性存款业务；代客境外理财业务	汇率风险管理产品（货币掉期、外汇期权、远期外汇买卖）；利率风险管理产品（利率掉期、远期利率协议）	国内保理；发票融资；国内信用证项下买方融资；国内信用证项下卖方融资；国内信用证项下打包贷款；进口信用证；出口信用证；打包放款；出口押汇；出口贴现；进口押汇；福费廷

中国工商银行提供账户管理、集中支付、资金池、收款、临时融资、风险控制、短期投资、供应链金融、外汇资金集中管理、电子银行等解决方案。为制造销售企业、跨国公司、运输企业、家电企业、财务公司、进出口企业、保险企业、烟草企业、快餐零售业企业、连锁经营企业、汽车制造企业提供解决方案。

资料来源：根据中国工商银行网站（http://www.icbc.com.cn）资料整理

第3章　物流监管理论

物流监管(Logistics Monitoring)是指物流企业和银行等金融机构合作,银行向客户提供金融服务,物流企业向客户提供物流服务,物流企业在物流服务过程中,代理银行占有和管理质押物及有关的单据、权利凭证,帮助银行控制风险。

在国外,质押监管业务由于能为物流企业创造的利润在不断增加而发展迅速,例如,UPS为发展质押融资业务而专门收购了一家银行,真正实现物流、信息流、资金流三流合一。在我国,物流企业正在与银行逐步开展质押监管业务,例如,中储同四大国有商业银行以及中信实业银行、广发银行等十几家金融机构建立了合作关系,环京物流与广发银行的合作,福建中海物流公司、泉州正大集团与中信银行的合作等。

物流监管的对象包括三部分:抵(质)押货物、物权凭证、重要的单据。同时,物流企业还要承担对货物重要指令的监管和实施,比如放货指令、装船指令等,这些指令不但影响银行的风险控制,同时也是对货物控制权的重要体现。

物流监管业务的目标客户具有双重性。一方面,物流监管主要是顺应供应链金融发展而产生的,那么物流监管的首选客户群体是银行。银行的抵(质)押物只有处于有效的动态控制之中,银行的风险才能得到有效的控制。银行因为风险控制的原因,需要控制客户的物流和货物,但是银行本身不是专业的货物管理和物流管理机构,必须将相关环节外包给具有专业知识和经验的机构来处理。另一方面,物流企业还必须面对物流客户的需求。因为对于正常的生产和贸易,商品的正常流动是必然的要求。

3.1　物流监管的分类

物流监管可以按不同角度进行分类。

3.1.1　按法律关系分类

按照法律关系分类,物流监管分为质押监管和抵押监管。

1)质押监管

质押监管模式就是指银行与借款人之间按约定的担保条件采取质押的方式,质押标的物是借款人所占有商品。国家法律关于质押有非常明确的规定:质押是一个要式行为。因此,物流监管企业要协助银行成立质权,必须满足国家法律的规定,接收借款人交付的质押标的物,履行约定的监管义务。

2)抵押监管

2008年深圳发展银行开始在各地推行抵押监管的方式,之前该银行都是采取质押监管的方式。之所以推广抵押监管的方式,主要是基于两点的考虑:一是经过登记的抵押权高于质权,因此深圳发展银行不得不推广抵押登记的方式;二是无论抵押还是质押,如果抵(质)押标的物灭失损坏,都会造成抵(质)押权成立有效,但是没有可供行使权利的标的物的不利局面。

3)质押与抵押区别

抵押与质押最大区别就是抵押不转移抵押物,而质押必须转移占有质押物,否则就不是质押而是抵押。质押由于实施了转移占有,担保物的安全性和完整性能够得到有效保障,担保物权更容易实现。

质押与抵押的区别在于:

(1)抵押的标的物通常为不动产、特别动产(车、船等);质押则以动产为主。

(2)抵押要"登记"才生效,质押则要"占有"才生效。

(3)质押无法质押不动产(如房产),因为不动产的转移不是通过"占有"实现,而是通过"登记"实现。

(4)抵押只有单纯的担保效力,而质押中质权人既支配质物,又能体现留置效力。

(5)抵押权的实现主要通过向法院申请拍卖,而质押则多直接变卖。

质押与抵押区别见表3-1。

质押与抵押监管的区别 表3-1

对比项目	质押	抵押
最大区别	必须转移占有质押物	不转移抵押物
标的物	以动产为主,无法质押不动产	通常为不动产
生效条件	要"占有"才生效	要"登记"才生效
法律效力	既支配质物,又能体现留置效力	只有单纯的担保效力
抵(质)押权的实现	多直接变卖	通过向法院申请拍卖

3.1.2 按控制货物方式分类

按照控制货物方式分类,从物流监管委托方——银行角度,物流监管分为核定货值(又称动态质押、滚动质押)和非核定货值监管(又称静态质押)。

1)核定货值监管

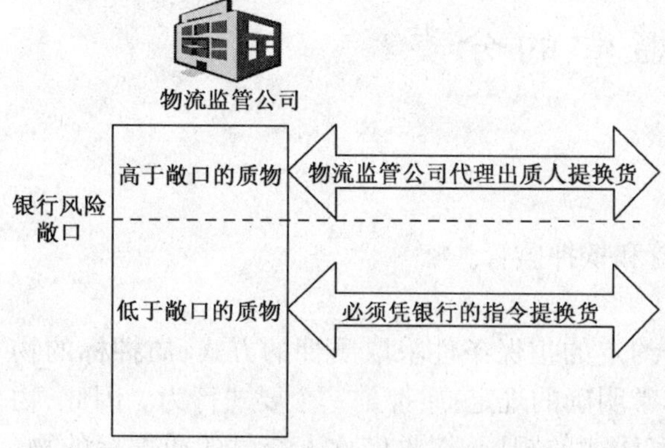

图3-1 核定货值监管方式原理图

银行根据授信额度和质押货物的价值确定质押货物的控制总额,这个控制总额称为银行风险敞口。

核定货值的方式是物流监管公司根据银行的授权,对高于银行风险敞口以上的质物,可以根据协议允许出质人提换货,对于低于银行风险敞口的部分质物,则必须凭银行的指令提换货,如图3-1所示。

对于银行来讲,银行最终关注的还是银行对客户融资的风险敞口。那么对于客户来讲,客户的质押货物可能高于风险敞口,也可能低于风险敞口,为了满足客户的正常生产和贸易流通需求,我们把高于风险敞口的部分货物的提换货权利让给物流监管企业来代理执行,这样就提高了客户的效率。对于低于银行风险敞口部分货物,必须凭银行的指令释放货物。

核定货值业务具有很广阔的市场应用前景,在现有的业务份额中,核定货值业务占据了大约90%以上的业务份额。

2)非核定货值监管

非核定货值监管是指所有质押货物的提取、放行等处置,都必须凭银行指令操作。

阅读案例3-1

中国工商银行质押融资业务

1. 产品简介

商品融资是指基于储备物、存货或在交易所交易应收的商品进行的结构性短期信贷，包括以由物流公司提供监管的商品的仓单、库存、在途货物作为质押担保的融资方式。

2. 业务办理流程

(1)借款人以自己拥有的大宗商品为质物向工商银行提出融资申请。

(2)经我行审批和核押定值后，将商品交我行认可的物流企业入库监管。

(3)我行根据物流企业开具的仓单(质物清单)按照一定的质押率办理融资。

(4)借款人归还融资、补缴保证金或补充同类货物，银行据此释放相应的质物。

3. 主要融资产品

1)静态质押下的商品融资

商品可以存储于客户自有仓库或监管企业仓库，商品入库后一般不能更换，借款人可随融资额降低逐渐提取质物。

2)滚动质押下的商品融资

我行确定质物种类、数量、价值的最低要求，并办理质押融资，质押货物可滚动置换，对于超出融资比例的质押部分，借款人可自由存入或提取。

3)进口信用证项下的商品融资

在进口融资中，信用证项下单据到达并经审核无误后，开证申请人以信用证项下货权单据及提取后的货物作为质押，我行代为付款，信用证项下的货物由第三方物流监管企业报关、提货、并代银行监管货物。

资料来源：中国工商银行网站(http://www.icbc.com.cn).2009-04-17

3.1.3 按物流状态分类

按照标的物的物流状态分类，物流监管分为在库监管(仓库质押监管)和在途监管(物流质押监管)。

在库监管实际上是物流质押监管的一个特殊环节，但却是目前最典型的一种物流监管业务。例如，在国际物流中，运输周期长，因此以集装箱为主的在途库存量大，占用资金大。国外的统计资料表明，商品的生产过程只占到商品流通时间的6%，而运输等流通过程占到94%。

物流网络可以抽象的认为由点和线构成的。货物处于点上，称为在库库存；货物位于线上，称为在途库存。

在库监管和在途监管两者存在着本质的不同。在库监管主要从库存控制的角度来实施监管；而在途监管不但要从库存环节，而且要从物流的各个环节，包括运输、配送、报关报检等环节来监管货物，对运输等环节物流资源的调动能力和运输风险管理能力要求更高。

在库监管和在途监管的关注点也是不一样的。在库监管关注的是货物控制和储存。在这个业务模式下，存货是静态的和集中的，我们的关注点更多在于货物的数量和质量。而在途监管关注的是货物的运输和流通，在这一模式下，物流监管是动态的和分布式的，因此我们的关注点是货物的流通性和市场价值。所谓动态是指库存处在随时的变化之中，所谓分布式，是指业务发生是多点的，各点相互是关联的。

质押物的定价方式不同。在库监管业务中，质押物的价格一般是由银行确定的；但是在库监管业务中，如果质押物是全球分布的，那么银行确定质押物的价格就会出现困难。例如，中国的银行很难及时准确地掌握巴西的某种商品的市场价格，所以需要新的技术手段和分布式的操作机构来掌握当地的质押物价格，才能保证质押物的价值满足银行的需求。

在库监管由于涉及不同物流环节和运输方式，因而产生很大差异。比如公路运输监管和铁路运输监管肯定具有差异。根据中国目前的法律，在公路运输中，物流企业一般是承运人，监管的风险由承运人承担。对于铁路运输来讲，铁路是承运人，物流企业只能是发货人或收货人，只能根据控制单据来监管货物。因此，两种业务的监管方式存在很大的差别。

3.1.4 按监管场地分类

按照监管场地的所有权归属，物流监管分为监管人自有仓库监管、出质人仓库监管和第三方仓库监管。其中后两种同属于输出监管类型。

1）自有仓库监管

这里的自有仓库监管是指在监管合作方的自有仓库监管。这种物流监管，有着自己的管理制度、管理规范，操作完全由监管合作方自有人员进行。监管的场地，如仓库、场地、堆场属于监管人或监管人享有的合法的经营管理权。这种情况除了对放货的特殊约定外，监管人的监管责任和仓储保管责任是基本相符的。

2）出质人仓库监管

出质人仓库监管，是指监管场地是出质人的仓库。根据中国的法律，质押如果有效且成立，一定要满足转移占有的要件。实际操作中可以跟采取与客户签订场地租赁协议、控制货物进出库等方式来实现转移占有要件。

3）第三方仓库监管

第三方仓库监管，是指监管场地既不是监管人的场地，也不是出质人的场地。这种方式的监管在操作上会存在很多的问题，比如如何控制第三方的风险，如何与第三方建立良好的业务合作关系等。

出质人仓库监管和第三方仓库监管可以统称为输出监管。其特点是监管合作方派人员到授信企业或第四方仓库（银行、客户、监管方以外的仓库）监管。这种监管可能受到授信企业的干扰，且货物堆放、移库、放行等操作有赖授信企业和第四方仓库的配合，因此风险比自有仓库监管大。

阅读案例 3-2

中国诚通物流监管业务模式探索

经过10多年的探索和实践，中国诚通所属企业探索出了多种供应链金融业务运作模式，并在实践中得到了进一步修正和完善。

1. 主要质押品种

质押货物前期多选择质地稳定，市场价格波动小，大宗货物变现能力强的工业原料、农产品和大量消费产品，如：黑色金属、有色金属、建材、化工原料（化工粒子、化肥）、木材等，后来在业务逐步成熟的基础上，新开发了汽车、纸张、家电、食品等品种。

2. 主要质押模式

仓单质押模式在实践中不断探索、完善，具有广阔的探索空间。诚通所属中储总公司在多年实践中探索出了静态和动态等多种质押模式。

1)静态质押(固定期限的仓单质押)

(1)单一仓单质押。单一仓单固定期限质押,货主履行债务期间,在银行指定保证金账户存入足额保证金后,银行解除质物监管,释放质物。

(2)多仓单质押。考虑货主对流动资金的要求,可分多个仓单分别质押,每份仓单对应不同的保证金,当货主履行债务期间,在银行指定保证金账户存入针对不同仓单的足额保证金后,银行可解除对相应部分仓单质物监管,释放对应仓单的质物。

2)动态质押

(1)循环质押(滚动质押)。考虑到仓单的有效期(仓单有效期、质物保质期)等因素,在质押期间,按与银行的约定,货主可用相同数量的产品替代原有质物,保证银行债权对应的质物价值不变。

(2)置换仓单质押。在质押期间,按与银行的约定,货主可用新仓单置换原有仓单,银行释放相应的原有质押仓单,同时保管人解除对相应质物的特别监管。置换后保证银行债权对应质物的价值不减少(可以增加)。

(3)信用或保证金置换仓单质押。在质押期间,按与银行的约定,货主可用增加保证金或提供新的信用担保等方式置换替代原有质押仓单,置换后保证银行债权对应质物的价值不减少(可以增加),银行释放相应的质押仓单,同时保管人解除对相应质物的特别监管。

(4)动态控制存量下限质押(流动质押)。可分为动态控制存数量下限和动态控制存价值量下限两种。动态控制存数量下限,与循环质押相同;动态控制存价值量下限,与置换仓单质押相同,在保证银行债权对应质物的价值不减少的情况下进行。

3. 主要监管方式

与多种质押模式相配套,诚通所属中储总公司实践了相应的监管方式。

(1)库内质押监管。在中储库内完成监管。

(2)库外(外租库)质押监管。中储总公司(或所属仓库),在外租赁仓库专门用于"仓单质押"业务,并派专门业务人员对仓库和质物进行监管。

(3)多库质押监管。为满足客户"仓单质押"全国性业务的需要,由中储通过全国仓储网络统一进行业务协调和监控,开展多库质押业务。

4. 质押盈利模式

目前系统开展的仓单质押业务从盈利模式上分类主要有三种:一是纯监管业务模式,仓库只承担货物监管责任,可从客户处另外收取一定的监管费;二是仓库代替银行向客户融资,开展质押业务,获取利差;三是买方信贷(也称保兑仓),目前上海大场公司、沈阳物流中心等公司在开展。

5. 中国诚通供应链金融业务发展趋势

质押监管业务在诚通所属中储系统发展迅猛,目前中储共为近500多家客户提供质押融资服务,质押融资规模每年近30多亿元。预计今年年底能达到40亿元。

目前中储系统的质押监管业务已由传统的静态质押监管向动态质押监管全面发展,动态质押监管业务已成为主要监管模式;业务正向库外和多库监管发展,并与现有业务结合发展。结合方式主要有以下3种。

(1)与国内贸易的结合。买方信贷即保兑仓业务。由中储仓库为银行监管货物,银行为客户提供专项用于向卖方支付货款的融资授信方式。

(2)与加工制造业供应链管理的结合,开展融通仓业务。仓库通过输出管理,派人员对制造企业的原料或产成品实施质押监管,银行为制造企业贷款。

(3)与国际货运代理业务的结合。在进口业务中,代理开证监管,代理监管货物,提单分拆;在出口业务中,代理集港,代理监管,信用证打包等。

资料来源:根据 http://www.cctgroup.com.cn 资料整理

3.1.5 按贸易环节分类

按照贸易环节分类,物流监管分为国内贸易物流监管和国际贸易物流监管。

国际贸易一般都会涉及海关监管、各国法律的适用和冲突,还会涉及海运等业务环节,以及提单、信用证等国际贸易单证,因此,国际贸易监管与国内贸易监管在法律关系、操作流程等方面都会有很大的差别。

国际贸易物流监管业务可以分为进口业务和出口业务两种。在进口业务中,分为代理开证监管,代理监管货物,提单分拆等;在出口业务中,分为代理集港、代理监管、信用证打包等。

关于物流监管业务的分类,我们可以用图 3-2 来表示。

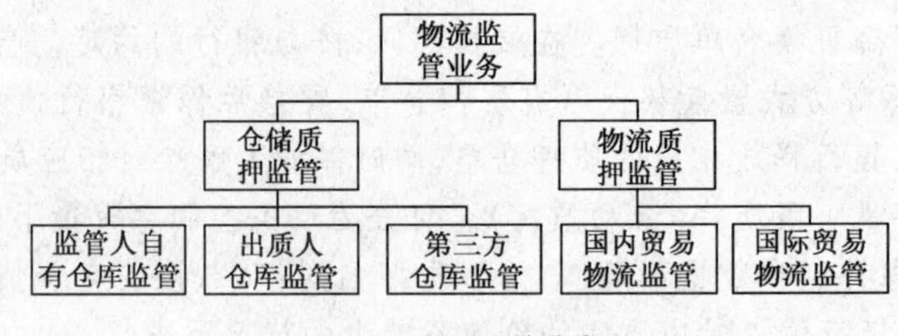

图 3-2 物流监管分类

3.2 物流监管的主要模式

基于前面按控制货物方式分类,供应链金融和监管业务可以分为非核定货值模式(又称静态模式)和核定货值模式(又称动态模式、滚动模式)。

静态模式是最简单,也是最基本的模式,是整个业务模式的理论基础和业务模型。静态模式指质押标的物在质押过程中不产生改变。一般情况下,流通中的商品需要不停发生变化,这种变化可以表现为两种形式:一种是商品的消耗和补充;还有一种是空间的位移。静态模式的物流监管是一种最简单的模式,也就是在质押监管过程中,质押标的物既没有空间的位移,也没有进出的交替。在供应链金融和监管中,无论是法律关系还是监管措施,都是从静态的模式衍变而成的。

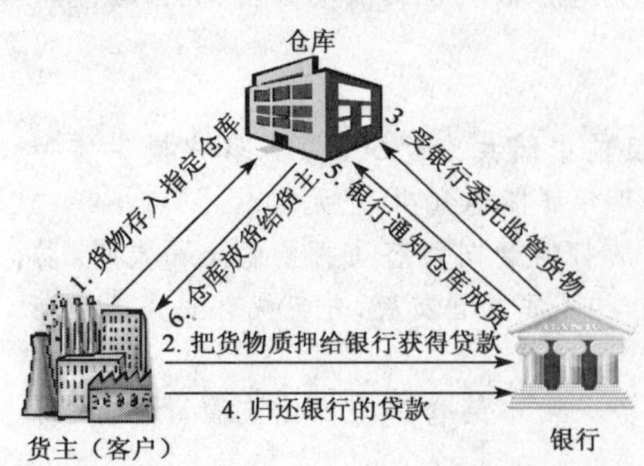

图 3-3 非核定货值监管模型

3.2.1 非核定货值监管(静态模式)

非核定货值监管业务模型如图 3-3 所示。货主或客户将货物存入仓库,这是一个交付的过程。货主将货物质押给银行,获得银行的授信,货主封闭了银行授信敞口以后,银行通知仓库释放货物给客户。

1)业务流程

这个模型显示了这个业务操作过程各环节的顺序。首先是银行和货主就出质事宜达成一致,然后双方通知仓库,如果货物已经在仓库中存放了,由仓库对出质事宜进行确认,并开始监管。货主封闭了银行授信敞口以后,仓库根据银行的通知释放货物。

如果按上述模型去开展业务,无论银行、客户还是仓库,都面临以下问题需要解决。

(1)货物所有权由谁来审核。

(2)货物的品质检测问题。货物的品质直接影响货物的价格(价值),由谁来承担货物品质的检测责任。

(3)在业务模型中我们没有考虑货物处于什么状态,是单纯的处于静止状态,还是处于流动中的物流状态。

(4)在业务模型中,我们把出质、货物入库、归还贷款、释放货物作为一个业务循环,如果货物的出质和解除监管交替进行,进入实际中的循环往复状态,就存在如何衔接钱变物、物变钱的问题。

2)非核定货值监管模型的应用

(1)商品所有权的问题是供应链金融业务的基本问题。在商品融资和监管业务中,银行的最大风险是质权风险。质权风险主要是由三个原因造成的:一是由于出质人对于出质物不享有所有权造成质权不成立;二是出质人尽管对出质物享有完整的所有权,但是出质的过程不符合法律的规定,造成质权的不成立;三是质权完全成立,但质物灭失毁损。

(2)商品的品质鉴定问题。在现实中,商品的种类很多,仓库没有办法对商品进行准确确认。这时候,我们一般会采取两种方式来确定商品的品质。

①委托检验的方式。合作各方中的任何一方对商品品质有疑问,可以共同委托具有资质的鉴定机构对商品进行鉴定。

②"视同检验或原单原转"的方式。此方式能降低客户的成本,把经由海关、商检、质检等国家有权机构检验的商品的实质性鉴定报告作为各方对商品的认定依据。采取这种方式风险在于:操作过程中间的换单或换货造成单货不符。

(3)实现静态向动态的转变。所谓静态向动态的转变,是指不但要实现单点货物的进出浮动质押,而且要实现多点的,包括运输途中货物的浮动质押。

在现实业务之中,很多客户质押的商品总是处于流动之中,也就是总是在发生用旧存新的情况,同时客户也不可能只有一种商品质押,客户的不同商品(包括原材料、半成品、产成品等)都有可能质押,且在质押的过程中会发生数量的变化。物流企业的监管必须满足上述合理的要求,才能真正实现业务存在的市场目的。企业的生产,已经由原来的简单的生产变成了供应链的生产模式,多点生产、多点销售是非常普遍的情况,这也会要求物流监管公司能够实施对供应链全流程的监管。

阅读案例3-3

华夏银行静态质押和滚动质押融资产品

华夏银行针对供应链金融市场,推出"融资供应链"系列产品,具体包括:未来提货权融资业务保兑仓、未来提货权融资业务仓储监管模式、货权质押融资业务核定货值货物质押融资业务、非核定货值货物质押融资业务、有追索权国内保理业务等几种。下面是两种主要的物流监管业务的介绍。

1.核定货值货物质押融资业务

1)产品描述

指华夏银行根据客户的申请,以客户合法拥有的货物为质押物的融资授信业务,银行委托第三方仓储机构对货物在银行确定的最低价值范围内进行监管,超过银行确定的最低价值的部分可由仓储机构自行决定放货。

2)产品功能

(1)解决客户因传统担保不足情况下的融资需求。

(2)解决客户在货物存储过程中的大量资金占用的问题。

(3)帮助客户根据货物的价值,在不影响货物周转使用的情况下取得融资。

(4)帮助客户扩大自身的经营规模。

3)产品优势

(1)融资方式多样。包括流动资金贷款、银行承兑汇票、商业承兑汇票贴现、保函等。

(2)手续简便。一般情况下,无须购货商提供其他的担保。

(3)融资效率高。借款人在授信期限内可以循环使用额度。

(4)提货方便。货物质押后,可以通过追加保证金或偿还借款来提取质物。

4)币种、质押率和期限

货权质押融资模式目前仅限于人民币业务,质押率最高不超过70%,期限最长不超过一年。

2. 非核定货值货物质押融资业务

1)产品描述

"货物质押"融资业务的一种,指华夏银行根据客户的申请,以客户合法拥有的货物为质押物的融资授信业务,银行委托第三方仓储机构对货物进行监管,并凭银行签发的指令处理每一笔放货业务。

2)币种、质押率和期限

货权质押融资模式目前仅限于人民币业务,质押率最高不超过70%,期限最长不超过一年。

资料来源:根据华夏银行网站(http://www.hxb.com.cn)资料整理

3)该模式的不足之处

(1)出质人的实际贸易和生产过程因为融资而被打断。出质人的货物和资金如果处在合理流动中,对于银行来讲实际上是一件好事,它表明出质人的经营状况是正常的。表面上看,客户的货物基本上处于静止状态,银行风险得到了控制,但是实际上并非如此简单。因为如果出质人的货物,也就是资产大部分处于静止状态,反倒表示出质人的经营状况不好,银行的债权可能存在风险。

(2)不能方便地开展提货换货。这种情况下,出质人归还银行贷款以后必须凭银行签发的提货通知书来提货,给企业生产经营带来不便。然而,在实际的生产过程中,这种提货和换货每天发生的次数是非常多的。例如,天津某工厂监管项目,每天最多的时候有200多次进出库作业。

(3)没有开展分布式的监管。客户的物流需求往往是分布式的也就是货物可能在港口或运输途中,在工厂原材料仓库中也是分布存在的,因此客户希望在各个商品和操作环节都可以开展这项业务。因此,基本模式还需要改进,实现分布式操作,尽可能地满足客户的需求。

3.2.2 核定货值模式

供应链金融和监管的重点是银行质权人如何控制货物,实际上,按照银行质权人对货物控制方式的不同,该业务可以划分为非核定货值和核定货值两种方式。银行质权人给予出质人的风险敞口一般总是小于出质人质押货物的价值。举个例子来讲，一个客户对银行出质人来讲有200万元的风险敞口，但是质押的货物可能会有400万元。那么，银行出质人对于超过风险敞口的部分，即200万元，不需要采取严格的控制，可以委托物流监管企业根据三方的约定释放货物，允许出质人以货换货或是打款赎货；对于与出质人风险敞口对应的货物，要根据银行的书面通知放货，这样就可以有效控制风险。采取这种方式，既可以保证出质人的正常物流运作和资金循环，也可以降低银行操作的复杂程度，发挥了物流监管企业的作用。因此，在业务实践中，很多银行、物流监管公司和客户更倾向于采用上面所说的核定货值方式。

外运集团、中国工商银行称这种操作方法为核定货值，其本质是对抵（质）押货物价值的管理；深圳发展银行称这种方式为核定库存，中信银行称之为总量控制模式。其实，无论如何称呼这个操作模式，其本质都是物流监管方根据银行的授权采取的一种控货方式。深圳发展银行称之为核定库存的方式，实际上货物在途的时候不能说是库存，存货和库存的概念是不一样的。也有一些情况会采取非核定货值的监管方式，这种方式的要旨，是对货物的处置需要听取银行的指令（一般指书面指令）。

1）业务流程

下面对核定货值业务的流程进行分析。

（1）货主和银行告诉物流监管公司哪些货物可以出质，出质以后按照什么价格来计算它的价值。对于银行来讲，这个流程的作用是根据监管协议的约定，向物流监管公司告知委托的事项。货主在这里也向监管公司承诺了这个条款。

（2）物流监管公司根据监管协议的约定、质物种类及价格通知书的要求接收质物。客户向监管公司交付货物的时候，客户根据监管协议的出质行为成立。这个行为可以是多次发生的，只要它的发生满足协议和质物种类及价格通知书的要求。

（3）客户要求提货时，首先物流监管公司要根据质物的情况来核定货值，也就是根据银行的定价，如果现有货物的价值减去提货部分的价值大于规定的价值部分，这次提货是可以的。如果现有的提货价值减去提货部分的价值等于或小于规定的价值部分，这样的提货就是不允许的，因为如果允许这样提货，就势必造成客户的质押物价值低于银行的风险敞口。如果这个时候客户归还了银行的部分风险敞口，那么就风险敞口的归还部分，银行可以书面通知物流监管公司释放相应的货物。

2）与浮动质押的区别

上述流程保证了核定货值质押的模式不是浮动质押的模式。理由有二：一是质押的货物是非常明确的，不存在“浮动”的问题，货物的品名、型号约定很明确；二是货物的每次交付约定和记载也很明确。上述两个特点与浮动质押的不确定截然不同。

阅读案例3-4

中储：“质押监管”为物流服务增值

中国物资储运总公司（简称中储）是我国最早倡导、推广质押监管业务的企业之一。1992年，中储就开始了对“物资银行”的探索，直至1999年，质押监管业务作为中储的主业（即仓储保管）的增值服务，在中储无锡分公司完成了第一单实际操作。中储先后共为多家客户提供了质押融资服务，质押产品涉及黑色、有色、建材、汽车、纸张、煤炭、化工等产品，包括四大国有商业银行等数十家金融机构都与中储建立了合作关系。公司已实现当年为客户提供融资近亿元，累计融资规模达亿元。到年底，当年融资规模有望突破亿元。到目前为止，未出现一笔贷款损失。

把质押监管与主营业务相结合。目前，中储所开展的质押监管业务模式已由传统的静态质押监管向动态质押监管发展，且动态质押监管业务已成为主要监管模式。

业务正向库外和多库监管发展，并与现有业务结合发展，很大程度上提高了其他业务的市场吸引力，已成为很多客户选择中储作为合作伙伴的重要因素。

结合的方式主要有以下几种。

(1)与国内贸易的结合——买方信贷即保兑仓业务。由仓库中储为银行监管货物，银行为客户提供专项用于向卖方支付货款的融资授信方式。

(2)与加工制造业供应链管理的结合——融通仓业务。仓库通过输出管理，派人员对制造企业的原料或产成品实施质押监管，银行为制造企业贷款。

(3)与国际货运代理业务的结合。在进口业务中，代理开证监管，代理监管货物，提单分拆；在出口业务中，代理集港、代理监管、信用证打包等。

资料来源：根据中储资料整理

3.3　物流监管的方案设计

供应链金融与物流监管的方案设计可以分为商务方案和操作方案两个部分。商务方案是指根据客户需求和银行控制风险的要求，全面考虑法律关系的建立，确立银行、客户和物流监管公司等多个方面的合同法律关系。这些法律关系，构成了融资和物流服务的基础。操作方案是指在确立的商务方案基础上，安排各项物流操作，实现融资和物流操作的密切配合和无缝衔接。方案设计的各个阶段如下：

(1)客户的融资需求分析。

(2)客户的物流需求分析。

(3)仓储分布规划。

(4)质押商品的选择，即融资和物流服务的切入点。

(5)商务方案的模式选择。

(6)操作方案的模式选择，包括仓储操作方案、物流操作方案。

(7)操作方案的流程和关键点分析。

(8)风险及风险控制分析。

3.3.1　融资需求分析

分析客户的融资需求和物流需求，可以从物流监管各个参与方不同角色分析。从客户金融需求的角度来看，无论是生产型企业还是贸易型企业，都需要资金去购买商品(原材料等)，然后加工、生产或是买卖，获得回款。这个过程中，客户通过提供服务来增加商品的价值，从而获得利润。

1)仓储资金占用额和仓储规划

(1)仓储资金占用额的测算。在仓储规划中，重要的内容之一是测算仓储资金占用额。仓储资金占用额是指企业从用现金购买各项材料物资开始，到生产结束的过程中，原材料、半成品和产成品占用的资金总和，其计算公式见式(3-1)。

仓储资金占用额 = 原材料资金占用额 + 半成品资金占用额 + 产成品资金占用额　(3-1)

我们可以分析一个生产型企业的原材料、半成品和产成品占用资金的情况，这个资金占用的情况就构成了这个企业的仓储资金占用额。

春风钢铁厂是一个粗钢加工企业，其原材料是粗钢，半成品是钢坯，制产成品是钢链。假定钢链销售情况非常好，基本没有库存。假定其粗钢的日消耗量是 80 吨，钢坯的日产量是 60 吨。我们来分析这个企业的仓储资金的占用情况，见表 3-2。

春风钢铁厂仓储资金占用情况

表 3-2

日期序列	粗钢			钢坯			仓储资金（元）
	价格（元）	存量（吨）	价值（元）	价格（元）	存量（吨）	价值（元）	
1	2 000	300	600 000	3 000	0	0	600 000
2	2 000	220	440 000	3 000	60	180 000	620 000
3	2 000	140	280 000	3 000	120	360 000	640 000
4	2 000	60	120 000	3 000	180	540 000	660 000
5	2 000	–20	–40 000	3 000	240	720 000	680 000
6	2 000	–100	–200 000	3 000	300	900 000	700 000

从表 3-2 中可以看出，到第 4 天的时候，粗钢就需要补货了，且仓储货物占用资金达到 66 万元。也就是说如果用存货融资的话，可以使用的最大信贷资源规模为 66 万元。

（2）仓储规划。我们可以使用批量订货的模型来解决最优订货量问题。但是，这个经济模型具有严格的限制条件，在实际操作中很难根据这个模型作出准确判断。一般的企业更多是从最低库存的角度来安排仓储规划。

比如一个电解铝企业，它进口氧化铝，通过海运、铁路运输和公路运输等方式运送到工厂的仓库，然后投入生产。在中国现实的运作中，运输的稳定性相对较差，企业不能完全从经济批量的角度来考虑仓储规划，而是更多从物流和运输的角度来考虑仓储规划，因为最低库存不能建立在追求最低经济订货批量上，而要建立在保持生产稳定和安全生产的基础上。因此，我们可以得到如式(3-2)、式(3-3)所示的关系：

$$\frac{\text{最低库存}}{\text{每日消耗量}}=\text{安全订货时间}=\frac{\text{订货批量}}{\text{安全运输能力}} \tag{3-2}$$

$$\text{最低库存}=\frac{\text{订货批量}\times\text{每日消耗量}}{\text{安全运输能力}} \tag{3-3}$$

其实，我们关注的就是最低库存，因为最低库存是供应链金融的关键点，也是降低物流成本的关键点。我们可以通过分析知道。

①如果每日消耗量与安全运输能力相比很小，也就是安全运输能力较好时，最低库存可以是订货批量的很小部分，不需要保持较大的库存。

②如果每日消耗量与安全运输能力相比很大，也就是安全运输能力很差时最低库存可以是订货批量的数倍，也就是要维持比较高的库存。

③安全运输能力是代表单位时间内运输一定数量的货物是有保证的指标，单位是（吨/天）。这个数据在现实中可以通过统计的方法来测算，也可以采取专家打分的方法来概算。如果采取统计方法测算的话，可以根据从下运输订单到运输货物全部入库的平均值来计算，经过多次的统计，就可以得出一个相对比较准确的安全运输能力数值。那么我们就可以根据上述的公式来计算最低库存了。

知道了仓储的成本，也知道了仓储的规划情况，那么我们就知道了哪些库存是可以降低的，可以降低到一个什么程度，这个库存占有的资金是多少，库存商品（原材料、半成品或是产成品）在市场上值多少钱。

2）仓储分布

仓储分布，是指从原材料采购交付到产成品销售交付整个过程中货物价值和物流状态的综合情况。在供应链金融与物流监管中，我们需要关注整个供应链中资金占用和物流状态两个方面的情况，因为无论是未来的货权还是在物流过程中的仓储，还是在工厂仓库的仓储，都是可以作为融资的担保物。我们关注供应链的仓储分布，突破了以往从财务角度来研究仓储价值和仓储占用资金的局限，也不局限于从物流角度来研究仓储的物流状态，而是把二者结合起来，既关注价值，又关注物流状态。

在实际业务中，我们引入了物流监管客户需求分析表这一分析工具来分析仓储分布情况。物流监管客户需求分析表，是将物流客户供应生产和销售，以及仓储资金占用和库存分布情况进行整体表述。

（1）客户基本情况。表3-3是物流监管客户需求分析表。使用表3-3进行调查，我们大体上可以知道这个客户的物流和存货情况。

物流监管客户需求分析表 表3-3

<table>
<tr><td>企 业 全 称</td><td colspan="2"></td><td>上 级 单 位</td><td></td></tr>
<tr><td>注册地址</td><td colspan="2"></td><td>资料获取方式</td><td></td></tr>
<tr><td colspan="5">主要业务关联的控股或子公司情况（主要产供销的内部关联公司）</td></tr>
<tr><td rowspan="5">下属核心企业或分支机构</td><td>单位名称</td><td>地点</td><td>主要产品或核心项目</td><td>在产业链的职能定位</td></tr>
<tr><td></td><td></td><td></td><td></td></tr>
<tr><td></td><td></td><td></td><td></td></tr>
<tr><td></td><td></td><td></td><td></td></tr>
<tr><td></td><td></td><td></td><td></td></tr>
<tr><td>营业收入或计划（万元）</td><td></td><td></td><td></td><td></td></tr>
<tr><td colspan="5">企业主要产品</td></tr>
<tr><td>企业主要产品</td><td colspan="2">使用商标</td><td>主要销售网点的行政区域</td><td>销售收入（万元）</td></tr>
<tr><td></td><td colspan="2"></td><td></td><td></td></tr>
<tr><td></td><td colspan="2"></td><td></td><td></td></tr>
</table>

（2）客户供销情况。采购与销售环节的情况可使用表3-4调研分析。库存与仓库情况可使用表3-5调研分析。

物流监管客户需求分析表 表3-4

<table>
<tr><td colspan="7">前五位供应商</td></tr>
<tr><td>供应商名称</td><td>产品名称</td><td>年采购量</td><td>供货运输方式</td><td>运输起点——终点</td><td>地址</td><td>结算方式</td></tr>
<tr><td></td><td></td><td></td><td></td><td></td><td></td><td></td></tr>
<tr><td></td><td></td><td></td><td></td><td></td><td></td><td></td></tr>
<tr><td></td><td></td><td></td><td></td><td></td><td></td><td></td></tr>
<tr><td></td><td></td><td></td><td></td><td></td><td></td><td></td></tr>
<tr><td></td><td></td><td></td><td></td><td></td><td></td><td></td></tr>
</table>

续上表

前五位销售客户						
客户名称	产品名称	年销售量	销售运输方式	运输起点——终点	地址	结算方式

物流监管客户需求分析表 表 3-5

仓储属性	主要仓储	金额(万元)	比例	库存量	日平均出入库量	包装方式	计量方式	仓库注册名称	地点
原材料									
半成品									
产成品									

(3)客户授信额度的计算。融资的规模主要受仓储规模和质押率影响。仓储规模是客户仓储规划的反映,质押率是商品价格变化情况的反映。如果商品价格变化大,质押率就比较低;如果商品价格变化小,质押率就比较高。价格波动比较稳定的质物一般采用 70% ~80% 的质押率,对于价格波动比较大的质物,一般采用约 50% 的质押率。银行一般采用控制质押率来控制融资规模。质押率 = 出质时的商定价格/出质时的市场价格。

3.3.2 监管需求分析

从物流的角度来研究,客户的物流需求则更丰富多样。客户购买的商品需要运输到生产地,产品要经过运输到达销售地,期间可能经过海运、铁路运输、公路运输、仓储、报关报检等物流环节,但是从物流操作的本质来讲,无论经过多少环节,都必须经过运输和仓储两个环节。也就是说,无论物流服务多么丰富,仓储和运输的环节是基本组成部分。对于物流监管公司来讲,需要把出质人和银行质权人的需求一并来考虑和分析,这样才能在物流服务中结合监管服务,既向出质人提供物流服务,也向银行提供监管服务。

无论是出于生产目的还是出于贸易目的,企业的物流都是围绕商品的采购、生产和销售来实现的。因此我们可以将客户的物流分为采购物流、生产物流和销售物流三个部分。在商品融资与物流监管的业务模式下,这些具体的操作细节都会由物流监管公司安排。我们在客户需求分析阶段最需要掌握的是客户的物流计划和仓储分布,以及银行对物流控制的要求。举例说明:某电解铝生产企业,2006 年氧化铝的进口量为 15 万吨,2007 年为 18 万吨,按照目前的平均进口到岸价 1 万元/吨。2007 年需要进口氧化铝 18 万吨,价值 18 亿元。上述氧化铝到港后,经过铁路运输到生产企业。根据当地铁路的运输情况,企业一般需要建立 6 000 吨工厂库存,价值 0.6 亿元。

对于客户来讲,采购物流、生产物流和销售物流就形成了一个完整的供应链,如图 3-4 所示。

由此我们可以看出，这个企业每天消耗氧化铝 500 吨，最少库存为 6 000 吨，如果没有进货，可以维持 12 天。考虑到铁路运输的相对可靠性，铁路运输可以保持每天 800 吨的安全运输能力。

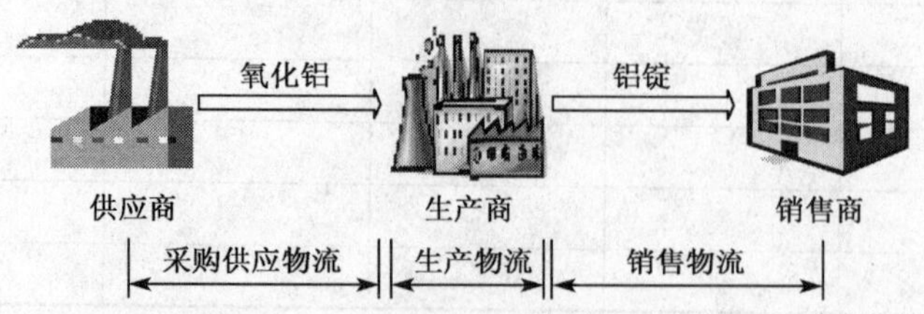

图 3-4　电解铝企业供应链

上述货物经过海运、港口报关报检、铁路运输等环节到生产企业，主要在工厂仓储等待加工，制产成品也是采取铁路运输的方式运输到下游企业。

这个客户融资的主要方式是为采购氧化铝向境外开即期信用证，船到港以后，采取押汇的方式，由银行向境外支付货款。

我们分析了客户的仓储分布(表 3-6)，可以看出，客户的主要仓储是氧化铝，因为氧化铝需要进口，采购周期长，且铁路运输有时会很紧张，客户为了应对这些情况，采取了提高库存的方式。而客户生产和流通过程中使用的电解铝，因为销售渠道很好，不会形成很多的库存。

电解铝企业库存分布　表 3-6

存货属性	主要存货	金额(万元)	比例	平均库存量(吨)	日均出入库量	包装方式	计量方式	仓库名称位置
原材料	氧化铝	6 000	90%	6 000	—	散	—	自有仓库
产成品	铝锭	—	—	0	—	锭	公斤	自有仓库

在以上的分析中，我们发现客户的主要库存是氧化铝，价值 0.6 亿元，而且氧化铝这种商品是比较适合质押的，具有货值高、容易变现和价格相对明确稳定的特点。客户其他的商品(电解铝)，尽管也适合质押，但是没有库存。这样的话，选择氧化铝作为供应链金融的标的物，供应链金融的操作和物流操作都围绕这个产品展开。

在实际业务中，银行控制货物的要求可以表现在最低控货量上。比如考虑到氧化铝在现货市场上价格走高的趋势，对氧化铝采取 70% 的质押率，如果银行的风险敞口是 3 000 万元，那么最低的控货数量为：

最低控货数量 = 风险敞口/(价格 × 质押率) = 3 000/(1 × 0.7) = 4 285 吨

3.3.3　监管方选择与管理

一般情况下，监管方的引入有助于银行货押业务的风险控制，一方面由于物流企业在仓储、运输领域的专业化技能，使其能够比银行更为有效地对抵(质)押物进行管理，保障银行担保物权的价值和安全性；另一方面，物流监管企业的现场实时监管，能够比银行获取更多的授信预警信号。但是，在物流监管合作方选择不当的情况下，该变量可能转化为一个新的风险隐患，比如出现监管方渎职、与授信企业合谋诈骗或与授信企业出现纠纷等。

对于合作监管方的一般管理原则是“分类认定、区别对待，择优汰劣、动态管理”基本要求是选择合作意愿强、经营管理能力强、有一定实力、资信良好的监管合作方，及时退出合作意愿差、违约赔付能力弱、经营管理混乱、出现不良合作记录的监管合作方，确保银行对抵(质)押物权的有效控制。

对仓储监管合作方的管理职责包括：准入调查、评级、审查和认定；日常关系维护；巡库、核库和现场检查；风险预警和重大事项报告；监管资格等级动态管理；退出管理；管理制度建设和流程设计等。

3.3.4 三方协议安排

这种情况下，银行、客户和物流监管公司合作和相互制约的关系形成了一个有机的系统。在这个系统中，银行始终考虑如何控制授信的风险和如何满足客户的金融需求。物流监管公司考虑如何满足银行控制货物风险的要求和满足客户的物流需求，既要满足客户对物流便捷的需求，同时又要满足降低物流成本的要求。客户追求的是满意的金融服务和满意的物流服务。

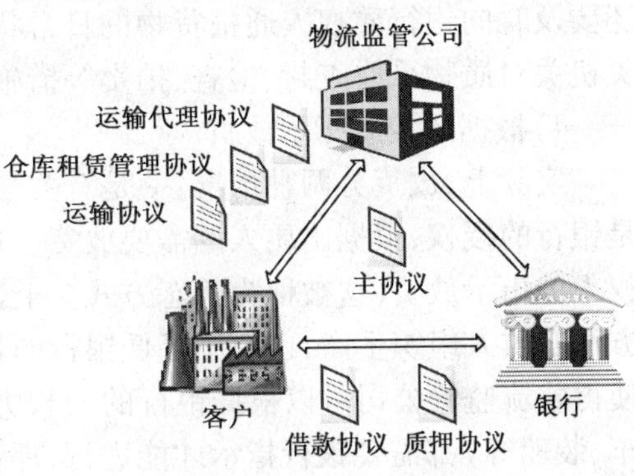

图 3-5　主协议与附属协议

在一般的业务操作中，我们习惯用图 3-5 来表示协议的关系，我们可以将业务中的协议进行分类，一种是主协议；另一种是附属协议。主协议是业务和法律的基本协议，是其他协议业务和法律上存在的基础。

在现实业务中，我们一般称图 3-5 中的主协议为监管协议或三方协议（言下之意就是由客户、物流监管公司和银行三方签订的协议）。监管协议是主协议，其他协议与监管协议冲突的时候一般以监管协议为准。监管协议主要约定了客户、银行和物流监管公司在质押监管业务中的权利和义务。除了监管协议，客户还要跟银行签署借款协议、质押协议等协议，跟物流监管公司来签署货物运输代理协议、运输协议、仓库的租赁管理协议等。

3.3.5 操作方案设计

操作方案设计是供应链金融与物流监管方案的延伸，它围绕监管的目的，安排了保护质权和控制质物的种种关系。操作方案是监管业务的商务方案向物流领域的延伸。

仓库监管是供应链金融与物流监管的基础，没有仓库监管，也就谈不上物流监管。从仓库监管到物流监管，是监管操作和物流操作从静态到动态、从单点到多点的变化。因此，仓库监管和物流操作对于物流监管和操作具有基础性的作用。

仓库监管的操作方案主要包括以下方面。

1）根据《出质通知书》接受质物或查验质物

物流监管公司接到《出质通知书》后，首先核对其真伪，核查《出质通知书》记载的品名、型号、规格、数量等与实际库存是否一致。如果一致，及时向银行和货主签发有关仓单、质物清单等重要单据。要保护银行质权，必须根据出质通知书的记载对质物进行查验。

查验可以分为两种情况：一种是实质性查验。就是采用技术和检测设备对质物进行实质性检验得出准确的品质结论，形成质物的品质报告。另一种是表面和单据查核法。一般情况下，质物的品质可能会有很多方法间接证明。比如，从生产企业直接发运过来，且有生产企业产品合格证的质物，一般可以认为是品质合格的质物，其产品合格证的记载可以用来与出质通知书进行核对。质物还有一些随附的单证，这些单证也能间接地证明质物的情况。比如，钢厂的出厂合格证能够间接证明钢材的质量，铁路运单能够间接证明生产和发运地等。

2）保管凭证和仓单的签发

如果经过直接或间接的检验，我们能够明确认定拟出质物的实际情况（名称、型号、规格和品质等）与出质通知的记载一致，可以签发仓单或是保管的凭证。在管理比较严格的物流监管公司中，因为签发上述的仓单或是保管凭证，意味着开始承担监管责任，也意味着货物交接和物流操作的完成，需要经过严格的程序才能把上述单据签发。

3）质押监管货物的保管养护

质押监管货物的保管要符合国家关于该货物存储保管条件的有关规定，同时还要满足银行和货主要求的保管条件。在日常保管养护中，除了按照正常货物的保管养护条件进行操作，还要及时向银行质权人通报货物的日常状况，尤其是有任何一方对货物主张权利或是国家有关机关对质物采取查封、检查、拍卖等措施的情况。

4）根据约定或指示放货

实际上，放货分两种情况：一是有关三方在协议中约定，物流监管公司根据协议的约定或是银行的授权，根据出质人的需要放货。这一般被称为核定货值方式；另外，完全根据银行质权人的指示放货，这被称为静态方式。上述两种方式，以前者采用的最多。核定货值方式不但方便出质人组织生产，也便于降低银行的日常操作管理难度，更重要的是，在物流监管过程中，使得物流监管公司可以根据银行的授权方组织全程物流操作。如果任何操作（含进出库、装车、装船等）都需要银行指示才能进行，那么，物流就成“死流”了。

专栏 3-1

仓库监管注意事项

1. 质押监管货物的单独堆码垛放置

仓库中可能会有很多的货物，即使是同一种货物，也有可能有的是质物，有的不是；有的是一个客户的质押货物，有的是另外一个客户的质押货物。对于不同客户的质押货物，一定要做到单独堆码垛，尤其不能让非质押货物和质押货物混合堆码垛。如果同一种名称和规格的货物（包括质押货物和非质押货物）混合堆码垛，就造成了质物不能特定化，容易丧失银行质权人的质权。

2. 处理好单批货物和多批货物的关系

根据银行质权人的通知来查验接受质物，是一个总量的概念。在实际业务中，我们总是分批来接受和查验质物的。因为单据上载明的货物不可能一次全部运到或是一次全部接收完毕。在这种情况下，我们一般要办理一个批次货物的交接手续。因此，对于每一个批次的货物要办理“质物进仓作业单”，这个单据既是货物交接的凭证，也是今后签发仓单（保管凭证）的依据，同时也是相应货物转移占有的凭证。

资料来源：根据中储资料整理

第4章 风险控制与管理理论

【导入案例】

风险无处不在

在中小企业看来，因为银行是掏钱的，所以总是摆出苛刻嘴脸。但是在银行自己看来，这是因为供应链金融的风险防不胜防。

供应链金融已经度过了概念之初的生涩，正在被银行家、物流公司和有资金需求的中小型企业们谈论。不过，与概念推销者们的热情相比，资金链的真正组织者——银行却一直持谨慎的态度。

“我们其实不愿意做物流公司的生意。”中国银行一位不愿透露姓名的管理人士说。5月25日，中国信贷风险论坛在北京举办。在论坛专设的供应链金融专场上，面对台上有关供应链金融模式构想的种种发言，该人士却道出了银行的真实顾虑。

“银行讨论最多的是风险控制，这不是一伸手的事情。”对于核心企业、上下游企业和银行三方来说，风险无时不在，而风险最容易落脚的地方正是银行和资金提供方。

1）攀附上“大腕”

供应链金融模式的设计者们指出，供应链金融真正的需求来自中小企业。

在从原材料采购，到制成中间及最终产品，最后由销售网络把产品送到消费者手中的供应链中，竞争力强、规模大的核心企业因地位强势，往往在交货、价格、账期等贸易条件上对上下游配套企业要求苛刻，从而给这些企业造成巨大压力，而上下游企业大多是中小企业，难以从银行融资，最后造成资金链十分紧张，整个供应链出现失衡。

不过，与供应链金融命题设计相背离的是，银行的眼光通常还只是盯着粮食、钢铁、油品、焦炭、汽车等一些信誉度相对稳定的传统或垄断行业中的大型企业，对于一些没有多少固定资产作抵押的中小企业和物流公司来说，银行有着更大的风险顾虑。实际上，供应链金融实现的核心价值并不在于中小企业是否存在不良资产隐患，而在于整个一单生意成交的可能性与未来预期收益。

然而，现实就是这样，中小企业拿到银行的贷款不是件容易的事，传统的授信模式注重企业的资产规模、行业地位、财务报表、担保和抵押，银行争相向大企业提供优惠贷款，大企业盲目投资、滥用贷款的现象并不少见。此时的中小企业还被关在银行的大门外。

以2002年的上海为例，5%的大企业占用了60%的贷款。而占全国企业总数99%的中小企业，虽然总产值和利税占到全国的60%和40%，却很难成为银行客户名单上的一员。中小企业单独面对银行融资时，由于财务指标难以符合评判标准或其他原因而无法跨越贷款门槛，时常会导致融资失败。

在这种情况下，供应链金融并没有成为直接的贷款工具，更是演变成为一种中小企业用来攀附大企业的工具。杨再平说，“供应链最大的特点是在供应链中寻找一个大的核心企业，以此为出发点，为供应链提供金融支持。”由于银行更关注整个供应链的交易风险，对整个交易的评估会让更多中小企业融入到银行的服务范围，即便某个企业达不到银行某些标准,只要这个企业傍上了信誉好的“大款”,银行就会比较容易淡化这个企业本身,而对这笔生意授信,并尽量促成整个交易的实现。不过,“核心企业”未必就没有风险,一旦供应链中的某个成员出现融资问题,影响会很快蔓延到整个链条上,引起更大的金融灾难。

2)价值缩水风险

对于银行来说,供应链风险要点取决于借款人将物流转化为还款的能力以及银行对借款人的掌控。这一般分为行业风险和操作风险。

行业风险是银行几乎无法控制的,这通常由供应链金融所涉及的行业本身决定。当然,质押物如果价值高且稳定,银行是乐意帮这个忙的,怕的就是质押物难以控制,如果在银行手中唯一的抵押物发生变化,那么银行的资产就会受到较大威胁。一般,供应链融资的系列产品有动产质押融资、应收账款融资、保单项下贸易融资、信用证项下贸易融资。

3)信用评级

银行要规避风险,最容易想到的是从信用评级体系入手。如何对客户的信用进行评定,目前,国有、股份、商业银行各有绝招。不过,同样是没有完美的信用评级手段,高水平的评级也是相对的。

一般来说,国外对于质押权、所有权的善意取得都会给予足够的保护,在我国,则尚不足。例如荷兰银行可以采用期货市场进行保值,在中国则不可以。许多发达国家的保理业务是双向的,我国则是单向。在国际海运真实性核查、资料传递及举证等风险管理过程中,银行通常会将其大包给国际海事局等来协助完成。不过总体上,中介、公证等外部机构对于银行的支持水平还有待提高。

在中国,尚没有一个完整的信用体系建立起来,更不用说供应链金融模式中成员相互之间相对可靠的信用保证。对银行本身来说,金融政策和基础性建设是否完善,金融工具标准化等都对供应链融资模式有各种直接或间接的影响。除此之外,还会涉及对外贸易,如果不能处理好汇率和保险等问题,也会给银行带来损失。

到底选择哪家物流公司来协助银行管理这些从现金变换来的物品,是银行在接触质押物的时候就要考虑的第一件事。好的、合适的物流公司不但可以帮助银行节约成本,保存货物完好,还可以与银行达成利益一致,共同创造供应链金融的成功实现。但物流公司的服务水平不同,而且信息的掌握程度不一,对重要信息的疏漏和不准确可能就会给银行的授信确立产生影响。比如对货物库存状况的了解情况:出入库数量是否正常、是否与正常生产需求相符、日常保存是否合格、存货管理是否正确等。这也是造成许多中小物流公司在供应链金融中常常无法承担更多信贷的原因。

快递公司、物流公司行业整合程度欠缺,许多职能仍处在分离割据的状态,由此产生的真空地带让银行的介入举措变得尴尬。而考核物流公司的内控水平和因此产生的人力成本上升也容易让银行损失一笔不小的开支。

资料来源:根据财资网(http://www.treasury.com.cn)资料整理

4.1 风险与风险控制概述

4.1.1 银行融资风险

供应链金融风险是指商业银行在对供应链企业进行融资过程中,由于各种事先无法预测的不确定因素带来的影响,使供应链金融产品的实际收益与预期收益发生偏差,或者资产不能收回从而遭受风险和损失的可能性。很多风险因素都影响着供应链金融的正常运作，了解并识别这些可能产生的风险因素，对商业银行来说非常重要。在供应链金融业务中，既包括原有银行业务的风险，又增加了其他的风险。

1)供应链金融中原有银行业务风险

在供应链金融业务中，银行原有业务的风险，没有发生根本性变化，依然存在。

(1)自然环境风险。主要表现在地震、火灾、意外的战争以及其他各种不可抗拒的原因对企业造成的损失等，这些损失影响到供应链的某个节点企业，就可能影响到整个供应链的稳定，使供应链中企业资金运动受阻或中断，生产经营过程遭受损失，既定的经营目标、财务目标无法实现，进而使商业银行蒙受巨大损失。

(2)政策风险。当国家经济政策发生变化时，往往会对供应链的资金筹集、投资及其他经营管理活动产生重大影响，使供应链的经营风险增加。例如，当产业结构调整时，国家往往会出台一系列的相关政策和措施，对一些产业进行鼓励，为企业投资指明方向；或者对一些产业进行限制，使供应链企业原有的投资面临着遭受损失的风险。

(3)市场风险。市场风险主要是指由于市场发生变化，使企业无法按原定计划销售产品而给商业银行带来的还款风险，其产生的原因主要有：一是预测失误；二是出现新的替代品，从而导致企业销售计划落空，资金链条断裂。

(4)企业文化差异的风险。供应链一般由众多企业构成，这些不同的企业在经营理念、企业制度、员工职业素养和核心价值观等方面存在一定的差异。这种差异性导致对相同问题的不同看法，并采取不一致的工作方法，从而可能造成供应链的混乱。

(5)信息传递风险。由于每个企业都是独立经营和管理的经济实体，供应链实质上是一种未签订协议的、松散的企业联盟，当供应链规模日益扩大、结构日趋复杂时，供应链上发生错误信息的机会也随之增多。信息传递延迟将导致上下游企业之间沟通不充分，对产品的生产以及客户的需求在理解上出现分歧，不能真正满足市场的需要。这种情况将可能给商业银行传递一种不正确或有偏差的信息，影响商业银行的判断，从而带来风险。

(6)行为风险。不管用意多么良好，供应链金融在办理过程中会因为无意中犯错而给商业银行带来损失，较危险和较难于注意到的就是商业银行员工出于好心而犯的错误。行为风险是商业银行在办理供应链金融业务时管理人员所面临的核心管理问题。

2)供应链金融业务突出风险

银行原有的一些业务风险也是供应链金融中的突出风险，包括以下3方面。

(1)信用风险。中小企业信用缺失是国内商业银行贷款营销中的主要难题。主要原因在于中小企业管理不规范、技术力量薄弱、资产规模小、缺乏对自身信用的管理和资信不足等问题。信用缺失成为制约商业银行面向中小企业发展信贷业务的重要“瓶颈”之一。

(2)操作风险。供应链融资中的操作风险涵盖了信用调查、融资审批、出账和授信后管理与操作等业务流程环节上由于操作不规范或操作中的道德、风险所造成的损失。而授信支持性资产的有效控制是融资解决方案的一个核心部分，此环节涉及大量的操作控制，这部分的操作风险管理成为供应链融资操作风险管理的重点。

(3)法律风险。每个国家的法律都有一个逐渐完善的过程，法律法规的调整、修订等具有不确定性，有可能对供应链运转产生负面效应，法律环境的变化将诱发供应链经营风险，从而危及商业银行。

另外，为控制原有风险中的借款违约风险，引入了动产抵押或动产质押的担保方式。借款人不能按时归还银行信贷的风险是银行业务的主要风险，在传统的银行业务中，这个风险是靠固定资产抵押、担保等方式来控制的。但是，单纯靠抵押、担保来控制借款人的违约风险有很多问题。供应链金融业务引入了动产质押或是抵押来控制借款人违约的风险，同时还引入了贸易背景审查等手段辅助控制业务风险。因此，在供应链金融业务风险中，又增加了以下突出风险。

(1)监管公司管理风险。不同的监管公司其资信实力、管理能力、赔付能力都存在着比较大的差异。国有企业赔付能力强，服务效率、风险承担愿望较弱。民营企业赔付能力较弱，但风险承担愿望较强。

(2)质权成立的风险。各国的法律，都非常明确地规定了质权成立的要件，质押合同及其执行必须满足这些要件，才能确保质权的成立。

(3)质押物管理的风险。无论质押还是抵押，质(抵)押物的管理风险都是各方关注的问题。对于银行来讲，防止质(抵)押物灭失毁损对于保护自身权利具有至关重要的作用。因此，质(抵)押物的毁损灭失是供应链金融和物流监管业务中的至关重要的风险。在业务的实际操作中，银行一般委托物流监管公司来管理质(抵)押物，这样银行可以转移风险，让专业的公司来做专业的事情。

(4)变现的风险。在银行债务的担保中，质押物是借款人质押给银行用来对债务担保的，一旦借款人不能归还借款，那么银行就要采取变现的手段来处置质物。在这个过程中，质物的价格、处置质物的方式都对质物价值造成了非常重大的影响。因此，我们把质物变现的风险作为一个主要的风险。影响变现风险的主要因素是质(抵)押物价格的变化，以及对于质(抵)押物的处理方式和处理时效。质(抵)押物的价格下跌，有可能造成质(抵)押物的市场价值低于银行的风险敞口，这时质权人一定要采取果断措施，让出质人及时补货或是补足保证金。一旦形成债务的预期，那么质权人面临最大的、最迫切的问题是及时处置质(抵)押物。处置方式可以分为拍卖、变卖几种方式。拍卖的方式在法律程序上比较规范，但是可能效率很低。变卖的方式可能效率较高，但是存在一些法律上的问题，一旦处理不好，可能会造成损失。

4.1.2 银行融资的风险控制

商业银行竞争优势的发挥在于创新，而与产品和服务创新相伴而来的各种风险必须得到有效控制和防范。因此，商业银行供应链金融的风险管理作为一项系统工程，它需要在整个商业银行的范围内建立一个全面的风险管理体系，只有这样，才能使商业银行供应链金融所面临的风险减弱到最低程度，从而提高商业银行的经营效率。对供应链金融风险进行管理的方法主要是通过加强风险信息的了解和沟通，对潜在的意外和损失进行识别、衡量和分析，以最小成本、最优化组合对风险实行有效规避、实时监控，以保证供应链金融的安全。

1)风险控制步骤

(1)风险识别。对供应链金融面临的各种潜在风险进行归类分析，从而加以认识和辨别。任何对风险评估、控制和管理的正确行动都是基于正确的风险识别。

(2)风险衡量。运用定量分析法对特定风险发生的可能性和损失范围及程度进行估计与度量。

(3)风险控制。根据风险管理的目标，选择恰当的风险管理工具进行优化组合，规避、转移和降低风险。协调配合使用各种风险管理工具，不断反馈、检查、调整和修正，使之更接近目标。

(4)风险处理。在对风险加以识别和衡量的基础上，有效的风险处理才是风险管理的最终目的。风险管理主要有五种形式:一是风险自留,它是指商业银行以自身的财力来负担未来可能的风险损失;二是风险转移,它是指商业银行以某种方式将风险损失转移给他人承担,这是商业银行处理风险的一个重要方法,因为对于商业银行来说,自留风险的能力总是有限的;三是风险组合,即一种产品有风险,以另一种没有风险的产品来补偿;四是风险预防,它是指事先采取相应的措施,阻止风险损失的发生;五是风险回避,它是指商业银行发现从事某种经济活动可能带来风险损失,有意识地采取回避措施。

2)控制措施

在具体应对供应链金融风险时,商业银行可以采取以下措施。

(1)建立社会协调沟通机制,培育良好的信用环境和法制环境。要建立健全社会信用系统和企业、个人信用登记制度及信用档案,对恶意逃避商业银行债务的企业实施联合制裁,维护商业银行债权。要创造公正的法制环境,保证商业银行能够在依法维权保权方面减少行政干预,把商业银行的风险损失降到最低限度。要进一步做好风险管理的立法和执法工作,制定责任追究办法。

(2)树立系统分析和管理的思想。系统分析就是以系统的整体最优为目标,对系统的各个主要方面进行定性和定量的分析,以便给决策者提供直接判断和确定最优方案所需要的信息和资料。供应链金融是一种集成的管理思想和方法,对供应链金融风险进行管理需要借助前馈的信息流和反馈的信息流将供应商、制造商、分销商和零售商直到最终用户连成一个整体的管理模式,协同管理进而做到有的放矢。

(3)对供应链金融实施方案进行优化。对供应链金融实施方案进行优化是指商业银行在有约束条件或资源有限的情况下,在对供应链上下游企业提供供应链金融服务时所制订的决策方案。这种优化的决策方案主要有整体优化方案和局部优化方案两种类型。整体优化方案是从大量方案中找出最优的方案。但是,由于信息的不对称性,实际情况下可能没有最优方案或者没有办法来检测所得方案是否最优。因此有必要进行局部优化。局部优化方案是在大量类似方案中找出相对最优方案,这取决于方案的最优解。因此,针对不同的实际问题采用不同的优化方案,最终获得的效果也不同,这也成为对供应链金融实施方案进行优化的重要因素。

(4)对核心企业的经营情况进行跟踪评价。对核心企业的经营情况和存在的问题进行分析,对其效益、设备管理、人力资源开发、质量控制、成本控制、技术开发、用户满意度和交货协议等方面作出及时的调查,并进行科学的评估。一旦发现某重要供应商可能出现问题,应及时通知关联企业进行预防和改进。要针对可能发生的供应链金融风险制订应急措施。在供应链金融风险管理中,首先要运用各种风险控制工具,在风险发生之前,尽量消除各种风险隐患,减少风险发生。要根据供应链的结构、环境等特点分析风险因素,区分风险类别,尽早识别风险,制订风险管理目标,降低风险损失。

(5)业务设计创新。通过采取新的业务模式,控制借款人不能按时归还贷款的风险在供应链金融业务中,除了以往的担保条件以外,还使用借款人在流通中的商品作为银行债务的担保。如果能够很好地占有和控制质押物,银行的债权就能够得到比较好的保证。

(6)尝试业务外包。面对中小企业日益成为各家商业银行业务战略定位的趋势,金融服务也不是一成不变的,供应链金融模式也在不断演变。一方面,供应链金融各产品的组合和捆绑销售已经成为规避风险的有效工具;另一方面商业银行还可以通过业务外包分散风险。所谓业务外包就是将供应链金融中不属于商业银行核心业务的部分物流、信息流管理工作予以外包,而主抓资金流的管理与控制。首先是建立物流监管方合作和评估体系,通过合格的第三方的仓储、运输和现场监管的专业操作，实施物流监控。其次，收集外购商品价格信息。通过收集各大综合类、行业类商品价格信息，实现对供应链金融中涉及商品价格的实时跟踪。再次，购买保险公司的保险产品。通过要求客户购买保险产品，防范货物在库、在途期间出现意外的风险。

(7)采取新的组织模式，形成对质权和质物的有效管理机制，控制银行的质权和质押物的风险。在传统的银行业务中，贷前和贷后管理中对于质权、价格、质物的管理都比较少，因此风险控制能力相对比较弱。目前一些先进的银行比如深圳发展银行，在各级分行成立货押管理中心，承担了质物和质权管理的职责。其主要的职能可以概括为：

①质押物价格管理。因为质押物可能质押在任何一个地方，而不一定在授信银行的所在地，所以银行有必要建立一套对质押商品价格的管理机制。这套机制应该具有及时掌握各地现货市场价格及未来价格走势的能力，在价格上涨时，能够允许客户降低货物的控制量，提高客户的贸易偿付能力。在价格下跌时，及时设定警戒线、控制线和处置线，防止货物跌价跌过银行的风险敞口。

②对监管货物的检查。一个好的银行应该合理地检查监管方控制的质押物的情况，以避免监管方疏于管理的风险。当然，选择一个管理好、资信好、偿债能力强的物流企业，是转移该风险的良好方法。

③对物流监管方的管理。银行对物流监管的需求规模很大。据不完全统计，仅仅在江苏省，仓储质押监管 2006 年的市场份额就超过 1 亿元。面对巨大的市场空间，今后肯定会有大量的物流公司进入这个行业，开展这项业务。因此银行一定要加强对供应商的管理，把那些具有很高的监管和物流能力，以及具有较高资信的物流企业引入监管市场。目前各大银行比较倾向于采取资信额度的管理方式。具体说就是对不同的物流监管公司评定不同的物流监管额度，比如对中国外运、中国储运等监管公司给予较高的监管额度，允许他们在同一时间可以开展的业务较多，而对一些小的监管公司授予小的监管额度。对监管公司的管理是一个日常性的工作，要求随时对监管公司的工作质量进行抽查和检查，帮助控制监管公司的风险，进而控制自身的风险。

④变现管理。银行债权一旦逾期，就必须要由专业的机构对其进行变现。变现的过程既涉及法律问题，也涉及商品的价格、变现方式等贸易问题。因此，银行要有一个专门处置商品的职能部门。

(8)强化内部控制是防范供应链金融道德风险的重要手段。商业银行的内部控制是一种自律行为；是为完成既定工作目标，对内部各职能部门及其工作人员从事的业务活动进行风险控制、制度管理和相互制约的一种方法。要强化商业银行供应链金融业务处理过程中的内控机制建设，首先要搞好“三道防线”建设，严禁有章不循、执纪不严等失控行为的发生；其次要遵循内控的有效性、审慎性、全面性、及时性和独立性原则，任何人不得拥有超越制度或违反规章的权力。

(9)加强供应链金融文化建设，打造共同的价值观。良好的供应链金融文化能够在系统内形成一股强大的凝聚力，增强成员之间的团结协作，减少不必要的矛盾冲突，从而减少内耗，并形成一种相互信任、相互尊重、共同创造、共同发展和共享成果的双赢关系，可以使供应链的成员与整体有相同的利益要求和共同的价值标准，从而维持供应链的稳定与发展。

(10)建立应急处理机制。供应链金融是多环节、多通道的一种复杂系统，很容易发生一些突发事件。因此，必须建立相应的预警系统与应急系统，对突发事件的发生要有充分的准备。对于一些偶发但破坏性大的事件,必须预先制订应变措施和相应的工作流程。同时,要建立一整套预警评价指标体系,当其中一项以上的指标偏离正常水平并超过某一临界值时,必须发出预警信号。在预警系统做出警示后,应急系统应及时对紧急、突发的事件进行处理,以避免给供应链金融带来严重后果。

(11)加强供应链金融管理的信息化建设。"21 世纪企业之间的竞争已不再是单个企业间的竞争,而是供应链与供应链之间的竞争。"将这句近两年来在企业管理界耳熟能详的话加以引申可得到这样一个描述,即商业银行供应链金融之间的竞争归根结底是信息技术之间的竞争。商业银行在进行信息化建设的过程中必须树立明确的供应链金融管理一体化思想。供应链金融管理需要借助信息化的平台,将商业银行服务的上下游企业组织在一起,最终实现供应链上各个合作伙伴在运作成本和运作效率上的共赢。要加强信息交流与共享,提高信息沟通效率。信息技术的应用在很大程度上推倒了以前阻碍信息在企业内部职能部门之间流动的"厚墙"。供应链企业之间应该通过建立多种信息传递渠道,加强信息交流和沟通,增加透明度,加大信息共享力度来消除信息扭曲,从而降低商业银行供应链金融风险的不确定性并有效防范风险。

4.2 物流监管风险及控制

4.2.1 物流监管风险

监管人的风险主要分为三类。第一类是违约(监管协议)的风险;监管责任是通过监管协议确立的,是约定责任。第二类是整个业务的运作组织风险和管理风险。在供应链金融业务中,大量的操作和管理工作是通过一个组织方式来进行的,因管理不落实、制度不明确、责任不清晰等管理原因造成的风险,可能对物流监管人造成更大的损失。第三类是物流监管人一般会根据各方的约定对质押物进行相应的物流操作,包括仓储责任、公路运输责任、铁路发运责任、内河水运责任、报关报检责任等传统的国家已经有相对明确规定的责任。

1)违约风险(约定责任风险)

一般在行业惯例的监管协议中,物流监管方承担了五项责任,主要包括:履约保证、协助实现质权、货物的检查验收、质押物管理、协助行使质权。

(1)履约保证责任。履约保证责任就是物流监管公司承诺要按照监管协议的约定来履行义务,承诺对因自身原因造成的银行质权人的损失承担赔偿责任。更进一步,有些物流监管人本身的资信很弱,其上级公司或关联公司因其开展这项任务为它向银行提供的担保也属于履约保证责任。履约保证责任尽管是通过约定来确立的,但是其内容却超越了传统物流供应商的服务范畴,成为了一种新的服务方式。

(2)协助实现质权或是抵押权(质权或抵押权不成立的风险)。根据我国法律,质押是以转移占有为成立要件的。在现实的业务中,质权人不可能直接占有控制出质人的商品,因为质押商品一般都是大宗货物,经常是银行委托监管人在借款人(出质人)的仓库来占有这些货物,这就需要监管人办妥一些必要的法律手续,完备一些必要的交接手续。如果监管人在这个过程中疏于管理,有可能造成银行质权不成立就要向银行付出巨额赔偿。在现实中,所谓浮动质押是指允许质押物在质押期间的替换。实际上我们国家的法律并没有明确规定浮动质押可行,同时也没有明令禁止。对于浮动质押,每一次置换都办理相应的出质和转移占有手续。在浮动质押过程中如果监管公司没有及时办理相应的手续,有可能导致质权的不成立。对于抵押来讲,双方不但要签署抵押协议,还要办理相应的抵押权登记。在现实业务中,货物的物流位置一般离物流监管公司最近,而跟银行、出质人的距离相对较远。那么,银行一般会要求物流监管公司协助办理抵押权的登记。而物流监管公司在协助办理抵押权登记的时候应当承担什么样的责任,目前还是一个理论和实践的空白点。

(3)质物的检查验收责任(质物品质的风险)。不同品质的货物有着不同的价格。但是在现实业务中,品质鉴别需要专业的设备、知识和资质,因此,质物品质的风险是一个重要的风险。在实际业务中,一般采取约定检验、视同检验两种方式。约定检验是对大家有异议的商品品质,由各方送到有资质的检验机构检验的方式。视同检验是指由有权机关检验(海关、商检或是资信较好的工厂检验)的商品视同已经检验。在一般的行业惯例中,物流供应商和监管人都只承担表面审查、单据检查和外观检查的责任,除非有特别的规定,单据的签发是依照上述原则来进行的。当然有的监管人,尤其是从商品检验行业进入这个行业的,其本身就具有商品检验的资质和专业经验,可以很好地控制质物的品质风险。

(4)质押物管理风险。监管人应该按照银行的要求或是协议的约定,占有相应数量和品质的货物。监管人会对银行作出一定的控制货物的承诺(质押仓单或是质物清单)。如果在监管期间,因监管人的原因出现了单货不符、大单小货、一货多单等影响银行质权的情况,监管人也要承担相当的责任。质物管理的风险可以细分为以下几种:①按照约定放货或是依据银行指示放货的责任(无单放货的风险)。在监管业务中,依据银行指示或是依据协议约定释放监管货物是一个基本的原则。但是在很多情况下,由于监管公司内部管理的原因,常常会无单放货或不能按照协议的约定放货;②按照行业或是客户要求管理货物的责任(货损的风险)。一般来讲,物流监管人应该在日常的保管操作中,根据国家有关法律、行业有关惯例和客户的要求来履行货物的保管责任,加强对货物养护、加强日常的盘点。如果因自身原因造成货物的损失,监管人将会承担相应的赔偿责任;③意外事故和自然灾害对质押物造成的风险。我国的沿海地区经常面临台风的危害,内陆地区也经常会出现洪水、泥石流、暴雨灾害,有些地区还处于地震带。因此,意外事故和自然灾害的风险是比较高的。

(5)协助处置质物的风险。一旦客户的贷款逾期,银行就会行使质权以保全债权。在行使质权过程中,会有留置、变卖和委托拍卖等一系列的活动,这些活动与客户和银行的债务纠纷有关。因此在协助银行处置质物的时候,监管人一定要根据协议,按照国家法律规定处理,而不能单方面满足银行的需求,忽视了客户的合法诉求。

2)运作组织和管理风险(经营和管理风险)

在供应链金融和物流监管业务中,物流监管企业可能会因种种内部的制度问题、制度的贯彻实施问题等面临业务经营风险。其产生的主要原因为:

(1)组织结构不合理,造成管理职能界定不清楚或是职能无法履行。供应链金融和物流监管业务中,常常是多点监管、多品类货物监管,在监管的过程中还会出现涉及多个物流环节的情况,因此组织结构的合理与否,直接影响了业务的运作组织和管理风险。

(2)制度和规定不能满足风险控制的要求。在供应链金融和物流监管业务中,有很多根本性的制度规定还需要明确。主要指签约的规定、签发重要单据的规定、日常盘点的规定和放货的规定。这些规定是控制风险的主要措施,一旦规定不明确或是有明确的规定但是不执行,就会产生很大的风险。人员管理和培训不够导致人员素质不能满足岗位技能要求。监管业务涉及多个岗位、多人协同工作,如果管理不到位,或是对职工的培训不到位,也可能形成很大的风险。

3)物流操作风险

在质押物的监管期间,常常需要对质押物采取一些相应的物流操作,包括仓储、运输、报关等。这些操作活动也有可能对质押物造成风险。比如运输途中的交通事故就有可能形成质押物的损失。物流操作风险不是物流监管业务中独有的,在普通的物流业务中也存在。

4.2.2 物流企业的风险控制

前面我们已经分析了物流监管企业的三大风险,分别是违约风险、运作组织和管理风险、物流操作风险。与传统物流业务相比,违约风险(特指违反监管协议约定)是新增风险,而运作组织和管理风险,物流操作风险都是原来固有的风险。

1)控制违约风险

(1)要完善合同管理和产品设计,控制法律风险。物流监管企业的风险主要来自于合同的约定。物流企业要加强对合同的管理,尤其是严把合同审查和签约等环节。在业务中,不同的银行有不同的业务理念,可能把一些物流企业无法承担的风险转移给物流企业。合同的审查要围绕所有权检查,签发关键单据(仓单、质物清单),接收、运输、释放货物等操作,违约责任等关键条款进行。目前常用的办法是拟作业务的范本合同。范本合同可以提高合同的审查效率,减少业务风险。物流企业要严把合同的执行关。

(2)对于已经签署的监管协议,要确保单货相符。物流企业最大的风险,莫过于单货不符。单货不符对于物流监管企业来讲,就意味着对银行的违约和赔偿责任。

(3)要加强质物接收的流程(入库)管理,确保质物接收数量清楚、质量明确。物流监管企业要按照仓储管理的要求,规范入库的流程,入库管理可以分成到货、卸车、清点、办理交接手续、存放等步骤,尤其是清点和办理交接的手续,要做到单货两清。对于件杂货,一定要清查件数,并保证重量与件数在合理的误差范围之内。比如钢厂出厂的线材以捆为件数单位,每捆的重量会有一定的变化,因此在签发仓单的时候,一定要清查件数,同时核对每件的重量。对于散杂货,一定要采取科学合理的计量方法,对质物进行计量检斤。

(4)要加强对质物的日常盘点。质物盘点要有组织和有计划。可采取本级盘点和上级抽查盘点相结合的办法。盘点是仓储工作中一项重要且具有一定难度的工作。盘点可以分为日盘点、月盘点和临时性盘点。在物流监管业务中主要采取日盘点的方式,日盘点可以做到日清日结,同时也便于当日向有关银行报告质押物的进出库情况。

(5)要严格控制放货的程序。要采取三审三签的制度,控制放货的程序。监管员要审查银行提货通知真伪,客户提货要求是否符合协议的规定;保管员要核实库存与提货通知是否相符、是否合理;监管现场的领导要审核上述内容,最后下达放货的指令。

2)控制运作组织和管理风险

(1)建设专业的管理团队。任何业务的发展都离不开专业的团队,保持管理团队的专业化,是业务良性发展的必要条件。物流监管的专业团队必须具备两个方面的知识:一方面要了解物流金融方面的知识,熟悉法律法规的有关规定,熟悉金融业务,掌握银行、客户的业务需求;另一方面要熟悉物流知识,掌握大宗商品的交易、物流等方面的知识,掌握有关商品海运、仓储、铁路运输等方面的物流操作要求。管理团队还必须是敢于创新的学习型团队。因为供应链金融业务的发展必须面对不断发展变化的环境,需要不断地创新以适应市场的需求变化。

(2)完善业务管理体制。完善业务管理体制有两方面的要求:一方面是完善组织架构的建设,为业务管理设置合理、科学、高效的组织架构;另一方面是结合组织结构建章立制,做到职责清楚、标准明确。

(3)要加强业务培训。根据不同的岗位要求,实施不同层次的培训。管理层面要注重业务管理、风险控制、规章制度的培训;操作层面要注重安全教育、操作规程、单证填制、办事流程等培训。

(4)加强业务检查。对每个项目检查都要制订检查明细表,对照项目实际情况和规章制度要求,进行对比检查,检查结果一定要同项目管理人员和项目现场人员沟通,做到好的地方有表扬,差的地方有批评,下次检查有对比。

3)要控制物流操作风险

物流操作风险主要指在物流操作过程,如在装卸、搬运、保养、运输、安装等具体的操作过程中,造成对商品的损害风险。物流操作风险是物流企业的传统风险,不再赘述。

4.2.3 财产保险的应用

目前在国内的保险市场,通过责任险的方式控制物流监管公司的风险并不普遍。一个原因是国内的保险公司对责任险这个产品的重视程度不够,没有提供足够的服务;另一个原因是保险公司整体的管理和经营能力还比较低,不能有效地控制责任险的风险。如果保险公司要推出责任险,一定不能按照传统的保险精算的方法来估计和控制风险,而是要对承保的业务有相当清楚的认识,且有办法评估和控制相应的风险。

责任险的方式不可行,可以通过财产险来控制抵(质)押物的风险。实践证明这种方式无论对供应链金融和物流监管业务各方而言,还是对保险公司而言,都具有一定的优势。这种保险称为物流监管货物财产险。

1)物流监管货物财产险的优势

对客户而言,降低了投保的成本。物流监管公司和银行联合向保险公司批量采购保险,可以获得保险公司一定的优惠,降低了客户需要承担的保险费率。

对于物流公司和银行来讲,控制了风险,在保险合同中增加了同等价位保险的保障范围。比如增加了不可控制条款,在出质人没有履行保险义务的时候,可以让银行和物流监管公司继续享有保险的权益,原因是质权人和物流监管公司不可能完全控制出质人的行为。

对于保险公司来讲,这种新开发的业务模式是对保险产品的创新,提高了自身的竞争力。同时,银行和物流企业也会对保险公司承诺,为保险公司提供相应的市场份额。

2)物流监管货物财产险的特点

在传统的财产险产品中,投保人一般是保险利益的相关人,被保险人为投保资产所有者或使用者、保管者等,但通常不超过一方,被保险人为受益人。根据《保险法》的规定:"财产保险合同中被保险人为其财产或利益受保险合同保障的人,在保险合同规定的责任事故发生时,获得保险公司的赔偿。"在物流监管业务中,货物的所有者是客户,也就是出质人;银行是质权人,同时也是货物的名义占有人;物流监管公司是受各方委托占有保管货物的人,几方都是保险价值的相关人。在物流监管保险的模式下,将物流监管公司作为投保人,银行、出质人和物流监管公司都作为被保险人。这样可以有条件免除物流监管公司在发生保险事故时被追偿的责任。

规定银行作为第一受益人的条款。银行推动的供应链金融业务是物流监管业务发展的基础,如果银行的利益不能得到有效的保护,可能造成银行对发展供应链金融业务的顾虑。从债务关系上来讲,因为银行承担了授信的风险,才使大家可以在这个平台上共发展。因此在保险协议中约定银行是保险价值的第一受益人。这减轻了银行的顾虑,也符合公平的原则。

在2008年的雪灾中,这种保险设计发挥了积极的作用。道路交通事故造成的商品车辆损坏,以及因大雪压坏顶棚造成的货物损坏,都得到了保险公司的偿付,没有引起各方的纠纷。

尽管采取财产险的方式可以涵盖一部分风险，但是还有很多方面的风险没有得到有效地化解。比如对监管公司人员的道德风险以及责任风险，目前还没有较好的产品来应对。如果要开发物流监管公司责任险的产品，暂不考虑价格的因素，只是对这个产品的管理，就要求保险公司采取与传统保险产品不同的保险方式，比如要求保险公司对业务流程要清楚，要对业务的风险有全套的动态管理方法，这样才能真正关注物流监管公司的操作，进而管理其风险。也就是要求保险公司从静态的风险管理上升到动态的风险管理，从简单的货物、不动产的风险管理上升到被保险人业务流程的风险管理。

还可以采取让客户投保信用险的方式来协助客户融资。在这种方式下，保险公司可以作为质权人委托物流公司监管货物。这时保险公司会比银行更利于控制风险，因为保险公司不但可以采取与银行一样的方式，而且还可以利用保险工具来转移和分摊风险，这一点是银行无法做到的。

4.3 信用风险管理

银行的信用风险是指银行因借款人或交易对手违约而导致损失的可能性。信用风险是供应链融资面对的首要风险。从某种角度看，供应链融资本身就是一种特殊的信用风险管理技术。

4.3.1 传统授信的视角

传统上，银行授信按担保方式区分为三类：保证担保授信、抵（质）押授信和信用授信。保证担保授信需要第三方提供担保，而信用授信则对企业的资产水平、经营规模和盈利能力都有比较高的要求，供应链中的中小企业成员一般难以获得上述两种方式的授信。同时，中小企业成员的固定资产存量通常较少，面对核心企业的账期或销售指标压力，依靠固定资产抵押融资往往难以获得充足的流动资金支持。

从传统授信方式的风险管理角度看，中小企业的特点如下：

(1)信息披露不充分，造成贷款的信用风险度量和信用风险评价的困难。首先，很多中小企业处于成长阶段，内部管理尚不规范，尤其业务制度不健全，无法像大企业那样提供全面、完整企业财务信息；其次，由于普遍存在的税务不规范等问题，很多中小企业主对经营信息的详细披露比大企业更为谨慎；再次，采用外部审计的成本过于高昂，而且中小企业的贷款规模一般不大，因此外部审计单位贷款的信息披露成本更高。

(2)授信的成本收益配比不经济。中小企业贷款有“急、频、少”的特点，根据测算，中小企业的贷款频率是大型企业的 5 倍左右，户均贷款数量是大型企业的 5% 左右。加上对中小企业高昂的信息采集成本，银行对中小企业贷款管理的单位成本也远高于大企业。而这些成本如果通过提高利率等方式转移到中小企业，则融资成本有可能超出中小企业的承受能力，并带来进一步的道德风险和逆向选择问题。

(3)中小企业的非系统风险高于大型企业。非系统风险是指由于企业内部决策行为或企业的特性造成的风险。中小企业不完善的治理结构带来企业决策明显的随意性，而对少数客户的依赖也导致业务波动性大。此外，由于融资能力低、产品单一、技术含量低，企业的抗风险能力也低。据统计，中小企业两年内的存活率是 70%，5 年内的存活率只有 40%。

(4)一般认为，中小企业的违约风险高于大企业。很多情况下，中小企业的贷款额和资产价值的比率相对较高，企业也往往缺少社会品牌的价值。同时，关掉原公司，注册新公司，不仅可以获得新企业的税收优惠，还可以掩盖老企业税务等方面的问题。因此在中小企业经营不善的情况下，违约收益往往高于违约成本，这为违约风险提供了财务合理性。

总结以上特点，可以看出传统信贷评审技术下中小企业授信的风险和成本均高于大企业，而且传统担保方式对中小企业并不适用。同时，虽然中小企业授信的平均资费水平高于大型企业，但如果考虑操作和风险成本的调整因素，则授信的实际收益是否存在优势并不明确。

4.3.2 供应链金融的视角

传统流动资金授信看重的是授信企业的主体信用水平、财务实力和健康程度以及担保方式，这将中小企业(包括供应链中的中小企业)排斥在信贷市场之外。而供应链融资从另一个角度考量企业的融资需求和信用支持:供应链中小企业成员的融资需求主要是由于核心企业转移流动资金压力造成的，因此供应链融资的需求主要是流动资金需求，而如后文将提到的，中小企业的流动资产在资产负债表中占了很大比重。利用流动资产提供的信用支持为供应链中小企业成员解决融资需求，是供应链融资的基本出发点。

从单个企业孤立的角度看，流动资产在形态和规模上随着企业经营活动而不断变化，造成银行难以有效监控，因此传统融资方式中较少利用流动资产作为信用支持。但是从供应链企业集群的角度看，交易过程是信息流、物流和资金流的集成，而且这种集成相对封闭，这为银行监控提供了条件。企业流动资金的占用主要存在于三个科目:预付账款、存货及应收账款，利用这三部分资产作为企业贷款的信用支持，可以形成预付融资、存货融资与应收融资三种基础的供应链融资解决方案。针对企业生产和交易过程的特点与需求，三种融资方式可以组合为更复杂的整体解决方案。

从供应链融资信用风险管理的观察视角，可以提供一系列有价值的方法论线索。

(1)供应链中的交易信息可以弥补中小企业信息不充分、信息采集成本高的问题。供应链融资以企业间的真实交易背景为基础，通过来自核心企业的综合信息和供应链成员的交互信息，比如商业信用记录、交易规模、交易条件以及结算方式等，银行即可对供应链成员企业的经营状况、资信、盈利能力等作出基本的判断。

(2)供应链成员企业围绕核心企业形成了虚拟的企业联合体。非核心企业的经营状况在很大程度上受核心企业经营状况影响，因此它们的风险水平和一般意义上的中小企业有所不同。从某种意义上说，对成员经营风险的评价应当参考核心企业的经营风险。核心企业对供应链成员企业往往建立了筛选机制，供应链成员也是经营、财务和信用层面评估之下的优胜者。因此，供应链中小企业成员的平均信用风险相对低于中小企业整体的信用风险。

(3)供应链融资中每笔交易都有对应的物流与资金流，可以利用它们作为资产支持手段，比如货物的质押、应收账款受让等。供应链客户关系比较固定，物流和资金流的起点和终点相对稳定，便于银行采取监控手段。资金流和物流的控制使得风险监控直接渗透到企业的经营环节，有利于实施风险的动态把握，同时在一定程度上实现授信对主体风险隔离。

(4)核心企业对于供应链成员有严格的管理，进入供应链后，双方会保持相对稳定的合作关系。而对中小企业来说，进入大企业的供应链系统是需要成本的，资格本身就是一个有价值的无形资产。因此，企业会维护这种关系，避免因为贷款违约等事情影响企业在供应链中的地位。这种声誉机制减少了中小企业授信中的道德风险。

4.3.3 信用风险管理流程

1)信用风险识别

信用风险的识别就是要找出造成企业偿还贷款本息违约的因素。影响供应链融资的信用风险包括系统风险和非系统风险。

(1)系统风险是指由于宏观经济周期或行业发展要素发生变化造成行业内大部分企业亏损的情况。在供应链融资的风险管理中,系统风险是必须重视的因素。系统风险考察可以从宏观经济运行情况和行业的发展状况两个层面来分析。对于供应链金融而言,特别需要指出的是,系统风险更直接地来源于供应链本身以及核心企业,因此对于核心企业主导的供应链在行业经济中的竞争地位变化要作出实时的跟踪和评估。

(2)非系统风险是指企业自身的经营策略等方面造成的经营风险。供应链中的企业由于与核心企业存在稳定的合作关系,因此非系统风险有所降低。但是,授信企业自身的一些经营或非经营决策仍然会形成非系统风险。对供应链中的中小企业而言,一些特别的非系统风险比如投机性经营(如过度囤货)失败、卷入债务纠纷或涉嫌偷逃税等,将直接影响到还款意愿与能力。银行对非系统风险的及时预警,需要贷后检查制度执行力的保障,以及对核心企业、物流监管公司等辅助性风险控制变量的引入。

企业在正常盈利的供应链贸易完成后,是否按约偿还贷款也还存在不确定性,供应链融资对授信自偿性技术的引入大大降低了这种不确定性。

供应链融资中的授信支持性资产是非常重要的还款来源。供应链融资有三种基本授信支持性资产:预付、存货与应收。三种资产的还款保障能力,首先取决于出现违约时银行对这些资产的控制效力:其次,预付与应收的资产支持能力不仅受到资产控制效力的影响,同时也受到上下游企业的信用状况的影响。因此在供应链融资中,对于上下游企业的信用风险也需要根据实际的贸易背景进行评估。

除了经营现金流和授信支持资产外,企业的其他资产也可以作为还款的一个来源。因此,供应链融资强调除贸易的自偿性和资产支持外,主体的资质以及企业主体的财产特征在某些情况下也需要进行考察。总体而言,业务模式的风险控制强度与企业主体资质之间存在替换关系。换句话说,对物流、资金流控制下的授信自偿性保障充分的情况下,企业主体资质的要求可以适当放松;反之,则应该进一步看重企业主体,包括除授信支持性资产以外的资产。

除了从还款来源分析贷款的信用风险外,道德风险也是信用风险中一个重要的来源。在供应链融资中,道德风险可能有很多种表现,比如,企业以次充好,隐瞒抵(质)押物的品质问题;再比如,应收账款没有按约定路径回流到授信银行,而授信企业也故意不向银行披露;又比如,企业将资金挪用到贸易以外的投资领域等等。

道德风险防不胜防。但信贷业务的行规仍然适用,即供应链融资中如果出现道德风险,必须立刻启动预警程序,并制订客户退出计划。

2)信用风险度量

信用风险度量是非常困难的,因为信用风险具有以下一些特征。

(1)信用风险的概率分布是左偏峰的。贷款在安全回收的情况下,贷款人将获得正常的利息收入,而在违约时,则损失的不只是利息收入,还有本金。因此损失要远高于收益。但违约一般是小概率事件。综合这两方面的影响,使得信用风险的概率分布是左偏的,这给信用风险的分析造成了计量上的困难。

(2)道德风险是造成信用风险的重要因素,而道德风险难以定量描述。

(3)非系统的信用风险很多情况下是由债务人的个人行为或个性造成的,如贷款的投资方向、经营管理能力、借款人的风险偏好等,非系统风险的量化也是比较困难的。

(4)组合信用风险难以测定。对于中小企业,信用风险的定量分析更为困难。由于信用风险的上述特征，目前在信用风险度量中对主观判断的依赖比较强。

在信用风险度量中，首先要对企业的经营状况进行评估。为减少主观判断的误差，在对信用风险进行度量时可以采用结构化的方法控制评估的质量。结构化有两方面的含义，一是指结构化的分析过程；二是指结构化的指标体系。一般企业主体授信信用分析的流程如图 4-1 所示。在供应链融资分析中，考虑到供应链的特点，可以对图 4-1 的流程稍加修改，如图 4-2 所示。图 4-2 的借款企业业务及战略评价分析中，增加了对于供应链交易状态的评估，并成为首要的内容。

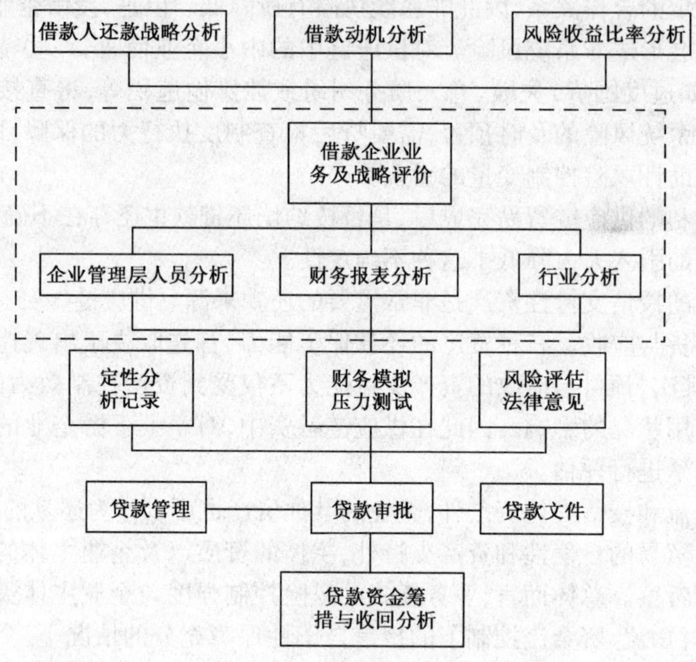

图 4-1　主体信用分析过程

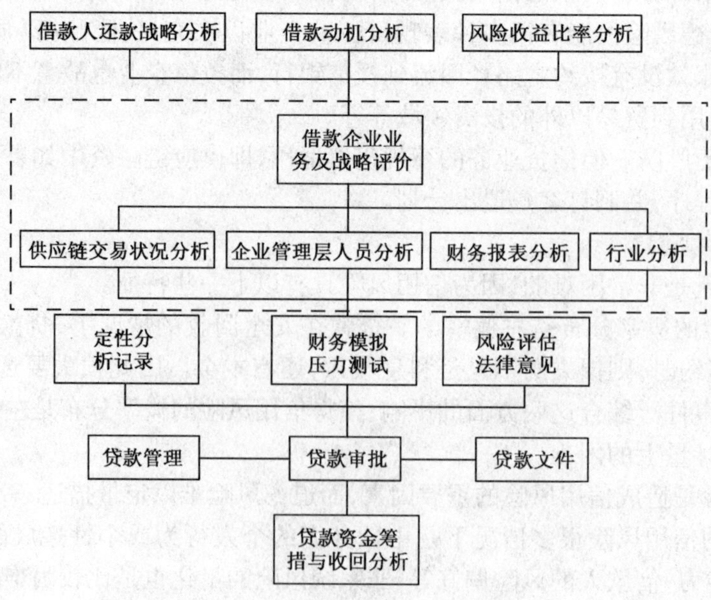

图 4-2　供应链融资信用分析过程

3）供应链交易状况评估

供应链交易状况评估主要是用来评估企业经营的稳定性、企业的成长性，并最终对企业的现金流状况作出评价。在供应链交易状况评估中，主要关注以下几点。

（1）梳理交易关系和供应链产业流程，了解借款人在供应链中的位置和作用、经营状况、谈判地位和资金实力，来判断供应链稳固性，判断经营计划完成的可能性。

（2）了解资金流及物流的流向，评估资金流与物流循环是否完整。评估整个供应链的行业状况、市场份额和市场容量，判断企业所处供应链在产业中的盈利能力水平。

（3）通过交易双方的约定结算方式、行业内通行的结算方式、交易对手的资信状况、平均销售周期等信息，判断商业信用风险的大小。

（4）分析借款企业对于供应链交易的依赖程度、借款人与核心企业的交易占核心企业需求或销售的比率、借款人与核心企业的交易往来时间和交易稳定性等。

结构化的指标体系是指采用一些客观的指标体系，帮助风险评估人员对企业信用风险进行评估。在这个指标体系中，应当明确采集哪些信息、根据这些信息进行评价或打分的标准以及各项指标在综合评价中的权重。这与银行的准入评级体系密切相关，相关内容在下一章中有所论述。

总体而言，从风险管理角度看，供应链融资的风险管理需要重复经过风险识别、风险度量、风险评估和风险控制方案设计的流程，最后进入实施阶段，如图4-3所示。

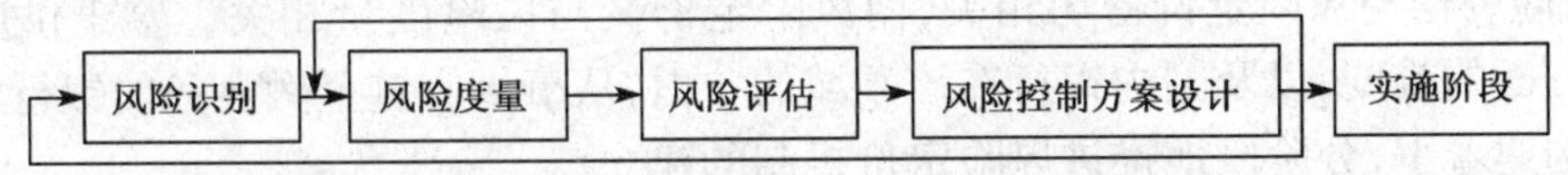

图4-3　供应链信用风险管理过程

对供应链融资进行信用分析度量时应当注意贷款主体评价和债项评价的结合。主体信用评级是在企业现有经营状况的基础上，分析企业未来的整体偿债能力和可能的违约情况，是一种不针对特定债务的评级方法。而债项信用评级受到债项偿还次序、贷款条款、贷款资金投向、外部抵押或者担保等因素的影响，很大程度上度量了企业违约前提下授信收回的概率。两者在评级对象和评级要素上具有明显的差异。

在供应链融资中，由于多数中小企业主体信用评级无法达到融资门槛，银行多采用资产支持的方式将授信风险与企业主体的信用隔离。因此，供应链融资的信用评估更多地借助债项评级，评估企业为某笔交易进行融资的资金偿还可能性。

目前国内许多监管规定要求银行贷款主要考虑企业的主体信用评级，但《巴塞尔协议II》鼓励商业银行在风险管理中注意债项评级。如果在供应链融资中采用了资产支持下自偿性的信用隔离，则债项评级更为准确。但债项评级必须结合主体评级，因为如果主体信用水平过低则可能产生严重的道德风险，造成债项信用风险的错估。

4）信用风险评价

在对信用风险进行度量后，银行需要评估风险对银行的影响。在这个步骤中银行需要结合违约概率和违约损失率，分析贷款信用风险是否和收益相匹配。如果银行的收益不足以补偿所承担的信用风险，则银行需要考虑企业提供其他的信用支持，比如提高质押的比率、要求企业购买信用保险等，否则银行应当采用风险回避的方式。

在信用风险评价中银行还应当考虑信用风险是否在银行能够承担的风险范围内。即使授信的风险与收益相匹配，但如果贷款的VaR等风险指标超出了银行的承受能力，银行也不适宜经营这些业务。

信用风险的评价依赖于风险的度量，因此银行在经营中应当注意信息的收集、处理和应用。利用信息建立银行的风险分析模型，定量化地考察信用风险对银行的影响。我国商业银行在这方面还处于起步阶段，这和我国银行数据积累有限、经济环境快速发展有一定的关系。在目前的风险管理水平下，银行应当采用比较审慎的风险上限，在估计可能损失时也采取保守的态度。

5）信用风险控制

风险控制方法包括风险回避、风险转移、风险自留、风险补偿、损失控制等。

（1）银行拒绝企业的授信申请是一种最基本的风险回避方法，银行应当根据风险承受能力制订明确的风险回避指引。比如深圳发展银行在供应链融资业务指引中规定，自偿性贸易融资授信评级在 BBB 级（含）以下的客户的授信申请一律拒绝。即使是评级为 A 级、AA 级及以上的，也对产品使用进行了不同程度的限制。

（2）风险转移需要有第三方承接。因此一个活跃的信用风险市场是银行便利地采用信用风险转移工具的条件。近年来，我国信用衍生品市场已经开始发展，除了多年前推出的出口信用险外，目前国外的很多信用保险机构开始进入中国。如科法斯与平安保险合作，在中国推出了应收账款保险产品。在深圳发展银行的供应链融资中，在引入核心企业和物流监管公司作为局部的风险承接主体方面，已经探索出了一套成熟的模式。

（3）风险补偿与风险定价密切相关，而风险定价又与风险度量相关。鉴于供应链融资在风险度量方面的难度，以及国内银行在该领域的空白，从事供应链金融业务的银行应该从经验数据库的构建着手，分阶段地推进风险定价机制的建立。

（4）损失控制是在出现损失无法避免的情况下，采取有效的措施进行止损。比如银行在发现企业信用状况恶化时，应停止在授信额度内授信的进一步发放；或者对授信支持性资产加强监控，并采取必要的资产保全措施等。

4.3.4 信用风险的转移

除了风险回避、风险转移、风险自留、风险补偿、损失控制等手段以外，供应链金融在信用风险控制方面的重要创新即是“风险屏蔽”。从银行的角度看，信用风险可以从客观存在和主观感受两个层面理解。供应链的中小企业成员的信用等级较低是客观事实，但是通过授信模式中物流、资金流控制等自偿性技术的运用，中小企业低信用水平对授信安全性的作用机制被有效地隔离和阻断。这样，银行实际面临的信用风险，从违约造成损失的可能性的角度看可以大幅降低。

在实施上述风险屏蔽技术的过程中，银行操作环节显著增加、操作的复杂程度明显高于传统流动资金贷款业务，导致操作错误、操作制度的法律不确定性和漏洞出现的概率都增加，因此形成了较高的操作风险。

信用风险屏蔽技术旨在构筑隔离主体信用风险的防火墙。如果防火墙因为制度完善性和制度执行力的问题而漏洞百出，则供应链中小企业成员的低信用水平对授信安全性仍然存在强关联。这样，信用风险因为风险屏蔽技术而向操作风险转移。例如：为了避免财产因意外导致的价值损失而购买了财产险，结果产生了新的风险，如保险公司在意外发生后是否能够履约理赔。

供应链融资的操作控制首先要确保授信支持性资产的有效性和可实现性。

（1）银行首先应当确认资产是否真实存在，授信企业是否拥有资产的完整所有权。

(2)在出现信用风险时,确保银行对资产的所有权受到法律保护。因此银行在事前要检查合同和相关协议的内容是否符合法律的规定。在签署法律文件时,要保证文件的正确性、有效性、完整性和规范性。

(3)银行应当确保授信支持资产对于授信信用支持的充分性,也就是资产的价值能充分补偿银行可能出现的最大授信损失。

(4)银行还应当确保授信支持性资产受到有效监控。这在国内目前供应链融资中,主要是依靠现金流管理和物流管理的相关技术手段。供应链融资下的现金流管理是指银行通过设定流程模式、产品运用、商务条款约束等安排,对授信资金循环及其增值进行管理与控制,确保授信资金投入后经过交易的增值回流优先偿还银行贷款。对物流的控制包括以三方协议的方式保证供货商的货物在送抵授信企业后处于银行的监控下、中立仓库对货物进行保管以及要求追加保证金与提取货物的操作相对应等。

(5)在物流和现金流转换过程中,比如货物在上游发货到买家的运输途中,银行有可能失去对物流和现金流的控制。对于这个过程的风险,银行可以采用风险转移的管理方法,将承运风险转移给第三方物流或保险公司。现金流和物流的监控操作,除了实现信用隔离外,同时可以起到授信资金使用方向控制的作用。此外,由于供应链内部关系的相对稳定,资金流和物流的起点和终点是明确的,物流和资金流的状态比较清晰,在对物流和资金流的监控中,银行可以获得授信企业经营状况的信息,以便在企业经营出现问题时及时采取风险防范措施。

4.4 操作风险管理

巴塞尔委员会将操作风险定义为由于不完善或者失灵的内部控制、人为错误、系统失灵以及外部事件等给商业银行带来的损失,损失包括所有与风险事件相联系的成本支出。

供应链融资中的操作风险涵盖了信用调查、融资审批、出账和授信后管理与操作等业务流程环节上由于操作不规范或操作中的道德、风险所造成的损失。而授信支持性资产的有效控制是融资解决方案的一个核心部分,此环节涉及大量的操作控制,这部分的操作风险管理成为供应链融资操作风险管理的重点。

4.4.1 主要操作风险分类

1)商品选择风险

银行监控下的商品价值是物流融资的业务基础,也是银行面临的主要风险因素。因此,选择合适的商品目录是开展供应链金融业务的首要前提。基于市场需求和风险控制的考虑,应当选择通用性强、易仓储保存、价格涨跌幅度不大、质量稳定、容易计量和分割、价格透明且易于控制、变现容易的大宗商品,如钢铁、有色金属、能源化工、软商品等。同时在物流金融等模式中,要选择与产品质量好、市场占有率大、实力强、品牌知名度高的生产商合作。要考察其业务能力、业务量及货物来源的合法性(走私货物有罚没风险);在滚动提取时要提好补坏(有坏货风险,还有以次充好的质量风险)。

2)质押监管风险

质押监管风险的大小主要取决于物流公司的管理水平及办理质物出入库时的风险控制手段。为控制该风险,银行必须选择仓库管理和信息化水平较高、资产规模大、监管网络覆盖面大、具有专业化监管队伍和一定偿付能力的大型专业物流公司合作,并制订完善的办理质物入库、发货的风险控制方案。现在系统多以入库单作质押,和仓单的性质相同,但仓单是有价证券,也是物权凭证。因此必须有科学的管理程序,保证仓单的唯一性与物权凭证性质。目前大多由货主和银行开提货单,要逐步转向仓单提货。由货主与银行共开提货单的,要在合同中注明仓单提货功能。同时要有鉴别提货单真伪的措施。

3)质物变现风险

银行在处置质物时,可能出现质物变现价值低于银行授信敞口余额或无法变现的情形。为控制该风险,银行应选择交易量大的商品,设定合理的质押率,同时建立对质押商品销售情况、价格变化趋势的监控机制,并通过套期保值等技术分散价格变动风险。

4)宏观经济风险

宏观经济环境是影响物流的重要因素之一,包括国内外经济环境因素,如汇率和利率因素以及国际物流整体需求因素等,供应链金融的国际结算必然要牵涉到这类因素。应不断探索、综合运用包括衍生工具在内的各种金融工具,减少宏观经济风险对供应链金融业务的负面影响。

4.4.2 操作风险管理流程

1)操作风险识别

在操作风险管理中,风险识别是最关键的一个环节。巴塞尔委员会建立了分析操作风险的基本框架。按照导致操作风险的不同因素,将操作风险分为四类:由人员因素导致的操作风险、由流程因素导致的操作风险、由系统因素导致的操作风险和由外部事件导致的操作风险。

在供应链融资的操作风险管理中,银行可以根据巴塞尔委员会提供的操作风险分类框架,建立切合供应链融资流程的操作风险目录。因为有些操作风险识别非常困难,很多系统或流程上的漏洞经常在损失事件发生后才被注意到,所以建立自己的操作风险目录是非常必要的。而且银行要不断总结自身和其他银行的失误,对操作风险目录进行更新,这样可以使得操作风险识别逐渐趋向全面。

供应链融资的流程基本划分为以下环节:信用调查、产品设计、融资审批、出账和授信后管理、贷款回收等。在每个环节中,银行损失分为以下三个方面:

(1)造成银行资产损失。

(2)银行失去潜在投资机会。

(3)银行声誉受损。

银行可以从人员因素、流程因素、系统因素和外部事件等几个方面分析每个环节是否有导致银行损失的风险。

在授信调查阶段,人员因素引起的操作风险是主要的操作风险。供应链融资以企业的交易信息作为风险评估的重要依据,同时利用交易中的物流和现金流作为风险控制的中介目标。因此,在授信调查方面与传统流动资金贷款的主体信用调查差异较大,专业化要求较高,这很可能导致客户经理的疏漏和误判。

在操作模式的设计阶段,流程设计完善性的风险是最主要的操作风险。供应链融资需要对授信支持资产进行控制。要实现控制目的,在授信合同、协议以及操作流程设计上,必须在保证可操作性的前提下杜绝明显漏洞,否则就会给欺诈行为留下可乘之机。这些漏洞包括合同不完善、合同条款对银行不利、合同条款不受法律保护、产品设计的控制流程无法完全保证授信支持资产同企业主体信用隔离、流程过于复杂或苛刻导致误操作概率增大或执行困难、环节遗漏造成对资产控制的落空等。

融资审批阶段的操作风险涉及人员风险、流程风险和系统风险。人员风险有内部欺诈、越权等主观行为造成的风险，也有人员业务能力不匹配、关键岗位人员流失造成的客观原因造成的人员风险。流程风险则包括银行授信审批流程不合理、授权不恰当造成的内部控制体系的问题，也包括文件信息传递不及时等业务流程上的问题。系统风险则主要是指用于后台风险管理支持的系统或模型未能有效识别风险，从而导致的决策失误。

出账和授信后管理是供应链融资中实行资金流和物流控制的核心，尤其对于预付和存货业务而言操作频繁，是操作风险集中的环节。四类操作风险在这个环节都存在，比如仓储监管人员欺诈或失职造成的人员风险，换货或提货流程设计不合理给外部欺诈留下可乘之机的流程风险，对于货物市场价格监控系统未能预警导致未能采取必要措施形成的系统风险以及仓储货物因外部突发事件导致损失的外部事件风险等。这些操作风险在不同的融资产品中会有不同的表现形式，银行需要根据全面分析这个环节的各个操作细节，从四类操作风险来源对风险进行识别。

2）操作风险评估

操作风险一直以来被认为是难以定量衡量的。因此在操作风险管理中，一般采用风险目录和操作指引的方式进行定性管理。在巴塞尔委员会将操作风险纳入最低资本监管要求后，操作风险模型有了比较大的发展。但目前，操作风险精确度量实际上还存在相当的困难。

供应链融资中操作风险评估的主要意义在于将操作风险度量与操作风险管理有机结合。因此，现阶段建立操作风险数据采集系统是操作风险评估的首要工作。银行应当收集和分析供应链融资不同环节中各类操作风险造成的损失数据，并根据这些数据，评估供应链各项业务中操作风险的损失率。然后根据操作风险的损失率，结合银行的战略目标，评估供应链融资各项业务的操作风险是否在银行的承受范围内，供决策参考。

3）操作风险控制

操作风险管理技术目前处于发展的初级阶段，操作风险管理方法与技术也处于探索阶段，但一些操作风险控制的原则已经在国际商业银行的实践中被广泛采用。

首先，在选择操作风险控制方法时必须考虑成本与收益的匹配。如果成本较高，则需要决定是否采用其他方法或放弃业务。其次，有关操作风险的每个环节必须有明确的责任人，使损失可以追究到人。这是完善内控体系的关键。

供应链融资中一些常用的操作风险控制方法有：

(1)完善内控体系。供应链融资中，审贷分离等基本内控原则与商业银行一般借款没有大的区别，供应链融资的主要特点表现在授信支持资产的审核与管理上。一般审贷分离不能完全保证这个环节的人员风险。因此，供应链融资中，银行可以设立独立的授信支持资产管理部门，通过业务线的客户经理和授信支持资产管理部门人员的双重核查，来降低人员操作风险。一些循环贷款产品，如存货和应收账款融资产品，还应建立定期的审核制度，定期检查存货与应收账款是否符合授信合同规定的要求。

(2)提高人员素质。在供应链融资中，除了培养员工风险意识和职业道德外，对于员工的能力培养也是非常重要的。在信用评审中，应重点培训授信评审人员对企业间交易的真实性、正常性进行评价的能力，授信支持资产的真实性、有效性评价的能力，以及对操作模式可行性评价的能力。设立授信支持资产的管理部门也可以有效提高人均效率，防范存货监控、票据辨别等环节的操作风险。

(3)降低对操作人员个体能力的依赖。供应链融资在贷前需要调查的信息比一般企业授信更复杂，银行可以建立专业的调查、审查模板和相关指引。调查人员按照模板要求的框架进行信息搜集,可以有效降低调查人员专业能力对调查结果有效性的影响。在供应链融资的出账和贷后管理环节,银行应建立细致的操作指引,明确操作流程、关注的风险点和操作的步骤要求,使得操作人员有章可循,严格控制自由裁量权。针对不同类别产品,应制订标准的合同和协议文本,并对填写的规范作出详细说明。

(4)不断完善各类产品的业务基础。供应链融资作为一项新兴业务,发展中会不断出现新的问题;同时,相关的监管制度或法律法规也在不断完善。因此,供应链融资的操作风险管理应建立相应的机制,定期或按需审核各类产品流程的缺陷,并进行相应的完善。

(5)合理应用操作风险转移技术。操作风险转移手段包括两类:一是风险保险,二是操作环节外包。在国外,许多操作风险可以通过保险方式进行转移,但国内尚不具备广泛推广的类似条件。不过,在供应链融资的物流管理环节,有些保险产品可以为供应链融资的操作风险提供转移渠道。比如一些保险公司就曾经探讨过监守自盗的相关险种。另外,在国内供应链融资实践中,很多银行通过与第三方物流的战略合作,将物流监管的操作风险转移到物流或仓储公司,有效降低了操作风险的管理成本。

4.5 法律风险管理

巴塞尔协议认为法律风险是广义操作风险的一部分,但业界对于法律风险是否属于操作风险目前还存在争议,我们这里将法律风险单独讨论,是由于供应链融资的法律制度环境与传统银行业务存在较大差异。

供应链融资是一项业务创新,尤其是供应链融资中广泛采用授信资产支持技术,各类授信支持资产是否能与授信主体信用充分隔离,是供应链融资风险管理中的要害问题,其中也涉及比较多的法律问题。因此,法律风险管理是供应链融资产品设计中必须考虑的内容。

4.5.1 法律风险的概念

法律风险的定义是非常困难的,因为法律风险的边界相对模糊,即使信用风险中也可能包含法律风险。比如在债权的追索中,如果出现纠纷,需要通过法律程序解决,就会产生法律风险。本节讨论的法律风险主要针对供应链融资中动产担保物权相对应的法律风险。法律风险有三种方式造成损失:

(1)银行或其员工、代理机构在法律上的无效行为。

(2)法律规定和结果的不确定性。

(3)法律制度的相对无效性。

银行或其员工、代理机构在法律上的无效行为结果可能直接导致动产担保物权不能受到法律的保护。比如抵(质)押、转让交易没有用法律文件来进行规范,或者它们本身就是非法的或不能有效执行的,都有可能导致法律无效行为的产生。在供应链融资中,此类风险对银行的授信安全危害特别大。首先,供应链融资作为创新过程中的服务,产品不断推陈出新,业务模式多样化,相对传统业务其标准化程度还相对较低。其次,尽管供应链融资中授信的相关合同逐渐标准化,但是与信用捆绑、货物监管、业务代理、资产处置相关的协议、声明书、通知书等法律形式繁多,且很难统一。

法律的不确定性是指损失来源是单纯的法律不确定性,并不是银行自身的过失。由于法律规则的复杂性或模糊性,法律体系中本身会存在着空白、冲突。另外,法律变动也会造成银行的损失,金融创新也会导致法律的不确定性。在供应链融资中,这些不确定性会导致银行面临善意的第三方对授信支持资产的索偿要求。比如供应链融资主要是依靠企业的流动资产提供信用支持,《中华人民共和国物权法》出台前,银行开展存货融资主要是依靠存货质押方法实施物流控制,但质押的特定化问题在实际业务操作中很难实施;又比如作为对核心企业的信用捆绑技术,回购条款被广泛采用,但是这种事先约定的资产处置条款在国内法律上存在瑕疵。新颁布的《中华人民共和国物权法》中对浮动抵押方式的明确,给非特定化的存货融资提供了法律依据,但也带来了新的问题。比如,很多地方工商局仍不接受浮动抵押的办理。另外,一些地方工商局虽然接受办理,但不接受查询,这造成了重复抵押的隐患。

在我国,目前不同区域的法律执行效率存在差异。另外,法律和行政权力的区分在有些领域相对模糊。地方政府为保护地区经济,甚至可能干涉法律的执行。这些问题经常影响到供应链中贸易信用的追索,甚至直接影响到贷款债权的追索,这也是供应链融资法律风险管理中需要关注的问题。

4.5.2 法律风险分类

1)质物的权属风险

从总体上看,供应链金融业务的法律风险主要在质物的所有权问题上。因为业务涉及多方主体,质物的所有权在各主体间进行流动,很可能产生所有权纠纷;另外,目前我国担保法等相关法律法规中与供应链金融相关的条款尚不完善,也没有行业性指导文件可以依据。因此,银行在开展此类业务时,必须尽可能地完善相关的法律合同文本,明确各方的权利义务。

2)质物的优先受偿权风险

供应链金融的法律风险还集中体现在如何保障银行对质物的优先受偿权。该风险在《中华人民共和国物权法》生效后表现得更为突出。《中华人民共和国物权法》允许企业设立浮动抵押,即企业可以将现有的以及将有的生产设备、原材料、半成品、产品抵押,抵押设立后,企业仍可以在正常的生产经营活动中处分抵押物。浮动抵押在工商行政管理部门登记后,将取得对抗第三人的效力。上述浮动抵押的抵押权与银行在供应链金融业务下取得的质权可能发生冲突,并且由于抵押权依法进行了登记,在现行法律框架下,其可能优先于质权受偿(即使质权设立在抵押权之前)。质权的优先效力问题可能给银行开展供应链金融业务造成极大的法律风险。因此业务人员在接受质押时,应注意调查质物上是否存在其他担保,并在业务过程中注意采取措施防范质权的优先性受到损害。在条件合适时,也可以通过加设浮动抵押来降低风险。

第5章 业务开发与创新

5.1 基本业务开发

5.1.1 存货质押融资

存货质押是指借款人以存货作为质物向信贷人借款，为实现对质物的转移占有，信贷人委托物流企业或资产管理公司作为独立的第三方，代为监控和存储作为质物的存货。目前，国际上比较常用的存货质押融资方式主要有三种：仓储融资、信托收据融资和抵押单融资。

1）仓储融资

借款人将存货存放在银行指定的仓库中，由第三方代为管理和保管，借款人销售存货后，购货人直接将购货款支付到借款人指定银行的账户中，银行用购货款直接冲减贷款。按照仓库位置不同，仓储融资分为公开仓储融资和就地仓储融资：公开仓储是将存货存放于第三方的仓库中，而就地仓储是将存货存放在借款人自己货栈的仓库中，银行雇用第三方（通常称为就地仓储管理公司）作为银行的代理人或者直接派出管理人员对存货进行管理。

2）信托收据融资

所谓信托收据，是指一种承认借款人代银行持有商品的证书，银行对货物拥有“暂时的法律上的所有权”。借款人利用银行贷款购买货物后，向银行开出信托收据，信托收据规定，银行和借款人是一种委托人和受托人的关系，商品由借款人为银行代为持有，借款人或将货物存入公开仓库，或就地保存但无须第三方参与货物管理。商品销售后，借款人当天将货款转入银行贷款账户。

3）抵押单融资

抵押单是一个由第三方定期签发给银行的文书，第三方保证作为贷款抵押品的存货数量的存在。企业的存货通常处于不断流动的状态，但企业一般都会保有一部分存货，第三方能够对企业的销售活动进行跟踪，对企业存货的浮动价值进行追踪，并保证存货在销售活动结束时会转化为应收账款。实际上，第三方的工作代替了银行工作人员对企业的监管，降低了银行的信贷成本，且由于不需要对存货进行实物上的分离和占有，使企业的经营更具灵活性。

阅读案例5-1

钢铁交易中心联保项下存货融资

山西B钢铁交易中心占地面积200余亩（1亩＝666.6m^2），总投资3 800万元，将建成华北地区首家现代化钢铁交易中心，目前一期已经基本竣工投入使用，已入住商户200余家。

作为国内三大物流监管商之一的W公司，具有规范的监管制度和严格的流程，并已与国内多家金融机构就动产质押开展了卓有成效的合作，具有丰富的业务经验。

经与W公司、山西B钢铁交易中心的初步协商，民生银行设计如下的业务模式：B交易中心的商户在民生银行存入一定比例的保证金后，民生银行签发银行承兑汇票；民生银行要求商户提供钢材仓单质押，由W公司进行派驻监管以确保质物安全；W公司以1元人民币的对价，象征性地租赁B交易中心的仓库，以实现质押物占有的转移。

事实上，单纯的底线控制型的存货质押业务，存在较多的操作风险，通过专业合格的第三方监管公司则能规避存货监管风险。另外，通过商户之间的"联保"措施，可尽量规避授信客户的道德风险及资金用途风险，同时安排由交易中心回购质押的钢材则能较好地解决质押物变现的问题。

资料来源：根据中国民生银行网站（http://www.cmbc.com.cn）资料整理

5.1.2 应收账款融资

在西方银行的实践中，应收账款融资（accounts receivable financing）就是借款人以自己应收账款的价值作为融资担保，取得资金用于支持生产和销售活动。融资的还款来源是应收账款回收产生的现金流。应收账款融资区别于普通商业贷款的最大特点是：前者的还款来源是流动资产变现所产生的特定化的现金流，而后者的还款来源是经营活动所产生的现金流。因此，物流监管者应该更多关注应收账款的质量和价值，关注银行控制权和监控系统，关注银行在扣押状态下变现抵押品的能力，而不是关注收入和资产负债表的信息。应收账款产品设计的关键理念是：借款人的风险并不等于贷款风险。

一般情况下，应收账款产品分为以下四类：

1）特定化资产支持的贷款（asset based loan）

这种信贷关系中，贷款人可以密切控制信贷出账不受控资产。贷款人风险控制方式包括融资的资产折扣率[即抵（质）押率]、控制企业现金回流以及现场审计。借款人通常需要频繁的出账以满足经营需要，贷款人需要频繁地对信贷额度进行调整。受控资产主要包括应收账款和存货。由于对受控资产的监控到位，ABL被结构化，这样当贷款必须被清算时，贷款人处置受控资产非常方便。

2）资产辅助支持的贷款（secured lending）

这种贷款的核定基础也是资产折扣率，但对受控资产的监管和控制没有ABL严格。放贷没有ABL频繁。尽管受控资产主要是应收账款和存货，其他类型的资产也被引入用以支持贷款。贷款人的控制手段通常包括：应收账款账龄的定期核查、定期的存货报告以及不定期的现场审计。贷款和担保协议通常要求由一个合适的被授权人来提供定期报告，以证明支持借款的受控资产的信息准确性。借款人比ABL项下有更大的对受控资产的控制权，而且可以支配自己的现金回流。借款者的财务实力通常比ABL的借款人要强，这使得银行能够简化管理和控制。

3）应收账款贷款（blanket receivables lending）

应收账款和存货以外的资产经常被包括在受控资产中。贷款额度并不与资产折扣率关联，贷款人对担保品很少控制，对受控资产的监管也不正式。受控资产的估值可能仅以资产负债表作为依据。

4）保理（actoring）

贷款人直接购买应收账款，不一定拥有追索权。比如，商品车的静态抵（质）押授信中，要求授信对应到一批特定的车辆。通过抵押登记或质押的《出质声明书》中对车辆型号、颜色、发动机号和车架号等的登记来实现。随着银行创新的推进和相关法律的完善，一些新的供应链融资产品也开始接近资产辅助支持贷款和应收账款池贷款的概念。比如，深圳发展银行推出的"池融资"系列产品，允许客户提供的担保性资产在"池"中进出，银行仅控制"池"的价值余额,并据以发放授信。又比如,《中华人民共和国物权法》出台后,深发展银行推出的动产浮动抵押授信,也是在担保性动产最低价值监控的基础上,对企业实施融资。

阅读案例5-2

汽车零配件厂商的应收账款融资

有一家汽车零配件生产厂商A公司,专门负责营销汽车的零配件。A公司处于整个汽车生产销售链条的上游,其下游的采购商多为大型的汽车生产厂家。鉴于下游生产厂商比较强势的地位,A公司长期以来都为其采购商提供不同账期的销售结算模式。这样一来给A公司形成了大量稳定的应收账款,且余额基本上能够维持在一个固定的数额上。对A公司来说,大量的应收账款扩大了企业的销售量,但是同时也加大了企业资金的占用量。

另外A公司作为一家规模和实力都一般的中小企业,由于资信水平不高,很难通过银行的保证担保、抵押担保等传统授信渠道来获得融资支持。一方面,A公司手头上有大量的应收账款,另一方面,A公司急需资金来扩大生产,维持正常的生产和发展。在这个时候,A公司就急需一些融资手段来帮助其缓解短期流动资金压力。当前的供应链金融就能很好的解决A公司这方面的需求。在供应链金融中,A公司不再是一个单独的个体,它在申请银行融资的时候,银行会审视整条供应链,特别是下游企业的资信程度来提供相应的融资服务。在这个案例中,A公司提供零件的客户都是大型的汽车生产厂商,它们的资金实力雄厚,因此A公司可以向银行转让这部分的应收账款,来缓解流动资金短缺的困境。

以A公司与车厂B的交易为例,具体操作流程如下:

(1)A公司与B公司签订销售合同;

(2)A公司送货,B公司验收货物并确认收到货物;

(3)B公司根据送货单明细定期生成电子收货单(Purchase Order,简称PO),送至A公司和银行;

(4)A公司收到PO后开出增值税发票,并交给银行申请保理授信出账(同时在增值税发票备注栏注明应收账款债权转让事项);

(5)银行根据B公司发来的PO和A公司交来的发票,确定、核实应收账款的具体金额后,将发票送达B公司;

(6)银行根据核实的应收账款金额放款给A公司;

(7)B公司按时付款到A公司在银行的付款账号,A公司偿还保理授信。

应收账款融资是银行依据供应商与核心企业之间的真实交易关系和付款约定,以订单或应收账款所产生的现金流作为还款来源,向中小企业提供的融资产品。银行通过以企业自身的流动资产(企业应收账款)作为支持、提升企业信用的方法,为中小企业提供了全新的融资渠道,很好地解决了中小企业融资困境。

资料来源:根据财资网(http://www.treasury.com.cn)资料整理

5.1.3 预付款融资

预付款融资可以理解为未来存货的融资。这是因为从风险控制的角度看,预付款融资的担保基础是预付款项下客户对供应商的提货权,或提货权实现后通过发货、运输等环节形成的在途存货和库存存货。

提货权质押融资,这是指客户通过银行融资向上游支付预付款,上游收妥后即出具提货单,客户再将提货单质押给银行。之后客户以分次向银行打款方式分次提货。

对一些销售状况非常好的企业,库存货物往往很少,因此融资的主要需求产生了等待上游排产及货物的在途周期。这种情况下,如果买方承运,银行一般会指定中立的物流公司控制物流环节,并形成在途库存质押;如果卖方承运,则仍是提货权质押。

货物到达买方后,客户可向银行申请续做在库的存货融资。这样,预付款融资成为存货融资的"过桥"环节。

目前,国内银行该类业务主要是针对分销商的融资。事实上,核心企业对分销商的财务压力集中在预付而非应收领域。在预付款融资中,国内银行将对核心企业的信用捆绑技术引入对分销商的授信中,如深圳发展银行在 2001 年推出的先票后货授信、担保提货授信、国内信用证、进口项下货权质押授信等。

5.1.4 业务简单组合

国内供应链金融的初期发展,正是静态存货融资、单笔应收账款转让、三方协议下的先票后货等业务零散应用的阶段。此后,银行逐渐发现了业务组合的方法,将其运用于贸易链的片断之中,并形成涉及多个企业的组合融资方案。

1)存货融资项下应收账款

初始的存货融资要求以现金方式赎取任何押给银行的货物,但是客户销售可能给下游提供了账期,导致赎货保证金不足。在这种情况下,银行可以有选择地接受客户销售产生的应收账款替代赎货保证金。这样,融资的资产支持变成保证金、存货和应收账款的结合。

2)信用证项下货权质押转保理

信用证项下未来货权质押授信在单据到达后,要求客户打入保证金赎取单据,但客户可以选择转为存货质押续做押汇。但是,客户也有可能在货没到港之前就已实现销售,这时可以转为保理方式续做押汇。

3)商票承兑汇票贴现后转开信用证

在对进口代理商的授信中,如果代理商开证额度不足,授信风险控制的重心又落在终端买家身上,可以要求终端买家向代理商开出商业承兑汇票,银行给予代理商贴现后,以贴现资金作为全额保证金再开出信用证。这样,代理商和终端买家作为票据当事人对票据承担连带责任,引入双方之间的事实担保。同时,银行获得了全额保证金的负债收益。在必要的情况下,银行还可以要求以信用证项下的单据作为进一步的质押,要求终端买家付款赎单。

5.1.5 业务系统集成

对供应链融资的产品元件和产品模块进行有机整合,形成服务于供应链和交易链集群企业的系统性解决方案,就是供应链融资产品系统集成的过程。广为业界采用的供应链产品系统集成就是深圳发展银行提出的所谓"1 + N"模式,即在商业银行和核心企业(即"1")的统筹安排下,针对供应链不同片段的交易结构及其衍生的融资需求关键节点,选择性地对核心企业上下游的供应商和分销商(即"N")提供授信。这种融资以提高整个供应链的融资便利性和降低融资综合成本为导向。

1)融通仓

供应链产品的系统集成还可以用到供应链以外的企业集群环境中,融通仓的概念就是其中一个例子。融通仓是指第三方物流企业提供的一种金融与物流集成式的创新服务,它不仅可以为客户提供高质量、高附加值的物流与加工服务,还能为客户提供间接或直接的金融服

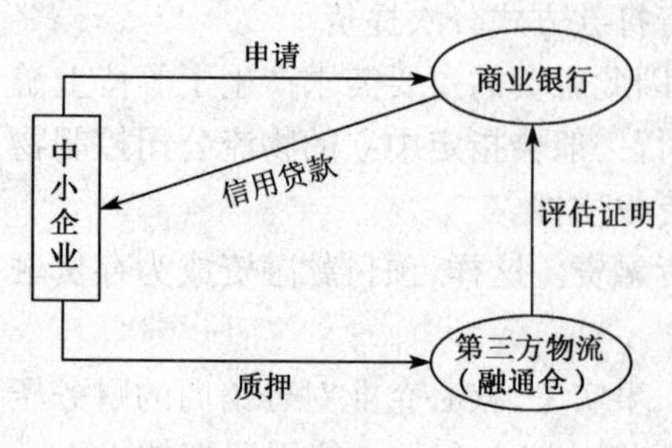

图 5-1　融通仓业务设计

务，以提高供应链的整体绩效。融通仓运作的基本原理是：生产经营企业先以其采购的原材料或产成品作为质押物或反担保品存入第三方物流开设的融通仓，并据此获得合作银行的贷款，然后在其后续生产经营过程中或质押产品销售过程中分阶段还款。第三方物流企业提供质押物的保管、价值评估、去向监管、信用担保等服务，为银行融资提供部分环节的操作代理。其业务设计如图 5-1 所示。

中小企业采用融通仓业务融资时，银行重点考查的是企业是否有稳定的存货、是否有长期合作的交易对象以及整个供应链的综合运作状况，并以此作为授信决策的重要依据。商业银行也可根据第三方物流企业的规模和运营能力，将一定的授信额度授予物流企业，由物流企业直接负责融资企业贷款的运营和风险管理，这样既可以简化流程，提高融资企业产销供应链的运作效率，同时也可以转移商业银行的信贷风险，降低经营成本。

从理论上讲，融通仓可以采取两种运作模式。

(1)质押担保融资。这一融资方式的过程如下：银行作为融资的提供方，第三方物流企业作为融通仓服务提供商，客户作为资金的需求方和质押物的提供方，三方签订融通仓融资合作协议；客户在合作银行开设专门账户，并成为融通仓服务提供商的会员企业。客户采购的原材料或待销售的产成品放入融通仓，形成质押，同时向银行提出贷款申请；第三方物流企业负责进行货物验收、价值评估及监管，并据此向银行出具动产质押证明文件；银行根据贷款申请和价值评估报告酌情给客户发放贷款；客户照常使用和销售其融通仓内产品；第三方物流企业在确保客户销售资金回笼至其在合作银行开设的回款账户的情况下予以放货；客户以其销售所得还贷。如果客户出现贷款违约，银行有权从质押物中优先受偿。这一运作方式对融资规模要求比较小、融资期限比较短、融资需求较为迫切或者对于原材料购入与产成品销售周期性较长、排产和销售季节性较强的企业较为适用。

阅读案例 5-3

民生银行的组合担保融资

2005 年，海关总署发布公告：自当年 10 月 1 日起，以进入国内市场为目的的进口汽车应直接在口岸海关办理进口报关、纳税等手续，保税区不得再存放以进入国内市场为目的的进口汽车。“落地完税”政策实施后，进口汽车到港后就必须交纳关税以及增值税、消费税（综合税费约 65% 左右），此举增加了经销商的资金成本，也为金融界提出了新课题。

当年 9 月某分行曾到 W 汽车交易市场洽谈合作，也草拟了“30% 保证金开立信用证，45% 税款融资，民生银行单车融资总额不超过完税车款 60%”整体合作方案，双方未能达成共识。分行相关业务部门多次研究讨论，发觉利用动产融资有可能展开合作，该分行立刻成立了由贸易融资评审中心、中小企业金融部、公司银行管理部、支行 B 组成的营销团队。该分行从进口汽车开证、到货、完税、监管等各环节风险入手，双方终于达成“双赢”共识，该方案原则是：在任何时点，信用证金额 = 在库质押车辆质押价值 + 保证金 + 质押存单。

该方案的特色在于突破传统的动产质押监管瓶颈，此次方案中设计出“自管仓库”模式，提单换仓单，实现无缝连接；使用"银关税费通"付税，防范缴税、报关、"两证"办理等环节的风险；监管每一辆汽车。

资料来源：根据民生银行网站(http://www.cmbc.com.cn)资料整理

(2)信用担保融资。银行根据第三方物流企业的规模、经营业绩、运营现状、资产负债比例及信用程度，授予第三方物流企业一定的授信额度，第三方物流企业再根据与其长期合作客户的信用状况，分解授信额度给自己的客户，并为客户向银行提供信用担保，同时以被担保企业存放在其融通仓内的货物作为反担保。这样一方面可简化贷款银行的贷款程序；另一方面也可给信用状况较好的企业提供更多、更便利的信用服务，第三方物流企业自身的信用担保风险也可得到控制。

2)保兑仓融资

保兑仓融资模式属于预付类融资，适用于卖方回购条件下的采购。在供应商(以下称卖方)承诺回购的前提下，融资企业(以下称买方)向银行申请贷款额度，以卖方在银行指定仓库的既定仓单为质押的，并由银行控制提货权。其基本业务流程设计如图5-2所示。

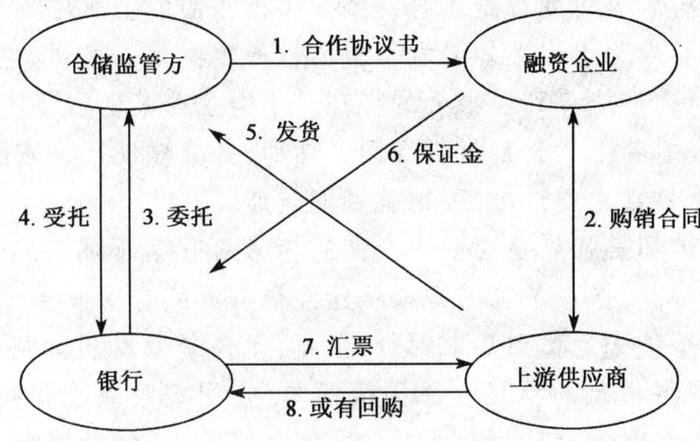

图5-2 保兑仓融资业务设计

保兑仓业务除了需要处于供应链中的上游供应商、下游制造商(融资企业)和银行参与外，还需要仓储监管方参与，主要负责对质押物品的评估和监管；保兑仓业务需要上游企业承诺回购，进而降低银行的信贷风险；融资企业通过保兑仓业务获得的是分批支付货款并分批提取货物的权利，因而不必一次性支付全额货款，可有效缓解企业短期的资金压力，实现融资企业的杠杆采购和供应商的批量销售。

3)应收账款融资

应收账款融资是以未到期的应收账款向金融机构办理融资的行为，其业务模式如图5-3所示。

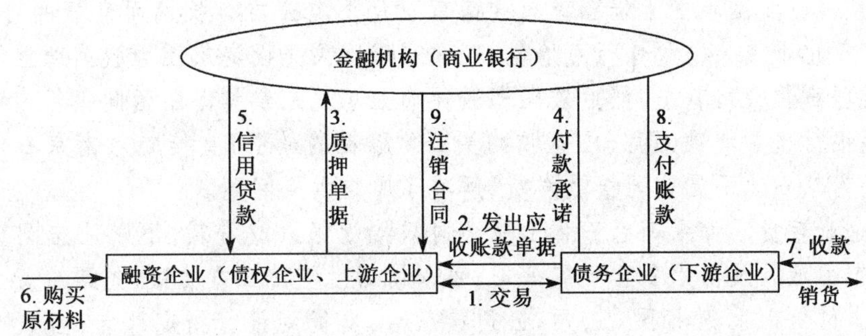

图5-3 应收账款融资业务设计

这种模式，一般是处于供应链上游的债权企业融资。债权企业、债务企业（下游企业）和银行都参与其中，债务企业在整个运作中起着反担保的作用，一旦融资企业出现问题，债务企业将承担弥补银行损失的责任。

另外，在商业银行同意向融资企业提供信用贷款前，商业银行仍要对该企业的风险进行评估，只是对下游企业的还款能力、交易风险以及整个供应链的运作状况关注的更多，而并非只针对中小企业本身进行评估。

应收账款融资，使得企业可以及时获得银行的短期信用贷款，不但有利于解决融资企业短期资金的需求，加快中小企业健康稳定的发展和成长，而且有利于整个供应链的持续高效运作。

阅读案例 5-4

深发展银行为宏图塑胶公司量身定制贷款方案

中小企业，是被银行“理性放弃”的市场。他们越需要钱却越贷不到款，这个怪圈似乎永难逾越。浙江宏图塑胶公司就曾是这样一家冲不出怪圈的企业。

浙江宏图塑胶公司专为上海某知名电器集团生产零配件。最近，它投资近 3 000 万元，完成基础生产线的建设，产能得到了很大的提高。下游企业某电器集团，由于家电出口量大增，已经和宏图塑胶公司签下了长期供货合同。然而，基础建设已将宏图塑胶的流动资金消耗殆尽，该公司急需原料款完成订单，否则就可能破产。

宏图塑胶的上下游都是强势企业——上游的南京石化某下属公司要求先款后货，下游的电器集团要求先货后款，挤占了宏图本来就已经很有限的流动资金。

等米下锅的宏图塑胶先后找到几家银行，但是，无论贷款材料如何齐备，未来前景描述的如何动听，也不能取得银行的信任。原因很简单：宏图塑胶缺乏银行认可的抵押物。另外，经营信贷产品的银行也考虑“规模效益”：贷款金额不大，贷款笔数却很多，很明显不如银行把钱贷给大企业，更能规避风险和取得更大的收益。

后来，深发展的供应链金融服务，解决了宏图塑胶公司的难题。和以往的银行关注点在于企业的静态经营不同，深发展把宏图塑胶放在一个动态的环境中和供应链整体中来考察——宏图塑胶的上游是什么企业，实力是否雄厚。宏图塑胶的下游是什么企业，实力如何。宏图塑胶的产品销售情况如何，一年订单有多少。宏图塑胶的困难在于它的上下游强势企业挤占了流动资金，但是，在深发展看来，宏图塑胶的优势也恰恰就在于此：其上下游企业虽然要求苛刻，但资本雄厚，信用度高。另外，宏图塑胶本身也有优势，产能较高，订单充足。按“预付类”、“应收类”和“存货类”三大类别，深发展为宏图塑胶量身定制了贷款方案。

1. 解决预付款之困。由于宏图塑胶和南京石化下属公司有长期而良好的合作关系，宏图塑胶、南京石化下属公司和银行可以签订三方协议，预先设定宏图塑胶为商业承兑汇票贴现代理人，代理石化公司背书，然后宏图塑胶凭商业承兑汇票和保贴函向银行申请贴现。贴现后，深发展银行将贴现款（即宏图塑胶购买石化原料的款项）直接转入南京石化下属公司的指定账户，南京石化下属公司接款发货，解决了原料供应问题。

2. 盘活企业存货。如果南京石化下属公司只接受银票或贷款，不愿让宏图塑胶代理贴现，深发展、宏图塑胶及南京石化下属公司，可以协商后签订三方协议，先票后货。深发展直接将原料款支付给南京石化下属公司，公司接款后，发货到银行指定地点，由银行指定的物流监管方进行 24 小时监管，形成存货质押融资。宏图塑胶每接一笔订单，交一笔钱给银行赎货,银行就指令仓储监管机构放一批原料给宏图塑胶,从而完成这一轮的生产。

3. 活用应收账款。如果下游的电器公司屡屡拖欠货款,宏图塑胶连赎货的流动资金都没有又该怎么办?宏图塑胶只要将应收款委托给深发展管理,深发展就可以根据这些应收账款的数额,给予宏图塑胶一个融资额度,宏图塑胶凭此额度可获得连续的融资安排和应收账款管理服务,无须提供其他保证或抵押担保。

只要宏图塑胶订单不断,这三种方式都可以长期执行,也就是说,宏图塑胶获得了一笔长期贷款。深发展提供的这笔资金,像新鲜的血液,使得宏图塑胶重获活力,销售收入持续增长。

之前财大气粗只跟大银行合作的电器集团发现,自己上下游的供应商、销售商都跟深发展合作,接洽之后,看到深发展对自己这样的进出口企业也有一整套结算理财解决方案,于是也顺理成章变成了深发展的客户。而南京石化下属公司,则成为深发展进入另一个链条——石化行业的突破口。

以这种独特的融资方式,对一个产业供应链中的单个企业或上下游多个企业提供全面金融服务,以促进供应链核心企业及上下游配套企业"产—供—销"链条的稳固和流转顺畅,并通过金融资本与实业经济的协作,构筑银行、企业和商品供应链互利共存、持续发展的产业生态。由于一条产业链上80%都是中小企业,普遍缺少资金,因此,中小企业不但是供应链金融主要的支持对象,也是银行"插进"产业链的突破口。

应收账款融资、保兑仓业务和融通仓业务分别以应收款、预付款和存货作为质押物为中小企业融资,处在任何一个供应链节点上的中小企业,都可以根据企业的上下游交易关系、所处的交易期间以及自身的特点,选择合适的融资模式以解决资金短缺问题。

资料来源:根据深发展银行网站(http://sdb.com.cn)资料整理

5.2 贸易融资业务开发

5.2.1 贸易融资概述

1)贸易融资的概念

供应链金融是各种不同的自偿性贸易融资产品有机组合或搭配使用而形成的综合解决方案。如果把供应链金融比喻成系统集成,贸易融资(包括货押、先票后货融资、应收账款融资等)就是其中各种各样的元器件。因此,供应链金融就是各种不同的贸易融资产品有机组合形成的综合解决方案。

根据《巴塞尔协议》(2004年6月版)第244条的定义,供应链金融是指在商品交易中,运用结构性短期融资工具,基于商品交易(如原油、金属、谷物等)中的存货、预付款、应收账款等资产的融资。对于这种融资,借款人除商品销售收入作为还款来源外,没有其他生产经营活动,并且在资产负债表上没有什么实质的资产,因此其本身没有独立的还款能力。这种融资的风险主要反映在融资的自偿性程度以及贷款人对交易进行结构化设计方面的技能,而不是借款人本身的信用等级。

综上所述,贸易融资是指对单一或一系列重复性交易的融资。通常,贸易融资贷款经常是自偿性的,即借款银行规定,所有销售收入首先归银行所有,余款才支付给借款企业。由于银行对该类交易能够严格控制,贸易融资通常比一般流动资金贷款风险更低。

2)贸易融资的特点

和传统流动资金授信相比,贸易融资具有以下几个特点。

(1)还款来源的自偿性。即通过操作模式的设计,将授信企业的销售收入自动导回授信银行的特定账户中,进而归还贷款或作为归还授信的保证。典型的产品比如保理,应收账款将按期回流到银行的保理账户中。

(2)操作的封闭性。即实施从出账到资金收回的全程控制,其间既包括对资金流的控制,也包括对物流的控制。典型的产品如动产抵(质)押授信业务,客户将授信资金专项用于采购原材料(银行直接代理客户支付给上游供货商),并将采购项下的货物直接抵(质)押给银行,以分次追加保证金的方式,分次赎出货物进行销售。

(3)贷后操作是风险控制的核心。即相对降低对企业财务报表的评价权重,在准入控制方面,强调操作模式的自偿性和封闭性评估,建立贷后操作的专业化平台,实施贷后的全流程控制。

(4)授信用途的特定化。即额度项下的每次出账都对应明确的贸易背景,做到金额、时间、交易对手等信息的匹配。

贸易融资业务不片面强调授信主体的财务特征和行业地位,也不是简单依据对授信主体的孤立评价作出信贷决策,而是注重结合真实贸易背景下的流程设计对风险控制的功用以及对企业违约成本的评估。因此,如果一家企业自身的实力和规模达不到传统的信贷准入标准,但是其上下游企业的实力较强、贸易背景真实稳定、银行能够有效控制资金流或物流,同样可能获得银行的贸易融资的支持。

以生产型企业单阶段生产周期的资金需求来看,融资需求可能发生在接受订单的同时,因为订单项下所需要的原材料采购预付款很可能超过了企业的自有资金。在此之后的生产阶段,企业一方面产生持有原材料等投入性库存,另一方面不断产生半成品和产成品库存。同时,企业还需要不断向原材料等供应商结清货款,资金需求继续上升,并达到整个周期的峰值。接下来,企业开始向下游发货,产生应收账款。随着应收账款的回流,企业的资金需求也随之回落。与这个过程相对应,银行融资的切入点分三个阶段,即采购阶段的预付款融资,生产阶段的存货融资,以及销售阶段的应收账款融资。

5.2.2 存货类

1)静态抵(质)押授信

静态抵(质)押授信是动产及货权抵(质)押授信业务最基础的产品。它是指客户以自有或第三人合法拥有的动产为抵(质)押的授信业务。银行委托第三方物流公司对客户提供的抵(质)押的商品实行监管,抵(质)押物不允许以货易货,客户必须打款赎货。

静态抵(质)押适用于除了存货以外没有其他合适的可质押物的客户,而且客户的购销模式为批量进货、分次销售。相对来说,静态抵(质)押授信是货押业务中对客户要求较苛刻的一种,更多地适用于贸易型客户。客户得以将原来积压在存货上的资金盘活,扩大经营规模。

对银行而言,该产品的保证金效应相对小于静态抵(质)押授信,但是操作成本明显小于后者,因为以货易货的操作可以授权第三方物流企业进行。

这里的风险主要集中在:①抵(质)押商品的市场容量和流动性;②抵(质)押商品的产权是否清晰;③抵(质)押商品的价格波动情况;④抵(质)押手续是否完备。

2)动态抵(质)押授信

动态抵(质)押授信是静态抵(质)押授信的延伸产品,它是指客户以自有或第三人合法拥有的动产为抵(质)押的授信业务,又称为“核定库存模式”。银行对于客户抵(质)押的商品价值设定最低限额，允许在限额以上的商品出库，客户可以以货易货。

该产品适用于库存稳定、货物品类较为一致、抵（质）押物的价值核定较为容易的客户。同时，对于一些客户的存货进出频繁，难以采用静态抵（质）押授信的情况，也可运用本产品。该产品多用于生产型客户。

对于客户而言，由于可以以货易货，因此抵（质）押设定对于生产经营活动的影响相对较小。特别对于库存稳定的客户而言，在合理设定抵（质）押价值底线的前提下，授信期间内几乎无须启动追加保证金赎货的流程，因此对盘活存货的作用非常明显。

这里的风险主要集中在：①货物价值必须易于核定，以便仓库等物流监管方操作；②以货易货过程中防止滞销货物的换入；③根据价格波动，随时调整最低库存临界线。

3）普通仓单质押授信

普通仓单质押授信是指客户提供由仓库或其他第三方物流公司提供的非期货交割用仓单作为质押物，并对仓单做出质背书，银行提供融资的一种银行产品。

这里的风险主要集中在：①出具仓单的仓库或第三方物流公司需要具有资质；②与仓单出具方约定挂失和补办仓单的流程；③可质押的仓单必须具有可流通性和独立价值等特点，必须在仓单上设置出质背书。不宜接受以出货单、存货单等类似凭证进行的质押；④与仓储企业签订协议中约定，仓储企业对贷款企业留置权的行使，不应优先于质权。

4）标准仓单质押授信

标准仓单质押授信是指客户以自有或第三人合法拥有的标准仓单为质押的授信业务。标准仓单是指符合交易所统一要求的、由指定交割仓库在完成入库商品验收、确认合格后签发给货主用于提取商品的、并经交易所注册生效的标准化提货凭证。

5.2.3 预付款类

1）先票（款）后货授信

在实践中，一些热销产品的库存往往较少，因此企业的资金需求集中在预付款领域。这种情况下，作为存货融资的进一步发展，先票（款）后货是指客户（买方）从银行取得授信，在交纳一定比例保证金的前提下，向卖方支付全额货款；卖方按照购销合同以及合作协议书的约定发运货物，货物到达后设定抵（质）押，作为银行授信的担保。

对客户而言，由于授信时间不仅覆盖了上游的排产周期和在途时间，而且到货后可以转为库存融资，因此该产品对客户流动资金需求压力的缓解作用要高于融资。其次，在银行资金支持下的大批量采购，客户可以在交易时从卖方处得到折扣优惠，而且有可能提前锁定商品采购价格，防止涨价的风险。对银行而言，可以利用贸易链条的延伸，进一步开发上游核心企业的业务资源。

主要风险集中在：①对上游客户的发货、退款和回购等履约能力要进行考察；②在途风险的防范和损失责任的认定；③到货后的交接入库环节。

2）担保提货（保兑仓）授信

一些特殊的贸易背景下，比如，客户为了取得大批量采购的折扣，采取一次性付款方式，而厂家因为排产问题无法一次性发货；或者，客户在淡季向上游打款，支持上游生产所需的流动资金，并锁定优惠的价格，然后在旺季分次提货用于销售。再者，客户和上游都在异地，银行对在途物流和到货后的监控缺乏有效手段。这时就需要担保提货的方式开展业务。

担保提货是先票（款）后货的变种，它是在客户（买方）交纳一定保证金的前提下，银行贷出全额货款供客户向核心企业（卖方）采购，卖方出具全额提单作为授信的抵（质）押物。随后，客户分次向银行提交提货保证金，银行再分次通知卖方向客户发货，卖方就发货不足部分的价值承担向银行的退款责任，该产品又被称为卖方担保买方信贷模式。

该业务具有很多优势。对客户而言，大批量的采购可以获得价格优惠，淡季打款、旺季销售的模式有利于锁定价格风险。此外，由于货物直接由上游监管，省去了监管费用的支出。对卖方而言，可以实现大笔预收款，缓解流动资金瓶颈。同时，锁定未来销售，可以增强销售的确定性。对银行而言，将卖方和物流监管两个变量合二为一，简化了风险控制的维度。同时，引入卖方发货不足的退款责任，实际上直接解决了抵（质）押物的变现问题。此外，该产品中核心企业的介入较深，有利于银行对核心企业自身资源的直接开发。

主要风险集中在：①核心企业的资信和实力的评估；②防止核心企业过度占用客户的预付款，并挪作他用；③银行与核心企业之间操作的有效对接。

3）进口信用证项下未来货权质押授信

进口信用证项下未来货权质押授信，是指银行根据进口商（客户）的申请，在进口商根据授信审批规定交纳一定比例的保证金后，为进口商开出信用证，并控制信用证项下单据所代表的货权来控制还款来源的一种授信方式。货物到港后可以转换为存货抵（质）押授信。

该产品特别适用于进口大宗商品的企业、购销渠道稳定的专业进口外贸公司，以及需要扩大财务杠杆效应、降低担保抵押成本的进口企业。对客户而言，在没有其他抵（质）押物品或担保的情况下，只需交纳一定的保证金，即可对外开证采购，客户可利用少量保证金扩大单次采购规模，且有利于获得优惠的商业折扣。

对于银行来说，由于放弃了传统开证业务中对抵（质）押和保证担保的要求，扩大了客户开发半径。同时，由于控制了货权，银行风险并未明显放大。

这里风险主要集中在：①关注不同类型的单证对货权控制的有效性；②根据不同情况，为在途运输购买以银行为受益人的保险；③需做押汇的情况下，关注从到货到入仓监管之间衔接环节的货权控制；④做好客户弃货情况下的应急预案。

4）国内信用证

国内信用证业务是指在国内企业之间的商品交易中，买方（客户）申请开出符合信用证条款的单据，银行承诺凭此单据支付货款。

对于银行而言，国内信用证相比于先票（款）后货以及担保提货，规避了卖方的信用风险，对货权的控制更为有效。同时，银行还能够获得信用证相关的中间业务收入。

这里风险主要集中在：①货权单据选择的法律有效性；②跨行操作关注不同银行间国内信用证管理办法的差别；③与交易双方明确争端解决的参考制度和办法。

5）附保贴函的商业承兑汇票

附保贴函的商业承兑汇票实际上是一种授信的使用方式。但是在实践中，由于票据当事人在法律上票据责任的存在，构成了贸易结算双方简约而有效的连带担保关系，因此可以当作独立的产品使用。

对交易双方来说，该产品有如下特点：①免除了手续费，且贴现利率一般而言低于贷款，因此融资成本较低；②由于银行保贴函的存在，对出票方形成了信用增级；③不用签署担保合同等其他文件，使用简便。

对银行来说，该产品有如下特点：①可以控制资金流向；②收票人贴现时才产生银行的风险资产；③票据责任形成的隐形连带担保，降低了操作风险和操作成本。附保贴函的商业承兑汇票可以从两个层面来理解其产品特性:当银行授信给出票人时,是一种预付款融资;当银行授信给收票人时,即给予一个贴现额度,则是一种应收账款融资,即票据化保理。

5.2.4 应收账款类

1)国内明保理

国内明保理是指银行受让国内卖方(客户)向另一同在国内的买方销售商品或提供服务所形成的应收账款,在此基础上为卖方提供应收账款账户管理、应收账款融资、应收账款催收、承担应收账款坏账风险等一系列综合性金融服务。若应收账款转让行为通知买方并由买方确认则为明保理。该产品适用于有应收账款融资需求或优化报表需求的国内卖方。同时,买方的商业信用和付款实力应该符合银行的相关要求。对于客户而言,转让应收账款可以获得销售回款的提前实现,加速流动资金的周转。此外,客户无须提供传统流动资金贷款所需的抵(质)押和其他担保。在无追索权的转让模式下,客户不但可以优化资产负债表,缩短应收账款的周转数,还可以向银行转嫁商业信用的风险。

对银行而言,受让应收账款相当于获得了一个自偿性的还款来源,将客户业务与客户的购销活动自然对接,更易于为客户所接受,同时也创造了向客户下游延伸业务触角的渠道。此外,银行还可以获取保理费等中间业务收入。

这里风险主要集中在:①买卖双方的贸易背景的真实性;②应收账款的存在性和可实现性;③应收账款转让手续的合法性、有效性。

2)国内暗保理

除了明保理对客户带来的好处之外,暗保理手续更为简便。而且,由于不需要通知买方和要求买方确认,对于一些不愿意向买方披露自己融资信息的客户,或由于买方过于强势而不愿配合银行要求的相关手续的情况,暗保理的方式特别适用。

除了明保理产品的风险点外,暗保理业务风险还集中在:①由于买方没有确认应收账款债权,因此需要其他认定方式;②应收账款是否存在不可转让的特别约定;③应收账款是否已经转让给第三方。

3)国内保理池融资

国内保理池融资是指将一个或多个国内的不同买方、不同期限和金额的应收账款全部一次性转让给银行,银行根据累积的应收账款余额给予融资。该产品适用于交易记录良好且应收账款余额相对稳定的中小企业。对客户而言,在应收账款特定化、一对一的保理中,对象分散、发生频繁、期限不一致的应收账款常常无法获得融资,而保理池的方式对每个买家采用一次性转让通知的方式,不仅简化了手续,而且充分挖掘了零散应收账款的融资功效。对银行而言,同样简化了操作手续、降低了操作成本。同时,银行利用这一产品锁定所有销售回款回笼到本行,可以获得最大化的结算存款沉淀。

本产品的风险控制要点在于:①要建立高效率的应收账款管理系统,对客户的销售回款情况进行监控;②要设置保理池的结构化比例限制;③要规定应收账款入池的有效单据要求,保证应收账款的真实性。

4)票据池授信

票据池授信业务是银行向客户提供的票据托管、委托收款、票据池授信等一揽子结算、融资服务。票据池授信是指客户将收到的所有或部分票据做成质押或转让后,纳入银行授信的资产支持池,银行以票据池余额为限向客户授信。票据池授信包括票据质押池授信和票据买断池授信。

本产品适用于票据流转量大、对财务成本控制严格的生产和流通型企业,同样适用于对财务费用、经营绩效评价敏感并追求报表优化的大型企业、国有企业、上市公司。

对客户而言,票据池业务将票据保管、票据托收等工作全部外包给银行,减少了客户自己保管和到期托收票据的工作量。而且,票据池融资可以实现票据拆分、票据合并、短票变长票等效果,解决了客户票据收付过程中期限和金额不匹配的问题。

对银行而言,通过票据的代保管服务,可以吸收票据到期后衍生的存款。而以银行承兑汇票作为质押的票据承兑,是一项低风险的资产业务。该产品的风险在于银行对票据真实性的查验,须防止假票、克隆票等,此外还要实施严格的金额与期限控制、台账管理。同时,票据池融资的基础应该以银行承兑汇票为主,对商业承兑汇票要谨慎接受。

5)出口应收账款池融资

出口应收账款池融资,是指银行受让国际贸易中出口商(客户)向国外进口商销售商品所形成的应收账款,并且在所受让的应收账款能够保持稳定余额的情况下,结合出口商主体资质、经营情况、抗风险能力和应收账款质量等因素,以应收账款的回款为风险保障措施,向出口商提供融资的短期出口融资业务。

本产品适用于经常性发生出口贸易、具备一定主体资质和出口业务规模的中小企业,此类企业须拥有优良的出口收汇记录,保持稳定的应收账款规模,且出口融资需求旺盛,银企配合意愿强。

对客户来说,将连续、多笔、单笔金额较小的应收账款汇聚成“池”,整体转让给银行,可以将分散的应收账款资源集中起来发挥作用,向银行申请融资,补充流动资金不足。出口应收账款包括出口商采取赊销(O/A)、托收(D/P 和 D/A)、信用证(L/C)等多种结算方式产生的应收账款。

这里风险主要集中在:①对池结构中应收账款应实行上线管理,交易对手应符合分算的原则;②原则上入池的应收账款项下的出口商业单据寄送环节也应由授信银行操作;③对进出口商之间的支付习惯、结算记录以及客户配合银行操作的意愿等要有一定了解。

6)出口信用险项下授信

出口信用险项下授信是指已投保出口信用保险的客户将赔款权益转让给银行后,银行向其提供短期资金融通,在发生保险责任范围内的损失时,按照保险公司的相关规定以及保险单规定理赔后应付给客户的赔款,直接全额支付给融资银行的业务。

该产品适用于出口到高风险地区或向不了解的进口商出口的情况下购买了出口信用保险的客户,且特别适合采用赊销方式进行结算的客户。

对客户而言,该产品填补了在出口发货与收汇期之间的现金流断层。同时,一些地方政府还对投保出口信用险的企业提供保费补贴,客户在额外支出有限的前提下,大大降低了收汇风险。

对银行而言,该产品规避了来自进口商的信用风险,收汇风险和贷款损失风险也随之降低。此外,根据银监会的批复,贷款银行在计算资本充足率时,中国信保提供政策性信用保险的贷款的风险权重为0;而在进行贷款分类时,中国信保承保的贷款逾期超过90天但仍在合同规定的理赔等待期内的,可视为正常贷款。这里风险主要集中在:①关注客户出口正常收款的汇路是否指向授信银行;②注意保险免赔条款可能对授信回收带来的影响;③注意赔款转让协议中,应约定保险公司对保单责任范围内发生的赔款负责。

5.3 业务模式创新

随着我国产业结构、贸易结构、企业结构的变化，供应链金融的具体模式也会发生一些变化。如国际贸易赤字中的信用证结算方式正在逐步被赊销方式所取代，一些与之相适应的创新应收账款融资产品将不断出现。而随着我国大宗商品特别是原材料进口量的不断增长，基于进口商品及其加工过程的供应链金融产品会更加丰富。

在我国供应链金融业务的实践中，围绕着银行、物流企业、借方企业三方主体，商业模式正在不断地发生演化。具体表现在：发放贷款方由单纯的商业银行向银行、担保机构、保险机构等联合体方向发展；物流企业由单纯的拥有仓库资产的企业向第三方物流企业、中介管理公司、特许连锁经营方向发展；借方企业则由流通企业向流通、生产企业的更广范畴发展。由于掌握着大量的历史和实时的物流信息，物流企业参与质押融资业务后，成为联结中小企业与金融机构的综合性服务平台。现实中，金融机构与物流企业的合作关系在不断加强和深化，有物流企业参与的、新型的中小企业投资机构和信用担保及服务体系正在建立。

供应链金融业务今后的发展方向是向更深入的供应链金融服务发展，主要发展趋势和创新思路体现在如下方面。

5.3.1 基础模式创新

在供应链金融的创新模式中，金融机构（如银行）往往起着重要的作用，甚至是供应链金融服务的发起者，或者与3PL企业共同提供金融物流服务。在创新模式中，其一是前向供应链金融服务；其二是后向供应链金融服务。

1）前向供应链金融

前向供应链金融主要是指资金不足的企业与供应链上游企业、银行或者银行和3PL企业的联盟之间的协作，共同解决供应链资金不足的问题。在前向供应链金融中，上游企业往往是资质较好、信誉较好、资金较充足的企业。这里最典型的为“厂商银”模式。

所谓“厂商银”模式是指商品经销商从生产厂家购买货物时，提前向银行存入部分价格风险保证金（一般为20%～30%），银行代经销商支付货款，然后生产商以银行为收货人向指定的仓库发货，货物到仓库后由第三方物流公司代银行验收并进行质押监管。企业归还银行借款，银行释放相应比例的商品提货权给借款人，直至保证金账户余额等于未偿借款余额。

该模式多用于以预付款方式购买商品的国内贸易结构中，采用的金融工具多为银行承兑汇票和国内信用证。厂商银模式涉及银行、生产厂家、经销商、物流监管公司四方，从风险控制角度，生产厂家按合同要求交付合格商品的履约能力、物流监管公司的监管能力和质押商品的销售变现能力非常重要。因此实践中该融资模式多围绕大宗商品重点生产企业，对其经销商提供集中融资。在该模式中，一些生产厂家为吸引银行对其经销商进行融资，还承诺在经销商不能归还融资时可以对质押商品进行回购，从而锁定了银行面临的商品价格下跌风险，扩大了银行可进行融资的商品种类。

目前，“厂商银”模式在钢材、汽车、家电、化肥、纸品、建材等大宗商品领域具有广阔的市场空间。

阅读案例5-5

厂商银模式

上海K汽车销售有限公司成立于2001年，主要经营汽车销售、汽车零配件销售等，公司所代理的汽车品牌为上海通用别克系列以及上海大众所有款中的高档汽车，每年销售量在2 000辆左右。

K公司2005年实现销售收入2.17亿元，实现利润211.52万元；2006实现销售收入3.77亿元，业务稳步发展。公司自2006年民生银行首次动产质押授信发放后，其总资产、流动资金及销售收入大幅度提高，但2006年12月底应收账款及其他应收款大幅度增加，销售毛利较2005年有所下降，同时公司负债2007年4~5月集中到期，故公司整体风险承载能力一般。

上海通用汽车有限公司对其经销商实行了定量管理，也就是将更多的车辆库存反映在了经销商的账面上。上海通用所有的经销商均出现了不同程度的资金短缺现象。上海通用要求经销商在六周前将订单提供给该公司，并在六周后全款支付提车，因此K公司存在资金缺口。每年春节即将来临之时，K公司将迎来更大的购车高峰，故在春节前公司将大量准备库存，因此特向民生银行申请增加授信额度。

民生银行关注到K公司负债偏高且账面反映的盈利能力较弱，自身抗风险能力较低，短期偿债能力较弱，因此设计新增K公司2 000万元银承额度，专项用于厂商银模式下开立银行承兑汇票(先票后货)，担保方式为30%保证金+汽车合格证监管+汽车质押+现场驻人+个人担保，单笔银票期限不超过2个月，银票收款人限定为上海通用汽车有限公司。

从汽车行业整体来看，目前油价高、汽车价格大幅下降对汽车生产和经销行业的销售产生不利影响。各汽车生产商出于降低库存的要求，加大对汽车经销商销售额的指标，从而加大汽车经销商的销售压力，行业竞争激烈，汽车经销商的利润空间进一步减小。

而K汽车销售有限公司资产规模不大，有效资产较少，短期偿债能力较弱；近年来年初公司未分配利润一直为负，且从账面上看盈利能力表现较弱，且通用公司对K公司的返利以车辆形式实现增加了公司的销售压力，公司承贷能力有限。因此，必须通过民生银行成熟的厂商银模式控制企业的物流，"保证金+汽车合格证监管+汽车质押+现场驻人+个人担保"的综合方案来获取授信额度。

资料来源：根据民生银行网站(http://www.cmbc.com.cn)资料整理

2)后向供应链金融

在前向供应链金融中，上游企业往往是资质较好、信誉较好、资金较充足的企业。银行往往是供应链金融业务的组织者。在后向供应链金融服务中，最典型的是实践中基于应收账款的融资。该模式主要包括质押融资和保理两种方式。这里，银行更关注于融资企业与其下游企业的购销合同和相关应收账款单据的真实可靠性和下游企业的偿付能力。

(1)出口贸易中信用证融资。这里是指出口企业在已签订购销合同的条件下，以履行该合同产生的应收账款为担保和基本还款来源的融资方式。根据结算方式的不同有赊销(O/A)、承兑交单(D/A)项下的出口发票融资、信用证结算项下的出口打包贷款等。这里，银行最关注的是借款企业根据合同要求生产、交付商品的履约能力和买方按期支付货款的能力。因此银行对物流的监控主要是企业按照合同生产、交付等履约情况，而不再是商品本身变现价值。对于买方付款的风险，主要通过选择信用良好的大型买家(或者接授信用高的银行开出的信用证)，在一些情况下也可以辅之以出口信用方担保措施来规避。

(2)下游企业应收账款信用融资。资金不足的企业，利用来自下游企业延迟支付的应收账款作为信用凭证，以获得银行的融资服务。

阅读案例5-6

家乐福供应商小额贷款批量授信方案

本方案设计基于家乐福与其供应商之间长期稳定的供货关系，月平均应收销货款及送货、开票、付款各环节控制等关键因素，采用"应收账款监管 + 不动产抵押"的操作模式，由民生银行进行批量操作。

1. 单个授信客户准入条件

(1)与家乐福有3年(含)以上合作关系；

(2)年销售额超过500万元；

(3)其他条件。

2. 单个授信额度的设定

(1)根据供应商提供的不动产抵押净值及该供应商连续12个月月均应收货款余额两项因素综合考虑给予授信额度，原则上单个额度最高为不动产抵押净值的120%；

(2)授信品种为流动资金贷款，期限一年；

(3)由供应商法定代表人或实际控制人提供个人担保。

3. 流程控制措施

(1)供应商与民生银行签订《非融资型应收账款管理协议》，确认民生银行对供应商与家乐福之间发生的应收账款进行管理；

(2)供应商向家乐福提交《变更账号通知书》；

(3)民生银行定期对供应商的送货环节、送发票及家乐福内部发票传递环节、家乐福回款资金等进行跟踪。

在该模式中，民生银行充分利用供应商与家乐福长期的供货关系，通过动态掌控企业物流、现金流的方式，批量解决供应商的融资需求。但该模式也存在一些不足，主要表现在：只能为小企业融资(单笔融资不超过50万元)，规模难以有效扩大；信用基础、物流控制和市场开拓过分依赖，存在一定的风险集中问题。

资料来源：根据民生银行网站(http://www.cmbc.com.cn)资料整理

5.3.2 高级模式创新

在控制结构中，3PL可以通过为供应商代销产品或者为零售商提供替代采购等方式，为资金不足的供应商提供产品，同时通过延迟支付的方式(通常情况是邀请资金不足的供应商提供部分的保证金)，为资金不足的零售商提供间接的融资服务。当然，3PL企业还为整个供应链提供传统的第三方物流服务。这种高级运作模式不仅提供物流和金融集成式服务，还为供应链中的供应商或3PL企业与零售商之间提供了风险共担的合作机制，部分协调了供应链的收益。

下面以中国储运公司替代造纸厂采购原材料的供应链金融服务为例，说明供应链金融高级运作模式，如图5-4所示。

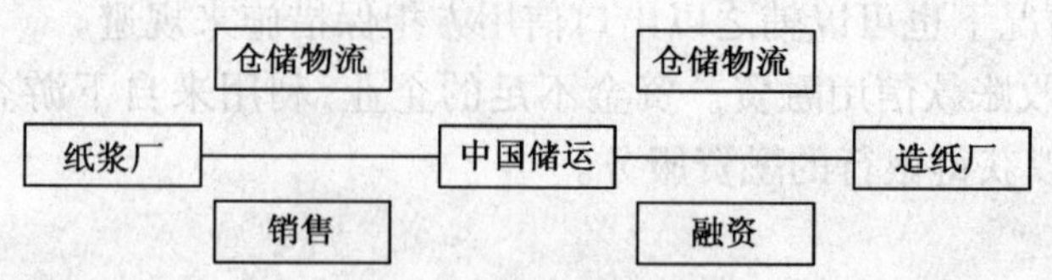

图 5-4　中国储运公司替代采购

一般情况下,由中国储运公司代替造纸厂向供应商——纸浆厂采购货品并获得货品所有权,然后根据造纸厂提交保证金的比例释放货品。在中国储运公司的采购过程中,通常向纸浆厂开具商业承兑汇票并按照造纸厂指定的货物内容签订购销合同。中国储运公司同时负责货物运输、仓储、拍卖变现,并协助客户进行流通加工和销售。

在上述例子中,中国储运公司扮演了三种不同的角色,即供应链、物流服务提供商和金融机构。由此可见,中国储运公司在上述供应链中将提供相对应的三种扮演角色的激励,其提供的供应链金融服务将包含着三种类型的收益:第一,是供应商的销售收益;第二,是物流服务的收益;第三,是金融服务的收益。显然,为提高收益,中国储运公司可以根据供应链协调理论,部分协调供应链的整体收益,不仅提升自身的竞争力,同时也提高了所服务的供应链的收益和竞争力。

在供应链金融的核心模式中,供应链金融服务的提供商除了 3PL 企业外,还可以是其他类型的企业,例如贸易公司(同时也提供物流的集成服务)。本案例的供应链金融提供商是一家贸易投资管理公司,其为医疗设备供应链提供了物流和金融集成式服务,为银行和企业合作构建服务平台。其运作模式如图 5-5 所示。

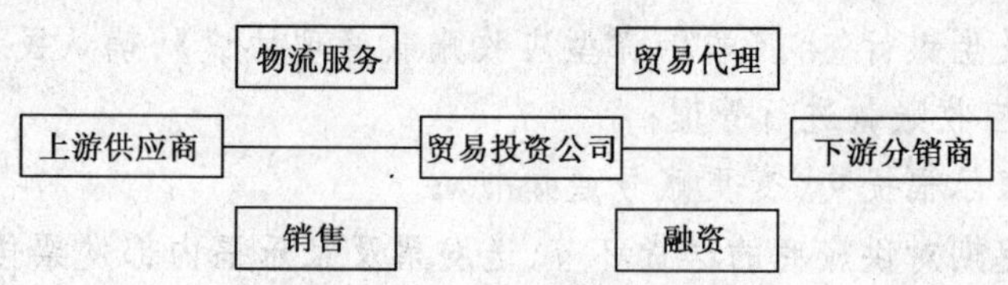

图 5-5　贸易投资公司替代采购

一般情况下,由贸易投资公司与外贸公司合作,以信用证方式向上游供应商支付货款,间接向下游分销商融资;上游供应商把货物送至贸易投资公司的监管仓库,贸易投资公司控制货物的所有权;根据保证金比例,按指令把货物转移给下游分销商。

如图 5-5 所示,贸易投资公司(供应链金融服务提供商)主要提供三种服务:

(1)贸易代理服务,帮助医疗设备供应链下游分销商向上游供应商采购物品;

(2)金融服务,包括委托贷款、库存融资、应收(应付)账款管理、担保、信用证保险代理等;

(3)物流服务,包括货代、仓储和配送等。

贸易投资公司融通仓服务的出现,有效地降低了供应链物料流、信息流和资金流的成本,有效地提高了供应链管理的效率,使得医疗设备供应链各个参与方获得“共赢”的局面。例如,下游分销商获得高质量的物流和金融服务,提高销售收益;上游供应商不仅扩大销售额,而且账款回收期短,降低了风险;贸易投资公司增加利润源,提高了市场竞争力;银行机构在风险进一步降低的基础上,扩大业务规模和收益。

第6章　基于连带责任的供应链金融

【导入案例】

北京市北益电工有限公司的供应商融资

1. 企业基本情况

北京市北益电工有限公司注册资本人民币800万元，总资产约1 200万元，销售额2 000万元。企业性质为中外合资企业，由北京北达开关设备有限公司(占70%)和香港丽源投资有限公司(占30%)共同投资，公司主要业务为北京北达开关设备有限公司提供电源开关设备基座。

2. 银行切入点分析

某银行了解到，北京北达开关设备有限公司是非常优质的客户，单纯切入该公司非常困难。北京市北益电工有限公司由于刚成立，公司销售规模偏小，现金流较为紧张，北京北达开关设备有限公司非常希望北京市北益电工有限公司能够尽快扩大产能，满足其配件采购需要。某银行经过分析后决定可以尝试由北京北达开关设备有限公司提供连带责任保证，向北京市北益电工有限公司提供一定的流动资金。

3. 银企合作方案

某商业银行为北京市北益电工有限公司提供流动资金贷款500万元，全部用于公司原材料的采购。通过该方案，该银行成功切入北京北达开关设备有限公司，并开展了发行银行卡、代发工资、办理贴现等业务，实现了较好的综合收益效果。

资料来源：由百度空间博客(http://hi.baidu.com/cxg3390/blog)整理

6.1　基于连带责任保证的方式

6.1.1　连带责任保证的法律含义

根据我国相关法律规定：当事人在保证合同中约定保证人与债务人承担连带责任保证的，保证人与债务人分别就同一债务对债权人承担全部清偿义务，称为连带责任保证。也就是说，因合同关系产生的债务，债务人到期不履行时，债权人既可要求债务人清偿，也可要求保证人清偿，还可同时向债务人与保证人主张权利。债务人和保证人对债权人履行债务并无顺序和主次之分。例如，乙借给甲10万元，由丙作保证人，并明确承担连带责任。到了还款期后，甲由于种种原因未能还款，在这种情况下，作为债权人乙既可以直接要求甲还款，也可以直接要求丙承担还款的责任，丙对于乙的要求不能拒绝。可见，连带责任保证是一种责任较重的保证方式。保证人承担连带责任，加重了保证人的负担，对债权人却更加有利。

1)连带责任保证的法律约定

(1)连带责任保证是由保证人与主债权人在保证合同中约定和法律推定的保证方式。作为保证方式的一种，当事人应当在保证合同中明确约定连带责任保证方式。但《中华人民共和国担保法》规定,如果保证人与保证权人对连带责任保证和一般保证没有做出约定或者约定不明确的,推定为连带责任保证。

(2)由保证人与主债务人对主合同债务承担连带责任。这意味着保证人与主债务人对主合同债务均负有全部清偿的责任。

(3)主债务人在债务履行期届满没有履行债务时由保证人承担保证责任。在连带责任保证的情况下,一旦主债务人到期不履行主合同债务,债权人既可以要求主债务人清偿债务,也可以要求保证人承担保证责任。

2)一般保证与连带责任保证的区别

保证人承担连带保证责任,是以放弃先诉抗辩权为前提的。因此,是否具有先诉抗辩权,是一般保证与连带责任保证最重要的区别;保证人代被保证人承担债务,则是两种保证的相同之处。一般保证人放弃抗辩权或不得行使抗辩权时,一般保证实际也就转变成了连带责任保证。

实践中,由于大量保证合同条款、内容笼统,保证承诺书过于简单,出具保证的当事人法制观念不强,难以做到文字严谨等,所以保证责任约定不明确的现象较多。一般而言,当出现对保证理解不一致时,应当作对债权人有利的解释。

6.1.2 连带责任保证方式的供应链金融

该方式是指以核心企业(或厂商)为风险控制主体,以下游经销商与核心企业签订真实贸易合同将产生的应付账款为基础,通过核心企业的连带责任保证,为下游经销商提供的定向用于支付核心企业采购的融资。当供应商或经销商到期不履行与银行签署的还款协议时,核心企业无条件代为归还。在此方式下,银行可不监控物流。

1)业务流程

一般情况下,由主办银行来为核心企业核定授信额度,核心企业提交经销商名单,并承诺愿意为名单中列明的经销商在银行的融资提供连带责任保证。协办银行应经销商申请,根据经销商与核心企业签订的《购销合同》,在核心企业提供连带责任保证项下,为经销商办理银行承兑汇票,专项用于向核心企业支付货款。

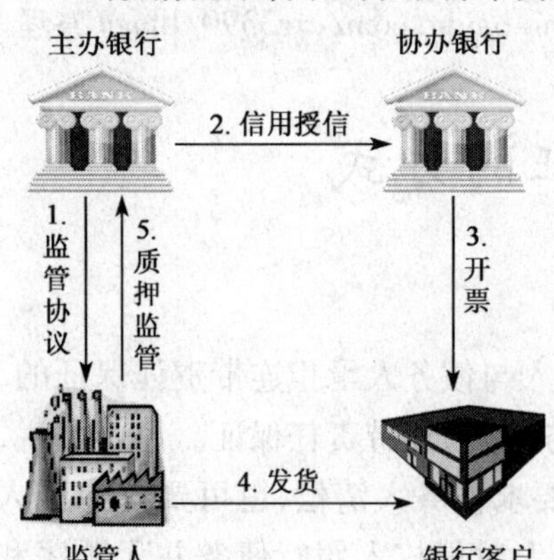

图 6-1 连带责任保证项下供应链融资业务流程图

主办银行与协办银行均为某家银行的分支机构。通常,核心企业所在地的银行分支机构承担主办银行的角色,而经销商所在地的银行分支机构承担协办银行的角色。这一业务模式在电器、机械等行业中被广泛使用。通常,银行需在与核心企业签署保证协议后,向供应商提供融资,如图6-1所示。

2)适用范围

该方式多用于大型国有工业企业集团、大型外资制造企业集团,这些企业客户对自己占有相当股份的重要零部件供应商提供担保。例如汽车、电力设备、电信设备等的制造企业和其配套企业。另外一种情况是经销商多与大型核心客户有着长期合作关系,这些经销商规模适中、经营管理完善、销售量较大,且为当地总代理商。例如家电、计算机、手机等制造企业和其经销商。

6.2 回购担保方式

回购担保是指核心企业(生产厂商)将经销商在银行承兑汇票到期时未能售出的库存物资进行回购,并将回购资金交予银行用于偿付到期银行承兑汇票项下垫款的行为。回购担保不属于任何一种担保方式,因其实质上是对物权而非债权的担保。同时,回购担保的实现也是有特定条件的,介于担保与售后回购之间的,是在按揭贷款回购担保协议框架下实现的销售行为,虽然有售后回购和《中华人民共和国担保法》意义下担保行为的某些特征,但三者之间却有着较为本质的区别。

阅读案例6-1

汽车经销的见证回购担保

汽车经销领域的见证回购担保,就是汽车制造商将经销商在银行承兑汇票到期时未能售出的库存车(以汽车合格证形式)进行回购,并将回购资金交予银行,用于偿付到期银行承兑汇票项下垫款的行为。见证回购担保在汽车经销领域的盛行不是偶然的,是银行、汽车制造商和经销商三方共同利益的产物。

1)对银行来说

在日益火爆的汽车市场,传统的信贷产品已不能吸引资金充裕的汽车制造商;而为其中游经销商和下游终端用户提供资金支持以帮助其销售,从而稳固和扩大其市场份额成为银行提供汽车金融服务的主要内容。面对经销商普遍规模小、实力差的实际情况,银行寻求汽车制造商的担保支持成为必然,银行的信贷风险就在于经销商在承兑汇票到期前不能将汽车卖出而导致银行对外垫款,虽然银行能够以控制汽车合格证等手段控制物权,但依然要面对处置库存车变现归还垫款的难题。这时汽车制造商的回购担保使银行摆脱了处置汽车这一其并不擅长的领域,因此受到银行的普遍欢迎。

2)对汽车制造商来说

经销商融资渠道的扩大、资金实力的增强必然会实现其产品促销,而要求制造商为经销商提供《中华人民共和国担保法》中规定的保证担保是厂商不愿意接受的。因为一方面制造商表外或有负债会大大增加(上市公司要公布对外担保信息);另一方面制造商要承担经销商的道德风险、违约风险等,这些就不在它们的能力控制范围之内了。而回购担保是对汽车产品实物的购回,这一方面体现了汽车制造商对其产品的信心、对其自身调剂能力的信心;另一方面也防止由非专业人士处置汽车产品导致市场价格被扰乱等混乱局面。同时,由于回购担保不属于《中华人民共和国担保法》中规定的担保方式,因此汽车制造商不必将其视作有负债。

3)对汽车经销商来说

由于汽车经销商普遍存在着成立时间短、规模小、实力弱等问题,以往完全以现金方式向汽车制造商购车大大制约了其销售能力。有了汽车制造商的回购担保,使经销商能够从银行取得信用额度,扩大销售正是其求之不得的。

见证回购担保方式涉及的当事人主要包括汽车制造商、经销商、主办银行、协办银行和协调银行。其中,主办银行是指为汽车制造商核定回购担保额度并对该额度进行管理的银行分支机构;协办银行是指为经销商具体提供融资服务的银行分支机构;协调银行一般由银行总行承担,负责协调主办银行与协办银行之间的业务事宜。

在业务实践中，一般以销售金融服务网络的方式运行。由汽车制造商选择和推荐信誉良好、市场开拓能力强的经销商加入该销售金融服务网络，主办银行将经销商名单报协调银行审核后，通知各协办银行，并将审核结果书面告知汽车制造商。加入汽车销售金融服务网络的经销商原则上应在协办银行开立基本账户，特殊情况可开立一般结算账户。

业务的基本流程分为三个步骤：第一步，主办银行或协调银行营销汽车制造商，与汽车制造商达成建立汽车销售金融网络的意向，并签署相关协议；第二步，汽车制造商与经销商按照汽车制造商商务政策签订汽车买卖合同，约定货款以协办银行出具的银行承兑汇票支付。经销商委托汽车制造商将该买卖合同项下的汽车合格证原件直接送至协办银行用作抵押；第三步，协办银行向经销商提供银行承兑汇票服务。

资料来源：根据网站(http://www.14eblu.com.cn)资料整理

6.2.1 见证回购担保

1)含义

见证回购担保是指核心企业对经销商未售出库存货物进行全数回购，回购价格按照原始发票价格，回购金额应当覆盖银行授信风险敞口余额，回购标准是仅提交物权凭证，无论库存货物实物是否实际移交。物权凭证必须由签发人直接移交商业银行。

见证回购担保在汽车经销行业实践较多，此外这种融资方式适合于煤炭、铁矿石、钢铁、有色金属等贸易商。

在见证回购担保方式下，主要采用两种融资工具：一种是银行承兑汇票；另一种是封闭贷款。对于前者，汽车经销商一般都是银行承兑汇票需求大户，对于其中资质高、经营大品牌汽车的经销商采取合格证质押方式提供授信；对于后者，银行要做好对其账户的监管，控制资金用途。

专栏6-1

见证回购担保方式下银行不宜营销透支款项

在开展见证回购担保业务时，很多银行热衷于对汽车经销商推销法人账户透支，其实，针对经销商营销法人账户透支是不合适的。

法人账户透支业务是指在企业获得银行授信额度后，银行为企业在约定的账户、约定的限额内以透支的形式提供的短期融资和结算便利的业务。当企业有临时资金需求而存款账户余额不足以对外支付时，法人账户透支为企业提供主动融资便利。银行按给予企业的透支额度的一定比例(不超过0.3%)按年计收透支额度承诺费。

法人账户透支是吸收结算的王牌工具，简化了客户获得银行短期融资手续，满足客户临时性资金周转的要求，企业使用非常灵活。

但是，见证回购担保存在资金难以封闭的风险，难以控制资金的用途，因此，汽车经销商单笔购车款支付不宜使用这样的结算工具。

资料来源：由网上资料整理

2)业务流程

阅读案例6-2

华仕汽车销售公司的见证回购担保融资

1.企业基本情况

四川华仕汽车销售服务有限公司是大型汽车经销企业，注册资本3 000万元，属于民营企业。四川华仕是奥迪品牌在四川的总代理,同时为一汽大众当地一级代理商之一,年销售汽车超过1万台,销售额超过20亿元,公司在全省遍布有超过60家零售网点,占有超过30%市场份额,属于本地领先的汽车经销商。公司管理规范,资金流量较大。

为进一步抢占当地奥迪市场,公司准备从一汽大众买入一部分奥迪品牌轿车。

2. 银行切入点分析

四川华仕销售汽车多年,有着成熟网络,愿意配合银行提供有效风险控制措施。某银行经过分析认为可以提供见证回购担保融资。四川华仕办理相应保险,并将汽车合格证质押给银行,银行委托一家专业的物流公司进行监管,要求四川华仕汽车销售服务有限公司在60天内必须赎货,银行可以获得一定的存款收益。

3. 银企合作方案(表6-1)

银企合作方案　　表6-1

方案	申请人名称	四川华仕汽车销售服务有限公司		
	融资形态	未来货权项下预付款账款融资		
	具体用途	限用于向一汽大众销售有限责任公司支付预付货款		
	授信金额	2 000万元	授信期限	12个月
	授信品种	银行承兑汇票	单笔授信融资期限	不超过6个月
	质押物	大众奥迪系列汽车	货权形式	非标准仓单
	监管人	某外运四川公司	质押方式	静态
	仓库位置	成都市金牛区四川华仕4S店	货押形态	未来货权
	仓库性质	四川华仕自有仓库	赎货期	60天
	监管方式	输出监管	质押率	80%
	盯市依据	中华商务网	保证金	20%
	出账价格	发票价格与市场价格中低者	跌价警戒线	5%

资料来源:根据北京立金银行培训中心网站(http://www.chenlijin.com.cn)资料整理

(1)经销商或贸易商与核心企业(生产厂商)签订“购买协议”。例如,在阅读案例6-2中,四川华仕汽车销售服务有限公司与一汽大众签订的《汽车购买协议》,总共汽车30辆,货款总计1 000万元。

(2)向银行存入保证金,签订相关协议。银行与经销商签订承兑汇票协议。如果涉及第三方监管,银行与第三方监管方(通常为物流公司)签订委托监管协议,同时,银行、经销商、物流公司共同签订三方合作协议。

四川华仕汽车销售服务有限公司提供《汽车购买协议》,在银行存入500万元保证金。银行与四川华仕汽车销售服务有限公司签订《银行承兑汇票协议》,银行与四川中汇物流有限公司签订《委托监管协议》,银行与四川华仕汽车销售服务有限公司及四川中汇物流有限公司签订《三方合作协议》。银行为四川华仕汽车销售服务有限公司办理银行承兑汇票金额1 000万元,期限3个月。

(3)向核心企业(生产厂商)交付银行承兑汇票,生产厂商交付经销商商品。在上述案例中,银行与四川华仕汽车销售服务有限公司一起向一汽大众成都办事处交付银行承兑汇票。一汽大众按照合同交付奥迪汽车。

(4)银行掌控汽车合格证。四川中汇物流有限公司代理银行监控汽车进入四川华仕汽车销售服务有限公司 4S 店展厅。汽车合格证全部掌控在银行。

(5)经销商缴存保证金,银行按比例释放汽车合格证。四川华仕汽车销售服务有限公司在银行缴存保证金,银行按照 70% 的质押率释放汽车合格证。

3)收益模式分析

见证回购担保融资业务是兼顾银行、汽车制造商与经销商多方共同利益的产物。见证回购担保融资是以核心厂商为风险控制主体,以下游经销商与核心厂商签订真实贸易合同产生的应付账款为基础,通过核心厂商对货物实物的回购担保,为下游经销商提供的定向用于向核心厂商采购支付的融资。

6.2.2 见货回购担保

阅读案例 6-3

广州恒大钢铁的见货回购担保

1. 企业基本情况

广州恒大钢铁有限责任公司是广州地区规模较大、实力较雄厚的大型钢铁经销企业之一,年销售额超过 80 亿元,公司在全国有 20 余家二级经销商。公司销售模式:产品从武钢、宝钢等大型钢厂提货,然后批发销售给二级经销商,其中山东新源钢铁公司为其在山东地区的主要经销商,销售额超过 5 亿元。

2. 银行切入点分析

某银行经过深入分析后认为,钢材属于大宗原材料,资金交易量较大,交易链条清晰,客户关联性稳定,变现性较好,适于银行深度展。广州恒大钢铁有限责任公司的二级经销商都经过挑选,有着稳定的销售渠道,平均销售额在 3 亿 ~5 亿元之间,有着一定开发价值。广州恒大钢铁有限责任公司为促进本公司经销产品销售,愿意向其二级经销商提供见货回购担保,即当二级经销商使用银行承兑汇票付款后,如果销售不畅,没有能力在银行承兑汇票到期前全额解付汇票,该公司愿意见货后退款。

3. 银企合作情况

某银行授信为广州恒大钢铁有限责任公司提供 1 亿元见货回购担保额度,其 7 家大型经销商在银行办理票据融资,总计金额 2 亿元(包括 50% 保证金)。通过该链式融资,吸收钢铁经销商大额的银行资金沉淀,其中山东新源钢铁公司在银行办理 2 000 万元的银行承兑汇票。

资料来源:由网上资料整理

1)含义

见货回购担保是指除满足见证回购担保的基本条件外,核心客户回购前提条件是货物及相应的跟单资料完好。在此方式下,银行可委托专业仓储公司监控货物,并要求借款人足额保险,物权凭证必须由签发人直接移交银行。具体做法一般是经销商以银行承兑汇票为结算支付工具,由银行控制货权,核心企业(或仓储方)受托保管货物并对承兑汇票保证金以外敞口金额部分由卖方以货物回购作为担保措施,经销商缴保证金后提货。此种模式适用于产品质量稳定、大宗货物、易变现、产值相对较高、流通性强的商品,在销售上采取经销商控制销售体系,如家电、石油、汽车、电脑、轮胎、纸张、手机、烟草等。

2)业务流程

(1)银行和核心企业(或称核心厂商)、经销商、厂商仓储公司商议操作模式,签订《四方合作协议》(在没有厂商仓储公司情况下,签订《三方合作协议》,即核心企业不经过仓储公司,直接向经销商发货)。

(2)银行为核心厂商核定授信额度(退款承诺担保额度),并为经销商核定银行承兑汇票额度(经销商本身的资信弱化,充分考虑经销商执行单笔交易的真实资金需求即可)。

(3)根据单笔交易合同,经销商签发以核心企业为收款人的银行承兑汇票,银行办理承兑。

(4)根据《四方合作协议》(或《三方合作协议》)规定的条款,经销商在银行存入一定保证金,核心企业将等额货物发至指定的仓储方仓库(或买方)。在有仓储公司参与的情况下,货物从仓储方出库必须凭加盖银行预留印鉴的《发货通知书》。

(5)经销商分次存入银行承兑汇票保证金,仓储方根据银行出具的《发货通知书》向经销商发放等额货物。当银行承兑汇票保证金为100%,释放全部货物,并循环操作。

(6)根据《四方合作协议》(或《三方合作协议》)的规定,在银行承兑汇票到期前,经销商提货金额不足银行承兑汇票金额,核心企业回购货物,并将回购款汇入银行指定账户。

3)风险控制

(1)银行承兑汇票须载明生产厂商为收款人,确保贸易背景的真实性。

(2)仓储方要选择管理规范、制度完善、信用良好的仓库,确保银行实质控制货权。

(3)定期对质押的货物进行实地盘查。

(4)银行承兑汇票、发货通知书等重要单据传递须四方专人负责,采用预留印鉴、电话沟通确认机制,尽可能地减少操作风险。

6.3 核心企业承诺方式

阅读案例6-4

大连天石化工的核心企业承诺融资

1.企业基本情况

大连市天石化工有限公司注册资本人民币5 000万元,总资产约1.5亿元,销售额5亿元。企业性质为民营企业,现有员工15人。公司一直负责向辽宁中石船舶有限公司供应燃料油。辽宁中石船舶有限公司是特大型国有企业,注册资本达12亿元,年营业额高达90亿元,该公司与大连市天石化工有限公司为长期合作关系,大连市天石化工有限公司占该公司供应燃料油份额的10%。大连市天石化工有限公司主要从俄罗斯进口燃料,进口额达到8.29万吨。

2.银行切入点分析

某银行了解到,辽宁中石船舶有限公司是非常优质的客户,公司与大连市天石化工有限公司有着长达近5年的合作关系,大连市天石化工有限公司一直履约记录良好。大连市天石化工有限公司一直希望在银行获得授信额度,以便扩大其进口能力,银行如果提供5 000万元进口信用证额度,可以放大其经营运作能力10%,放大的提货燃料可以被辽宁中石船舶有限公司全部吸纳。辽宁中石船舶有限公司年合同履约能力约在5亿元,为了控制风险,银行要求大连市天石化工有限公司进口的燃料油全部进入大连大运储运公司监管,由大连大运储运公司监控发往辽宁中石船舶有限公司,并要求辽宁中石船舶有限公司承诺将货款直接汇往某银行指定账户。

3. 银企合作方案

某商业银行为大连市天石化工有限公司提供进口信用证额度 5 000 万元,公司全部用于进口燃料油。通过信用证切入,该公司争取到在银行贷款超过了 1.5 亿元。

资料来源:根据上海交通大学 MBA 案例整理

核心客户对供应商提供的标准化产品提供确定付款承诺(即供应商供货后,核心客户一定付款,且定向支付到供应商在银行开立的账户上,供应商承诺用此资金归还银行融资)。核心客户对经销商未售出货物提供退款承诺,经销商用退款覆盖银行融资敞口。在此方式下,银行可委托专业仓储公司监控货物,银行全程监控物权凭证移交。

6.3.1 核心企业退款保证模式

核心企业退款保证模式是指银行应经销商申请,根据经销商与核心企业签订的《购销合同》,为经销商办理银行承兑汇票,专项用于向核心企业支付货款。经销商缴存保证金赎货,银行累计通知核心企业发货的价款不超过保证金账户余额,如此滚动操作,直至银行承兑汇票敞口全部覆盖。如经销商到期未能足额付款,核心企业承诺无条件将票据敞口款项退还。该模式具有如下典型特点:一次融信,滚动付款,分批发货;利用核心厂商关联营销众多的经销商;核心厂商作为风险控制责任主体;通过票据由主办银行传递等措施,实现对核心企业的深度营销。

对核心企业来说,该模式能够:

(1)提前锁定订单,合理规划产能;

(2)通过经销商间接进行融资,降低融资成本;

(3)市场销售稳定情况下,提供适度的赊销融资。

对经销商来说,该模式能够扩大销售规模,锁定销售资源,获得较好的返点。以核心厂商为风险控制主体,以下游经销商与核心厂商签订真实贸易合同将产生的应付账款为基础,通过核心厂商的对货物退款承诺为担保,为下游经销商提供的定向用于向核心厂商采购支付的融资。

1)适用范围

退款承诺项下经销商链式融资实质上对核心厂商非常有利,经销商出具合同项下银行承兑汇票付款后,核心厂商根据银行的指令发货,而银行发出发货指令是依据经销商缴存的保证金,因此,厂商没有风险,一旦经销商不能提货,厂商有货在手,将经销商未能缴存的保证金(即合同对应的经销商未能提货的金额)退款给银行即可。

2)基本流程

(1)银行、核心厂商、经销商签订《三方合作协议》。

(2)银行为核心厂商核定授信额度(退款承诺担保额度),并为经销商核定银行承兑汇票额度。

确定购买付款和未售退款承诺。核心企业对供应商提供的标准化产品提供确定付款承诺(即供应商供货后,核心企业一定付款,且定向支付到供应商开立在商业银行的账户上,供应商承诺用此资金归还商业银行融资)。在此方式下,银行可委托专业仓储公司监控货物,商业银行全程监控物权凭证移交。核心企业对经销商未售出货物提供退款承诺,经销商用退款覆盖商业银行融资敞口。

(3)银行为经销商出具银行承兑汇票,并直接交付核心厂商(经销商不经手)。

核心厂商、经销商、主办和协办银行互相留存《预留印鉴证明书》,以作核对。经销商向协办银行出具《委托书》,协办银行根据经销协议在额度内签发银行承兑汇票,主办银行持票与核心厂商交换《商品金额证实书》。

(4)经销商缴存保证金,银行通知核心厂商发送与保证金等额的货物,直至银行承兑汇票敞口全部填满。

经销商将其销售货款转入其在协办银行开立的银行承兑保证金账户,并签发《提货申请书》,协办银行在《商品金额证实书》所记载的货物金额内通知主办银行签发与进账货款等额的《提货通知书》。核心厂商凭借主办银行签发的《提货通知书》向经销商发货。

若汇票到期前5个工作日内,经销商未按《承兑协议》要求将其应付票款足额交存上述保证金账户,协办银行即通知主办银行与核心厂商核对由核心厂商签发并由银行持有的《商品金额证实书》与由银行签发的《提货通知书》之间货物金额的差额情况,由主办银行向核心厂商签发《退款通知书》。核心厂商把银行承兑汇票相应票款退还给银行后,主办银行向核心厂商退还《商品金额证实书》。

6.3.2 定向付款模式

该方式是指以核心厂商为风险控制依托,以核心厂商与其上游供应商签订真实原材料供应合同为基础,以已发货产生的应收账款或采购、生产、销售后将来产生的远期销售收入为第一还款来源,并辅之以核心厂商确定的购买付款承诺为保证,为其上游供应商提供融资业务。

阅读案例6-5

石化公司B的定向付款

1.业务主体

1)A公司

A公司成立于2001年9月,注册资本5 000万元,总资产约1.5亿元,2005年销售额3亿元。企业性质为民营企业,现有员工15人。A公司一直与石化公司B保持业务合作关系,是该石化公司B指定的燃料油采购及委托加工企业,主要进口印度尼西亚和俄罗斯的燃料。委托某化工进出口股份有限公司在银行申请开证。

2)石化公司B

B公司为大型企业,目前年处理原油生产能力800万吨,由于多种原因,长期以来生产能力不饱和,目前接近90%。

3)银行C

银行C为一家中小商业银行的分支机构,正尝试开展供应链融资业务。

2.业务操作

本次进口燃料油数量为3万吨,开证金额约1 200万美元,所需全额保证金(按溢装10%)计约10 450万元人民币。申请人自筹资金比例不低于60%,敞口部分由银行为其贷款,最高金额为4 000万元。

(1)授信:银行向A公司提供授信4 000万元,期限1年,60%保证金,授信敞口4 000万元,满足单次进口燃料油最高3万吨资金需求。

(2)委托开证:A公司将全额货款划入代理进口商(某化工进出口公司)在银行开设的账户,再转为保证金,信用证自开证至最迟付款日约50天。开证后油轮到港时间10~15天。

收货人指定为银行。

(3)货物监管:银行与港口外轮代理有限公司签订货物监管协议。油船到港后,外代公司上船签收船东签发的银行为收货人的货物到港通知(NOR),并附该公司的证明传真至银行,外代公司必须在接到银行的货物放行通知的传真件后才能通知港口卸货过驳,由江轮运至石化公司B。

(4)卸货条件:油船到港后,如A公司在银行监管账户内资金已覆盖贷款本息,银行即通知外代公司卸货;如A公司在银行监管账户内资金不能覆盖贷款本息(无论敞口多少),则石化公司B须向A公司签发付款承诺函,银行派人与A公司到石化公司B签收付款承诺函,即通知外代公司卸货。

(5)额度循环:自信用证开出至油轮到港的平均周期为20天,额度每月循环使用一次。

3. 风险控制措施

(1)与外代公司、某化工进出口公司分别签署监管协议及账户托管协议,并由专业部门出具法律意见。

(2)所开立的信用证条款中必须含有货到港并检验无瑕疵后付款的内容。

(3)提单的收货人必须为银行。

(4)石化公司B向银行出具无瑕疵的付款承诺。

资料来源:根据立金银行培训中心网站(http://www.chenglijin.com.cn)资料整理

1)适用范围

供应商多是中型规模企业,与大型核心客户有着长期合作关系,这些供应商具有规模适中,产品质量稳定、经营管理完善、供应效率较高等突出优势,大型核心客户一般愿意向银行提供确定购买的付款承诺支持供应商融资,以便其进一步提高供应质量、提高产能,多存在于紧缺的物资供应、大宗原材料、能源产品的供应等,如成品油、煤炭、铁矿石、金属铜、天然气、钢材等行业。

适用购买极为紧缺的原材料。通常供应商为一些拥有特殊渠道资源的客户,可以买到一些非常紧俏的物资。典型的供应商比如煤炭经销企业,能够在冬季煤炭非常紧张的时候买到煤,典型的有依托大型煤炭经营的民营企业;再比如能够在煤炭运输非常紧张的时候拿到火车车皮的客户,典型的有铁路系统的三产公司,比如各地铁路局的多元化经营集团等。

由于这些行业的下游客户通常实力非常强劲,都是各地电力公司,但是苦于没有燃料,会在国家计划外采购一些市场煤,通常会给煤炭经销商提供承诺,如果能供应煤,肯定购买。

其他还包括成品油、食盐、化肥等。

2)基本流程

(1)银行与核心企业及供应商商议操作模式,确定相关协议,协议中必须约定:供应商提供标准化的货品,核心企业肯定购买,并将针对供应商的货款汇入供应商在银行的指定账户(如果支付票据,将交付银行指定工作人员);供应商授权银行可以扣划销售回款归还银行的融资。

(2)银行收集核心企业的资料,分析并确定核心企业的支付能力。

(3)供应商与核心企业签订供应合同,并将供应合同文本提交银行。

(4)银行为供应商核定授信额度,与供应商签订《贷款合同》或《银行承兑汇票协议》,核心企业应当签订确定购买付款承诺函等文件。

(5)银行发放贷款或者为供应商办理银行承兑汇票,供应商用于采购。

(6)供应商按照计划向核心企业提供商品或劳务服务,核心企业支付的销售回款进入供应商在银行的指定账户。

(7)银行扣出货款归还贷款或者货款资金进入银行承兑汇票保证金账户。

3)风险控制要点

(1)调查核心客户的资信。详细了解以前核心客户对此类合同的付款情况,银行信贷资金安全建立在核心客户正常履约付款的基础上。

(2)需要引入货权控制。通过监控物流确保货物按照合同送达核心厂商,基础交易得到完整履行,应当选择规模较大、管理规范的大型物流公司来协助银行控制管理货物。

6.4 具体业务操作流程

6.4.1 授信额度核定

授信额度,简单地说,就是银行最多可以贷给客户多少钱。授信额度就是银行授予客户的信誉数量,就是客户可赊销金额的总和。从银行产品角度,授信额度指银行向客户提供的一种灵活便捷、可循环使用的授信[1]产品。对于核心企业承担风险责任的供应链金融业务,需要以核定核心客户授信额度为前提,对供应商、经销商的核定授信额度之和不得超过核心客户总授信额度。也就是说,供应商、经销商的授信额度等额占用核心客户额度。进一步说,总授信额度可细分为贷款额度、开立信用证额度、出口押汇额度、开立保函额度、开立银行承兑汇票额度、承兑汇票贴现额度等分项额度。经银行同意,其中各单项产品的额度可相互调剂使用,交叉互换,提高额度的利用率。

核心客户的授信采取实质授信和虚拟授信相结合的方式,实质授信指核心企业向银行提供授信需要的资料,银行与核心企业签订书面的担保等协议,核心企业针对供应商、经销商的授信提供连带责任保证、确定付款承诺、回购承诺、质押监管等单一或多种方式;虚拟授信指核心厂商不向银行提供授信需要的资料,银行与核心厂商不签订书面的担保等协议,核心厂商仅是表示会配合银行约束供应商、经销商,使其按时履约,如供应商、经销商违约,核心厂商将协助处理货物,银行将对其进行降低资质等处罚。本书所提到的授信主要指实质授信。

阅读案例 6-6

中国银行授信额度产品

1. 授信额度担保

授信额度采用信用放款或担保方式,担保方式应采用最高额保证或最高额抵押,覆盖额度项下各授信全部的风险。授信额度的利率按照分项额度有不同的划分。凡属于中国银行授信对象的独立企业法人客户均可按规定核定授信额度。

2. 申请条件

(1)客户必须符合《贷款通则》及中国银行授信管理政策关于借款人的各项基本条件和要求。

[1] 授信可分为表内授信和表外授信两类。表内授信包括贷款、项目融资、贸易融资、贴现、透支、保理、拆借和回购等;表外授信包括贷款承诺、保证、信用证、票据承兑等。

(2)客户须为经营状况和财务状况良好的大中型制造类企业、进出口企业、商业企业或合资企业,所属行业发展前景良好,在行业中有竞争优势。

(3)客户与我行建立了稳定的合作关系,历史记录良好。

(4)客户业务经营特点与授信额度操作模式相符,且业务进展能够得到我行全面有效监督。

(5)客户担保方式满足我行要求。

3. 办理流程

1)授信额度业务发起阶段

公司业务部门客户经理接受客户授信额度申请,开展资信调查。在此阶段,公司业务部门将执行以下方面的程序:

(1)按照我行客户评级及准入标准进行客户资格审查;

(2)收集客户基本资料和信息,包括关于授信额度报批的请示、办理年检手续的营业执照、贷款证、近三年的财务报表;

(3)收集保证人的营业执照、近三年的财务报表、抵(质)押物的清单、价值评估文件、物权权属证明文件、上报单位对抵(质)押物的核查报告;

(4)起草授信额度协议,如借款人(或保证人、抵押人、质押人)为外商投资企业或股份制企业,应出具含相关内容的董事会决议(有法定人数董事会成员签名)和授权书;

(5)编写授信额度评审报告。

2)授信额度执行协议阶段

授信额度评审报告经风险管理部或相应程序批准后,授信额度进入执行阶段。也就是银行根据借款人的资信及经济状况,授予其一定期限内的贷款额度。在授信期限及额度内,借款人可根据自己的资金需求情况,随用随借,不必每次都办理烦琐的贷款审批手续,而且可以尽可能地减少利息支出。

资料来源:根据中国银行网站(http://www.boc.cn)资料整理

1)对于核心客户额度的核定

核心客户应具备行业内综合实力靠前、对外履约记录良好,符合银行授信政策要求,无不良信用记录等条件。银行重点支持:

(1)资源优势突出,如石油、煤炭、电力等能源类行业中的大型企业。

(2)回购担保能力强,财务指标优良,具备较强履约能力,如大型制造企业。

(3)竞争优势明显,内部经营管理规范,如大型外资装备企业。

(4)在行业中处于绝对的垄断地位客户,如有行业导向能力的客户。

(5)国内著名、实力颇强、辐射范围广、运行稳定的特定专业市场。

对于配合提供授信资料的核心客户,主办客户经理执行一般的信贷操作流程,按照信贷政策手册规定,收集资料,进行项目申报、审批。

对于不配合提供授信资料的核心客户,主办客户经理应当参考专业评级公司的评级结果,按照评级结果孰低原则确定该客户的信用级别,并采取多种途径尽可能多地收集客户资料。

2)对于配套企业额度的核定

供应商和经销商一般应由核心企业推荐,列入核心企业供应商或经销商名录的优先支持。在核心企业承担回购担保、连带责任担保、付款(退款)承诺或见证回购责任下,审批部门认定后可实行单一额度管理,即额度由核心企业授信申报银行根据与核心企业的协商结果及业务贸易特点进行核定,不再走一般信贷审批流程。对于运行质量较好、风险控制能力强的双额度管理网络,可转换为单一额度管理,由审批机构核准。

如果核心企业不承担回购担保、连带责任担保、付款(退款)承诺或见证回购责任,实行双额度管理,即对配套企业授信额度的审批仍按现有的一般信贷审批流程进行报批。

6.4.2 抵押评估

1)抵押评估原则

抵押是指抵押人以自己或第三人的财产,通过不转移占有的方式向抵押权人提供履约担保的行为。债务人不履行债务时,抵押权人有权依法处置抵押财产并优先受偿。根据《担保法》的规定,抵押的本质就是对债权的保证,它表现出一个显著属性,即保证抵押债权的安全。从抵押的本质属性出发,设定抵押的目的显然就是保证银行贷款的安全。因此,抵押评估要以保证银行贷款安全为目的。

2)抵押贷款价值

抵押贷款价值是指考虑到资产的长期存续性、正常的和当地的市场条件、资产当前的用途和可选择适宜用途等因素,经过对资产的未来可出售性进行的谨慎评估,得出的资产评估价值。在评估抵押贷款价值时不应该考虑投机因素。

对于借款方而言,抵押资产是企业重要的生产要素,其价值取决于该资产与其他生产要素一起为企业创造的未来收益的现值,期望评估时假设这些资产按最佳用途使用,获取其即期在用价值。所以,从借款方角度考虑,资产的抵押并不改变其市场价值。

与此相反,银行在进行贷款决策时,要考虑万一借款人偿债能力不足时,贷款的担保——抵押资产必须作为还款的保证。由此可见,贷款人对抵押资产注重的不是使用价值,而是该资产从现有经济实体分离并被用于抵债的价值。而这时抵押资产的抵债价值比它在生产经营中的使用价值通常要低。因此,从贷款方的角度考虑,抵押资产的适宜价值类型似乎应该为清算价值。

6.4.3 客户营销

1)目标客户特点

供应链金融选择行业应当具有如下特点:行业容量广阔、市场需求稳定、交易金额巨大、交易方式规范、产业梯度较深、集群效应较好,属于资金和技术密集型产业,有利于银行进行纵深拓展。以核心企业来选择行业,通常应当满足以下条件。

(1)资源优势突出的行业。如石油、煤炭、电力等能源类行业,具有自然资源独占性优势,从事此类行业的客户通常都有相当雄厚的自有资金,行业风险不大。如中国石油化工集团、中国石油集团、中国海洋石油集团、中国中化集团、陕西延长石油、珠海振戎集团等国内的知名石油企业,针对这些客户的上下游配套企业进行深度拓展链式融资业务。

(2)管理科学的企业。例如,大型制造类企业,财务指标突出,技术优势明显,特别是汽车、电器等大型制造类企业。例如长春第一汽车集团、上海汽车集团、哈尔滨电站设备集团、上海电气集团等客户,针对这些客户的上下游配套企业及相关的交易对手进行深度拓展链式融资业务。

(3)具有稳定资金来源的国家机关。其包括各级国家行政机关、军队客户等。这些客户的长期供应商可以作为链式融资业务的客户主体。

2)营销原则

银行开展供应链金融客户营销时,要围绕核心客户向其上、下游配套企业进行深度拓展,这是快速增加客户群体、提升业务收益的有效手段。下面这个例子是对某交通行业供应链进行供应链金融业务的整体营销。

供应链金融以核心厂商核定授信额度为前提(具体额度根据核心企业与配套企业的贸易特点具体切分),在核心厂商核定授信额度内开展与其供应商、经销商的融资合作。

阅读案例6-7

针对交通产业链的供应链金融产品整体营销

1. 核心企业基本情况

某交通集团是经省人民政府批准设立的大型国有独资公司,旗下拥有多家全资、控股、参股公司。该集团实行资金集中管理,下属公司全部在集团结算中心开户,归集资金,下属公司账户仅保留日常开支的资金。为了降低财务费用,集团要求下属单位开立商业汇票对外支付。由于该交通集团在产业链中处于优势地位,各上游企业愿意接受交通集团开出的商票。银行为该交通集团公司核定10亿元商业承兑汇票贴现额度、5亿元流动资金及5亿元银行承兑汇票承兑额度。

2. 业务操作

1)集团公司结算中心代理贴现模式

集团总公司将商业承兑汇票贴现额度全部授权给下属的分子公司使用。双方确定如下操作模式:下属公司签发商业承兑汇票,收款人(工程公司)将票据转给交通集团公司结算中心,交通集团公司结算中心在银行统一申请贴现。银行获得可观的存款沉淀。

2)下属公司代理贴现模式

该交通集团下属企业某高速公路公司有融资需求,高速公路公司的上游客户包括材料供应商、施工企业等。施工企业中标后,一般设立负责各高速公路路段的项目经理部,具体承揽工程。业务操作基本流程为:高速公路有限公司在银行签发承兑银行承兑汇票,收款人为该路段项目经理部;该路段项目经理部用预留印鉴背书后,持票到银行办理贴现,贴现申请和贴现协议使用该路段项目经理部的公章,贴现凭证使用预留印鉴章,与背书印鉴保持一致;银行相关业务部门在审查无误后,按权限和规定流程进行操作,使用施工企业的贷款和录入贴现信息;银行将贴现款划入该路段项目经理部账户内,并监控贴现资金的合理使用。

相关业务要求包括:

(1)由高速公路有限公司提供各路段项目经理部名称;

(2)由施工企业提供该路段项目经理部(贴现申请人)内部法律关系合法成立的文件;

(3)提供各路段施工协议;

(4)由施工企业对项目经理部出具授权书,内容包括:同意项目经理部使用施工企业的所有法律文本资料在银行开立账户,户名为该路段项目经理部;同意使用项目经理部的公章、财务专用章和项目经理名章作为该账户预留印鉴;同意项目经理部使用该账户及预留印鉴在银行办理高速公路公司签发并由银行承兑的银行承兑汇票的贴现业务;同意使用施工企业的贷款和录入贴现信息。

3)贷款额度授权使用模式

该交通集团下属交通建设供应公司承担着省内大部分公路建设沥青的物资供应,是省内最大的沥青经营国有企业,具有流动资金需求。供应公司作为借款人,由交通集团出具授权委托书。

3.启示

(1)商业承兑汇票收款人(工程公司)借助代理贴现得到贴现优惠,获得了同银行提供给交通集团这样的优势企业一样的优惠贴现利率。

(2)交通集团对系统内的票据进行了强化管理,避免了负债的失控,实现了资金的全部集约管理。

(3)对银行而言,借助交通集团成功开拓了交通集团的关联企业,包括分公司及分公司的上、下游配套企业,如各施工单位、各供应商、各公路公司等,实现了业务的体内循环,提高了银行收益。

资料来源:根据上海交通大学 MBA 案例整理

6.4.4 风险管理

1)行业周期性风险管理

供应链融资营销模式以核心企业为中心向供应链上、下游延伸开展授信业务,而供应链的整体运营与行业发展所处周期阶段高度相关。风险防范措施包括:拓宽行业范围,增加服务的宽泛度;加强行业组合管理及行业限额控制管理;加强宏观行业走势分析与管理,及时关注行业风险变迁,并通过拓宽投向政策及时引导供应链融资项下业务的行业分布结构调整。

2)授信集中度管理

在供应链融资中,实质是对整个供应链的风险进行总体评估。如果银行将过多资源投入某一行业,则一旦该行业形势发生逆转,就可能会给银行带来损失。因此银行应加强对核心企业的实质授信和对供应链的整体把握。

3)法律风险管理

供应链项下法律关系复杂,存在法律地位不明确、权利追索可能有障碍等风险。应主动跟进业务进展,不断加以完善业务模式,对于与交易对手签署的协议文本,必须经相关专业部门审定后方可使用。

4)操作过程管理

开展供应链融资业务的银行分支机构,应在组织架构、制度建设、风险管理、人员配备和专业培训等方面达到相关制度规定的要求。比如,建立货押专业团队,实行货押业务专业化管理;选择国内规模领先的大型物流仓储管理公司进行货物监管;掌握供应链融资项下货物的入库、质押、定期盘库、置换、出库等信息,所有信息必须建立专门的台账,客户经理必须定期实地了解相关信息,分行相关管理部门要定期检查业务人员的有关台账。

5)市场波动预警管理

对于钢材、有色金属等行业来讲,价格波动较为频繁。围绕这些行业开展供应链融资业务的银行,应加强市场研究,建立针对市场价格波动的快速反应机制;供应链融资客户单笔授信原则上不超过合同交易金额的80%;同一贸易背景和同一操作模式下,供应链融资授信业务可核定循环额度,循环额度采用余额控制,期限不超过两年,单笔出账一般不超过6个月。

6)资金流管理

除对融资对象的信用考察外,应加强对客户资金流向的管理,保证金管理和履约定向付款管理。要求客户将供应链融资项下的结算资金全部进入银行保证金账户进行封闭管理，不断缓释银行融资敞口风险。银行要监控资金的逐笔使用，以确保资金按照客户承诺使用。

7）业务过程控制

各业务经办银行应加强贷后管理，每个月度应做好贷后管理报告，并应实地检查授信企业；定期对销售情况进行分析，根据借款人历史销售水平和未来销售预期，对于额度不合理的经销商、供应商应会同核心厂商及时调整；根据借款人的财务状况决定收缩或退出措施。

8）货权控制

引入货权控制等，通过监控物流确保货物按照合同送达核心厂商，基础交易得到完整履行，应当选择规模较大，管理规范的大型物流公司来协助银行控制管理货物。

第7章　基于货权的供应链金融

【导入案例】

深圳发展银行的"进口全程货权质押授信业务"

深圳发展银行(以下简称深发展),针对进口供应链特点推出"进口全程货权质押授信业务",为进口企业提供了盘活"货权"这一类资产的融资解决方案,助力破解贸易顺差困局。

深发展推出的"进口全程货权质押授信业务"是基于进口贸易过程中的"在途货物"以及到港"仓储货物"设定质押,给予大宗商品进口企业授信。与传统"货押"业务不同的是,该业务既可以现货质押融资,还可以"未来货权"质押融资。

深发展方面的人士解释说,凡与国外相对固定的交易商有一定合作历史,以信用证和进口代收方式,进口大宗商品如原油、矿石、金属、木材、粮油、汽车等的进口商,可将"未来货权"质押给银行,即通过向深发展提出融资需求并获得该行审核,进口商在缴纳部分保证金后,即可向国外供货商开出信用证或完成对外款项支付。此产品的推出,对于流动资金相对紧张的中小型进口商而言,将缓解原材料资金短缺或资金占用为其带来的资金压力。另外,进口商通过信用证方式一次性大量采购还可能从商品卖方处获得较高折扣,甚至有可能提前锁定价格,降低价格风险。

专家认为,深发展"进口全程货权质押授信业务"最大的创新体现在"全程"服务上,该项业务所提供的授信可以覆盖客户进口的开证(信用证方式)、到单、通知、报关、报检、货物运至仓库直至销售的全过程,将未来货权质押开证、进口代收项下货权质押授信、进口现货质押授信集合在一起,极大地延伸了银行对进口企业融资需求的服务周期。

这种"全程"授信模式与传统模式相比,打破了仅针对进口开证、现货贸易融资等单个交易环节融资的局限,不但可以缓解资金占用压力,同时还可以通过同一批货物一次性设定货权质押贯穿贸易链条,借助银行创新产品大大提高作业效率。

据了解,深发展"全程"授信模式实际上是银行通过内部作业组织重组、流程优化来替代企业的重复作业环节,深发展已经在系统内部形成成熟的营销组织、专业审批、货押监管、作业系统,来支持包括"进口全程货权质押授信业务"在内的供应链贸易融资业务,实现高效作业。

专家认为,通过深发展"进口全程货权质押授信业务",可以在传统的抵押、担保信贷之外,无论生产型企业还是贸易型企业都可以分享到一种创新的、更容易从银行获取授信支持的融资路径。深发展"进口全程货权质押授信业务"目前支持的L/C信用证、D/P(付款交单)是大宗商品进口目前使用较多的结算方式。

资料来源:根据深发展银行资料整理

基于货权的供应链金融指银行客户(融资申请人)将其存放在本行指定或认可的仓库的动产(包括商品、产成品、半成品、原材料等)作为质押物,向本行申请贷款的融资业务。

因此,我们可以把基于货权的供应链金融主要分为标准仓单质押和普通货权质押两类。换句话说,动产质押分为以动产直接质押,或以代表动产所有权的权利凭证(标准仓单、提单)质押。标准仓单质押是以代表动产所有权的权利凭证质押,类似的权利凭证——提单,也可以作为质押标的物;普通货权质押是动产直接质押。此外还可以以“未来货权”质押融资。本章将主要介绍标准仓单质押和普通货权质押两个业务。

7.1 标准仓单质押

持有期货标准仓单的企业可以用自有的标准仓单作为质押担保,向银行申请短期人民币流动资金贷款,快速取得融资支持。标准仓单质押授信是指客户以自有或第三人合法拥有的标准仓单为质押标的物的一种授信业务。

7.1.1 标准仓单质押概述

1)标准仓单的概念与特征

(1)标准仓单的概念。标准仓单是指在期货交易所指定交割仓库完成入库商品验收、确认合格后签发《货物存储证明》后,按照统一格式要求制订的,用于提取商品的,并经交易所注册生效的实物提货凭证。目前,我国共有大连、上海和郑州三家商品交易所。我们所称的标准仓单,也仅指由这三家交易所指定交割仓库开出,并在这三家交易所注册的仓单。

标准仓单按保管形式不同可分为有纸化仓单和电子仓单。有纸化仓单是指由指定价格仓库签发、在交易所注册生效的纸质标准仓单。而电子仓单由交易所依据《货物存储证明》代为开具,表现形式为《标准仓单持有凭证》。由于电子仓单安全性、流通性更好,因此代表了标准仓单的发展方向。

(2)标准仓单的特点。标准仓单具有以下特点:

①由指定交割仓库签发给货主;

②标准仓单的生成通常需要经过入库预报、商品入库、验收、指定交割仓库签发和注册等环节;

③标准仓单经交易所注册后有效;

④标准仓单采用记名方式,标准仓单合法持有人应妥善保管标准仓单。

(3)易生成标准仓单的货物。标准仓单对应的货物具备价格波动大、供需量大、易于分级和标准化、易于储存和运输等特征,因此,并不是所有的货物都能生成标准仓单,都适合在交易所交易。基于具有上述特征的货物而生成的标准仓单在具有普通仓单所具有的各种特点的同时,也具有明显独特的地方,主要体现在以下5个方面。

①统一品质。标准仓单对应货物的等级、质量、有效期等一系列指标,由交易所统一规定,并在交易市场上公示。即标准仓单对应的货物的品质是透明的,因此很少出现质量方面的纠纷。

专栏7-1

交易所统一质量的原则

1. 制订标的物的质量等级

交易所在制订合约标的物的质量等级时,通常采用国内或国际贸易中最通用和交易量较大的标准品的质量等级作为标准交割等级。

例如,郑州商品交易所规定:硬冬白小麦的标准品为符合GB1351—1999的二等硬冬白小麦,替代品及升贴水的标准为符合 GB 1351—1999 的一等硬冬白小麦升水 0 元/吨,符合 GB 1351—1999的三等硬冬白小麦贴水 50 元/吨,同等级硬冬白小麦的不完善粒 >6.0%、<10.0%(其中,生芽粒≤2.0%,霉变粒≤2.0%)贴水 30 元/吨等。

2. 交割仓库对入库商品检验标准

指定交割仓库对入库商品要进行严格的检验,不达标准的商品拒绝入库,以防止出现质量纠纷。交易所还可在自指定交割仓库提出注册申请之日起 7 个工作日内对仓库检验合格的货物进行抽查,抽查不合格的不予登记注册,对入库商品的质量再一次进行把关。

例如,大连商品交易所对玉米交割标准品品质技术要求是:容重 2 685 克/升,杂质≤1.0%,水分≤14.0%,不完善粒/总量≤8.0%(其中:生霉粒≤2.0%),气味色泽正常;如果容重≥660 克/升且 <685 克/升,则替代品扣价 20 元/吨,生霉粒 >2.0%且≤4.0%,则替代品扣价 25 元/吨。

资料来源:根据大连商品交易所资料整理

②统一有效期。标准仓单的有效期由交易所统一规定,到期后注销或按照交易所规定重新注册申请。例如,郑州商品交易所规定标准仓单有效期如下:每年(N 年)7 月合约结束后,上上年(N-2 年)生产的硬冬白小麦、优质强筋小麦仓单全部注销;当年产的绿豆只能交割到次年的最后交割月份。

③统一管理。交易所对各自上市品种的标准仓单实行统一管理,颁布有《交割细则》、《标准仓单管理办法》、《指定交割仓库管理办法》等规章制度,对标准仓单的注册,流通和注销以及交割仓库的标准,商品的入库、检验、储存等业务均有详细规定,可有效保证标准仓单对应货物的品质及交易的顺利进行。

④成本相对较高。普通仓单只需缴纳仓储费和包装费就可生成,而生成标准仓单却需要入库以及检验费、仓储费、包装费、出库费、升贴水费用等,因此,标准仓单的成本相对较高。

⑤指定交割仓库。指定交割仓库是指经交易所指定的,为期货合约履行实物交割提供仓储等服务的经营组织。标准仓单对应的货物必须存放于交易所指定的交割仓库。

交易所根据注册资本、财务状况、信誉、交通运输等条件,选择实力较强、管理规范的仓库作为指定交割仓库。此外,交易所对指定交割仓库的申请、日常运作、监督管理均做出明确规定。

阅读案例 7-1

郑州商品交易所对交割仓库的选择与监管

(1)郑州商品交易所规定,申请硬冬白小麦、优质强筋小麦和绿豆指定交割仓库应具备如下条件:

①具有工商行政管理部门颁发的营业执照;

②具有仓库所在地仓储管理部门颁发的仓储许可证;

③净资产和注册资本须达到交易所规定的数额;

④财务状况良好,具有较强的抗风险能力;

⑤有铁路专用线(或码头)和较强的中转、进出装卸能力;

⑥承认交易所的交易规则、交割细则等;

⑦仓库主要管理人员必须有 5 年以上的仓储管理经验;

⑧有储存交易所上市商品的条件，设备完好、齐全，计量符合规定要求；

⑨有严格、完善的商品检化验制度、商品出入库制度、库存商品管理制度等；

⑩具有良好的商业信誉，完善的仓储管理规章制度；

⑪近3年内无严重违法行为记录和被取消指定交割仓库资格的记录；

⑫有消防部门认可的消防措施；

⑬交易所规定的其他条件。

(2)郑州商品交易所对指定交割仓库申请、日常运作、监督管理的规定：

①指定交割仓库必须确定一名负责人主管期货交割业务，建立交割业务机构，指定专人负责交割商品的管理，办理标准仓单业务，并将指定交割仓库的授权书及授权人签字报交易所备案；

②必须缴纳风险质押金；

③指定交割仓库须根据本办法，制订相应的操作规程或细则，经交易所审定后方可开展有关期货合约的实物交割业务；

④货物在保管期间，指定交割仓库必须做好货物储存记录；

⑤指定交割仓库必须指定专人向交易所通报货物发运的进度、仓位、货位的变动情况及发运方向；

⑥指定交割仓库必须对库存交割商品投保财产险；

⑦指定交割仓库必须对期货交割商品单独设账管理等。

资料来源：根据郑州商品交易所资料整理

2)标准仓单质押(融资)含义

标准仓单质押(融资)指借款人以其自有的或者第三人合法拥有的标准仓单作为质押标的物，向银行申请用于其正常经营活动资金周转所需的短期人民币流动资金贷款的业务。在借款企业不履行债务时，银行有权依照《担保法》及相关法律法规，以该标准仓单折价以拍卖、变卖该仓单的价款优先受偿。标准仓单质押贷款占用借款人流动资金借款额度。

3)标准仓单质押业务特点

标准仓单质押对于企业(银行客户)和银行而言，都有成本低、风险低的优点。相比于动产抵(质)押，标准仓单质押手续较简便、成本较低。

(1)准入条件较低，手续较简便。不管是大型企业还是中小企业均可申请标准仓单质押业务。

(2)规避经营风险。对于企业(银行客户)，这项业务不仅满足企业融资的需求，还可以满足企业规避经营风险的需求。对于银行，标准仓单流动性强，属于短期流动资金贷款，而且易于在客户违约的情况下对质押(标的)物进行处置。

(3)期限可长可短，仓单可以置换。

4)适用客户对象

该产品适用于通过期货交易市场进行采购或销售的企业，以及通过期货交易市场套期保值、规避经营风险的企业。企业可以自有标准仓单，也可以使用第三人合法拥有的标准仓单。

7.1.2 法律关系分析

仓单质押贷款业务中，各个参与方(两方或三方)存在的主要法律关系一般通过合同进行确立，主要有四种法律关系，E-R图(实体关系图)，如图7-1所示。

(1)借贷合同关系与权利质押合同关系。银行为贷款人，同时又是标准仓单的质权人；借款人为借款企业，出质人是标准仓单的所有人，它可以是借款企业，也可以是其他企业，但必须是期货交易中的客户。

(2)银行与标准仓单所有人及交易所经纪会员,就标准仓单的质押登记、冻结、解冻及变现过户而达成的合同关系。

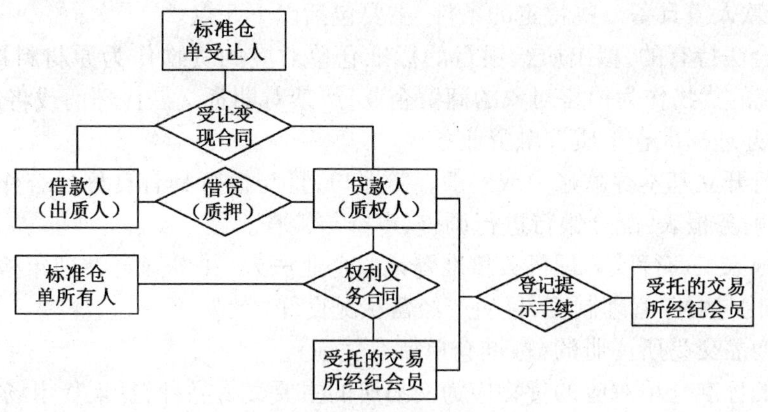

图 7-1　仓单质押贷款业务中法律关系图

贷款银行开展质押贷款业务,要求借款人提供的担保是针对出质人在交易所经严格程序注册登记后流通的标准仓单。实践中,它作为无纸化的计算机管理数据(个别期货交易品种实行纸化仓单),无法实现质物的实际交付,成立质权的标志只能是到相关部门办理质押登记手续。按照交易所的标准仓单交割、登记、冻结、转让、注销等业务规则,只有交易所经纪会员才具有这项办理资格。

(3)向交易所办理仓单质押登记的提示手续。标准仓单无论以何种形式流通均须以会员名义进行,并需要到交易所办理相应的变更手续,因此,在期货交易中,交易所具有仓单质权的登记公示资格,通过交易所提示登记具有对抗第三人的公示法律效力。具体实务中往往表现为期货经纪公司以其名义下的标准仓单按交易所规定的程序向交易所办理仓单冻结手续后,质权人(即银行)凭权利凭证质押合同向交易所发出特定仓单冻结通知书,交易所审核后向贷款银行发出冻结承诺书,标准仓单质押即告登记完毕。

(4)代为偿还借款的受让变现合同关系。由于借款人存在贷款到期不能偿还、需要变现标准仓单的可能,故需此类合同关系。实务中,贷款银行往往提前与出质人以及标准仓单拟受让人签订协议,约定贷款到期不能偿还时由标准仓单拟受让人代为偿还贷款,以此作为受让标准仓单的对价。贷款偿还后,出质人将标准仓单通过期货经纪公司转让给事先选定的受让人。

7.1.3　业务流程

参考中国建设银行标准仓单质押贷款业务以及郑州商品交易所对标准仓单银行质押授信业务介绍,归纳标准仓单质押基本流程如图 7-2 所示。

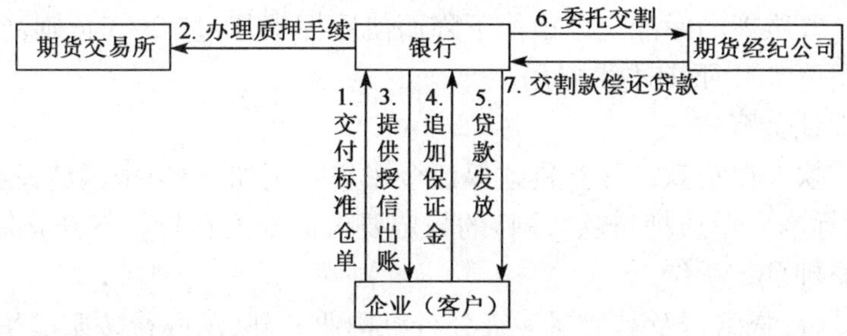

图 7-2　标准仓单质押授信业务流程

1)企业客户申请

企业客户向银行提出贷款申请,银行进行受理,并对借款人进行资格审查。申请标准仓单质押授信的借款人需具备一些特定的条件,主要包括以下5点。

(1)以其合法持有的、拟出质给银行的标准仓单对应的货物作为原材料进行生产的工业企业,或以对应的货物作为销售对象的商贸企业,严禁对期货交易代理商或将银行资金用于期货交易的客户办理标准仓单质押融资业务。

(2)在银行开立基本存款账户或一般存款账户,且与银行具有良好的合作关系,能应银行要求随时提供财务报表,配合银行进行调查、审查与检查。

(3)为经国家工商行政管理机关核准登记的企业法人,并按规定办理年检手续,有着健全的组织管理机构与财务管理制度,且生产经营状况良好。

(4)持有商品交易所注册的《标准仓单持有凭证》。

(5)出质的标准仓单对应的货物应为交易所的主要交易品种,且现货市场价格变动平缓。

2)银行受理与评价

贷款行受理借款人的申请资料,并根据借款人财务状况和经营规模进行客户规模的划分、认定;对认定为中小型企业的借款人,直接根据银行业务有关规定给予借款人一定的贷款额度;对中小型规模以外的客户要先进行评级和授信,然后在核定的额度内受理单笔仓单质押贷款业务。

贷款行对借款人的经营状况、信用情况和质押物的合法性、有效性、真实性进行实地调查,并根据银行对大、中、小型企业调查评价的不同要求和银行信贷业务手册(例如中国建设银行的《中国建设银行信贷业务手册》)中对流动资金贷款业务有关规定完成客户信用评级报告、担保评价报告、流动资金贷款申报书和额度授信等评价工作。

3)信贷审批

标准仓单质押融资的信贷审查可比照一般授信业务进行,但首先要查看标准仓单的真伪。在具体审批时,重点关注融资期限及质押率这两点是否合理。

(1)融资期限一般不超过6个月,最长不超过1年。注意标准仓单质押贷款的期限不能超过交易所规定的该标准仓单的有效期限。

(2)贷款质押率要根据借款人信用登记和仓单对应商品的性质差异来确定,不同的借款人及不同的标准仓单,其质押率也有所不同。

(3)审查用作质押的标准仓单是否已作担保、挂失或转让,对应商品所有权是否有争议或已被法院封存。有上述情况的,不得用作质押物。此外,要检查仓单数量。

(4)相应约束条款是否齐全。比如,为防范借款人所质押的标准仓单的市值跌破贷款本息,一般在贷款协议中都有相应条款对借款人的提款行为进行限定。常见的限定条款是:"如果市场行情变动导致质押的标准仓单市值下降而使质押率超过70%时,则尚未提款的剩余额度在质押率下降到70%以下前不得启用。"

4)开立贷款保证金账户

贷款行要求借款人在贷款行开立贷款保证金账户。例如,申请中国建设银行此项业务,依据《中国建设银行标准仓单质押贷款合同》的规定要求借款人在贷款行开立贷款保证金账户。

5)办理仓单质押登记手续

信贷审批通过后,贷款行及其所属一级分行机构业务部、承办行按照操作规程办理标准仓单质押登记手续。

标准仓单的质押登记由对标准仓单进行注册的交易所办理,交易所办理质押登记后应向银行出具书面确认文件,并在文件中明确在质押期间出质的标准仓单不得挂失、补办。对于纸质标准仓单,出质人应将质物移交银行,经办银行应由专人负责接收、登记、保管。如果银行在交易所有席位,则可通过非交易过户将借款人合法持有的标准仓单移交至该席位下;如果银行在交易所内没有席位,则需转移至与银行开展合作的期货经纪公司名下。

阅读案例 7-2

郑州商品交易所对标准仓单质押登记流程

质押登记承办行与借款人、借款人所在期货经纪公司填写《郑州商品交易所标准仓单质押登记表》,承办行填写《标准仓单质押登记业务申请表》,期货公司被授权人与承办行指定专人共同到交易所办理质押登记手续。交易所将标准仓单登记到质权登记及质权行使通道。交易所办理完质押登记手续后,打印《郑州商品交易所标准仓单冻结单》和《仓单持有凭证》给承办银行。

标准仓单在交易所外进行质押的登记流程如下。

(1)出质人质押登记申请。出质人自行通过电子仓单系统向指定交割仓库提交质押登记申请。使用纸质标准仓单出质的,出质人也可到指定交割仓库办理质押登记申请的相关手续。到指定交割仓库办理质押登记申请的,出质人应出具纸质标准仓单。

(2)指定交割仓库依据质押合同副本审核质押登记申请。

(3)质权人确认质押登记申请。质权人可自行通过电子仓单系统确认提交质押登记的标准仓单,也可到指定交割仓库确认提交质押登记的标准仓单。

(4)仓单质押登记。指定交割仓库应对已质押的标准仓单进行登记管理。相应标准仓单不得进行交割、转让、提货、挂失等任何操作。

资料来源:根据郑州商品交易所资料整理

6)补充签订合同

对审批同意的贷款项目,银行通知借款人签订《标准仓单质押贷款合同》和《标准仓单质押合同》,同时,为防止资金直接流入期市、股市进行投机交易,还要与借款人签订《资金使用监管协议》。

贷款行通知承办行(交易所所在地指定银行)关于仓单质押贷款情况,并将借款人的营业执照复印件交给办行,承办行为借款人在质权登记及质权行使通道下开立专用交易编码。

贷款行与借款人签订《标准仓单质押贷款合同》、《标准仓单质押合同》、《资金使用监管协议》等相关文件。例如,若申请中国建设银行业务,需签订《中国建设银行标准仓单质押贷款合同》、《中国建设银行标准仓单质押合同》和《资金使用监管协议》等文件。

出质人应在与质权人另行订立的质押合同中列明用于质押的标准仓单编号,并将质押合同副本提交给指定交割仓库留存。

7)贷款发放

承办行办理完毕质押登记手续后,填写《质押登记确认书》,贷款行凭借该确认书确定仓单质押登记已成功,为借款人办理贷款发放手续。

如果授信品种为银行承兑汇票、信用证、保函等表外业务,则要确认授信申请人已在银行开立保证金账户,并存入一定数额的保证金。如为单纯的贷款业务,则需确认借款人已在银行开立相应的账户。

对于出现以下情况之一的借款人,银行不能发放贷款。

(1)借款人未经允许擅自从事期货交易。

(2)从事与其生产经营范围不相符的商品期货品种交易。

(3)借款人因期货交易造成严重亏损。

(4)借款人超出生产能力或经营能力卖出或买入期货合约。

(5)借款人将资金拨付给其所属企业或拆借给其他企事业单位从事期货交易。

(6)发生拖欠银行贷款本息等信用违约事件。

8)贷后监控与管理

为防止质押仓单价值下降造成的信贷风险,贷款行要对质押仓单品种的价值变动情况给予关注,当实际质押率超过70%或总行核定的警戒线时,要及时通知借款人采取归还部分借款或追加部分仓单等措施降低信贷风险。

(1)银行应加强标准仓单质押融资业务的统计与监测工作,做好贷款档案的归集整理与日常管理,尤其做好标准仓单的保管工作。为确保贷后管理工作的顺利开展,银行应安排专人负责一些技术性较强的工作,如需要专人负责质押仓单市值的监控工作,也需要专人负责质押仓单的处置与变现工作。

(2)仓单质押期间,经办银行应设置单笔标准仓单质押贷款的警戒线、处置线,指定专人每日日终对质押仓单的市值变动情况进行跟踪监测,评估借款人出质仓单的总市值,计算期货合约市值与贷款本息的百分比,建立风险监测日报,并关注期货市场的重要信息及重大情况,正确、及时地处理标准仓单质押贷款业务中出现的各种预警事宜。

9)贷款偿还

借款人按时归还借款的,贷款到期或贷款虽未到期但借款人提出提前归还贷款申请并经银行同意后,借款人需清偿全部贷款本息。借款人确认要采取仓单转让、交易等方式归还银行借款的,承办行负责协助借款人进行仓单过户。

银行确认贷款本息入账后,银行应办理质押物退还手续,并向交易所发送仓单注销指令。各个银行在具体操作环节上存在不同。例如,中国建设银行标准仓单质押贷款业务中,这一环节操作方式是:承办行与借款人、所在期货公司填写《解除标准仓单质押协议书》、《郑州商品交易所标准仓单质押解除登记表》,共同到交易所将质押的标准仓单解除质押,并根据借款人的要求将仓单登记到原期货经纪公司。

如果借款人不能如期清偿贷款本息,则银行可按贷款协议规定对质押的标准仓单进行处置,用处置所得资金偿还银行贷款。

7.1.4 风险防控

标准仓单质押融资虽然依托期货市场,通过对标准仓单的占有乃至处置来管理业务,风险相对较小。但同任何银行业务一样,仍然存在风险。

1)法律风险分析

(1)银行贷款的对象是现货市场上原材料的生产、加工、销售的工业、商贸企业,而不是期货市场上的投机获利对象。因此并不违反我国相关法律、法规的规定,而且该项业务对拓宽银行业务活动,寻找新的业务增长点,具有积极意义。

(2)银行对企业放贷要严格把关。企业需符合总行规定的借款人信用等级、与银行存在半年以上的业务关系、向银行交付一定的保证金等条件,才能向银行申请贷款。上述近于苛刻的条件已经控制了明显或潜在的风险。

(3)银行在具体措施上,对标准仓单与释放的贷款数额进行了比例上的控制,并紧盯现货行情,同时设置了警戒线、处置线,这从具体操作细节控制了贷出款项。

(4)最为重要的是:质押合同中出质人用其标准仓单进行质押,是最大的放贷款项的风险保证。理由是:标准仓单是由交易所指定的交割仓库验收货物、出具《仓储货物证明》后,经交易所登记注册生效的标准仓单,这种仓单是严格依照我国有关法律、法规的规定以及交易所交割规则生成的标准仓单,在交易所严格控制、监督以及相关的程序下进行流通、冻结、转让、过户、注销。由于期货市场的高风险,所以期货市场的严格、详密、周到的标准仓单的流通、转让等规则,使得标准仓单的信用极高,标准仓单本身的风险极小。而且这种标准仓单可在任一指定的交割仓库完成提货。实质上,这是银行开展此项业务的最终权利保障。

2)政策风险及防范

《期货交易管理暂行条例》规定:任何单位或个人不得使用信贷资金、财政资金进行期货交易。金融机构不得为期货交易融资或提供担保。政府发布的诸多文件都对此有明确要求,屡次重申严禁信贷资金以任何形式流入期货市场。

防范对策如下:

(1)选择交易所会员名下持有标准仓单且符合银行要求条件的生产经营企业而非期货公司本身作为投信对象,避免了信贷资金流入期货市场的风险。

(2)在与借款人的协议中明确约定贷款资金的用途为借款人的正常生产经营活动,不得用于期货投机或其他非协议规定的用途。

(3)银行还应通过客户信用调查、交易背景调查及账户资金流向监控等措施保证客户将贷款资金用于正常的生产经营活动。

3)质押物价值波动风险与缺失风险

由于质押物多为小麦、大豆、铜等商品的标准仓单,其价值波动与季节、市场供求以及国际市场价格密切相关,因此对授信金额及质押率有一定影响。如果标准仓单的市值严重下跌,就会使银行面临质押物不足额的风险。此外,银行还面临质押物缺失的风险,表现形式有二:一是在质押期间发生标准仓单遗失或出质人恶意挂失标准仓单等情况,使得银行面临质押无效的风险;二是指定交割仓库保管不善丢失货物而对标准仓单持有人造成损失。

对于质押物价值波动风险,可采取如下防范对策。

(1)按照客户信用等级及仓单对应商品的性质差异确定不同的质押率,对于市值波动大的标准仓单,适度降低质押率。并对质押率确定一个最高比率,任何标准仓单质押授信的质押率都不得高于这一比率。

(2)合理确定仓单市值。尽可能避免单独以期货市场的价格作为计算市值的基础,应参考现货市场的价格情况。

(3)建立价格盯市机制,及时捕捉商品的市场供求及价格变化情况。在质押期间,指定专人每日日终对质押仓单的市值变动情况进行监测、评估。当质押仓单的市值下跌达到或超过警戒线时,实行贷款风险预警处理,以防止仓单市值下跌风险。

(4)要求出质的标准仓单对应的货物为交易所的主要交易品种,其现货市场价格变动较为平缓。

对于质押物缺失风险的第一种表现形式,在纸质标准仓单情况下,主要防范对策是办理好标准仓单的登记工作;在无纸化标准仓单形式下,主要防范对策是要在交易所办妥相关的标准仓单过户手续。

对于因指定交割仓库保管不善而不能在交易所规定时间内向标准仓单持有人交付期货合约规定要求的货物这种情况,银行一般有两种防范对策:一是按照交易所规则,由指定交割仓库承担责任,交易所承担连带责任,用指定交割仓库在交易所交存的风险准备金赔付;二是由为指定交割仓库保管货物提供保险的保险公司提供赔偿。因此,在从事具体业务时,为避免产生因仓库保管不善而给银行造成风险,银行选择交易所指定的交割仓库,且确认交割仓库对于所保管的商品已投全额财产保险。

4)质押物处置风险

由于交易所标准仓单实行的是交易所系统内登记,且只能过户在会员名下,只有会员才能进行交易、转让,对于不是交易所会员的银行,虽然在法律上,质押的标准仓单所有权在质押期间属于该银行,但是由于其未能登记和过户在银行名下,不利于银行对质押物及时的监管和处理,同时处理质押物的资金未直接存入银行。因此,受让和处置质押物存在一定的困难,可能面临无法将质押物顺利变现以足额收回贷款的风险。

防范对策如下:

(1)在取得会员资格前,选择资信程度高的交易所会员单位进行业务合作并与其签署业务合作协议,对需要处置的仓单交由会员处置。

(2)银行严格按照要求落实标准仓单的质押登记手续,确保质押合法有效。对于无纸化仓单,银行在交易所办妥相关的标准仓单转移过户手续后才发放贷款。

(3)随时掌握期货、现货市场价格波动情况,以便及时处置用来质押的标准仓单。

(4)借款人不能按时还款时,银行应督促借款人及时提供增值税发票,以避免向买方缴纳违约赔偿金,从而出现银行只能享有不足100%仓单价值的情形。这是因为标准仓单在进行买卖或交割时,卖方应开具增值税发票,并缴纳相应的税费。如果未及时办理,则需向买方支付违约补偿金。这样,银行就只能按标准仓单处置价值减去赔偿金后的金额来补偿贷款,从而使银行面临着不能足额收回贷款本息的风险。可行的防范措施就是在适当降低质押率,从而提高警戒线和处置线的同时,及时督促借款人开具增值税发票。

5)运用协议约定各方权利与义务

对于标准仓单质押融资业务,经办银行应与出质人签订标准格式的标准仓单质押协议书,其中应明确约定以下(包括但不限于)事项。

(1)对质押担保的范围进行如下规定:

出质人质押担保的范围应包括主合同项下的债务本金、利息、复利、手续费、违约金、损害赔偿金、保管费用、实现质权的费用(包括但不限于诉讼费、律师费、差旅费)和所有其他应付费用。

(2)对质物设定和质押期限进行如下规定:

出质人所担保的主债权种类及数额与主合同项下的债权种类及数额相同。

本协议项下质物系指__________交易所标准仓单持有凭证所载明,号码:__________会员号:__________客户号:________品种:________持有手数:________有效截止日:________。

根据甲、乙双方确认,在本协议签章即刻,本协议项下质物单位价格为__________(币种)__________元/吨,价值____元(大写)。

质押期限自本协议生效之日起至主合同项下全部债务清偿之日止。

(3)出质人和登记人应遵守如下保证条款：

“保证出质人是本协议项下的‘标准仓单’（以下简称‘质物’）的完全的、有效的、合法的所有者；

保证本协议项下的质物不存在所有权方面的争议，并保证设立关于本协议项下的质押不会受到任何限制；

登记人声明：本协议签订前未对本协议项下的质物做出过任何处分，特别是未设立过任何质押，该质物之上亦不存在任何其他第三者权利；

依照本协议约定解除质押前，未经质权人书面表达同意，登记人不对质物作任何形式及方式上的转移和转让，或再质押给任何第三方，或以任何其他形式或方式处置质物；

出质人、登记人声明自愿签订本协议，并具有所有必要的权利与授权签署本协议并履行本协议项下的义务；

出质人承诺质押贷款所获得的资金全部用于生产，不得挪用进入股市和期货交易；

在协议有效期内未经质权人书面同意，出质人、登记人将质物或质物标的转移和转让或再质押给任何第三方或以任何其他方式处置质物或质物标的，其行为无效，质权人仍可对质押的质物和质物标的行使权利。任何第三人对质权人在协议项下的权利产生侵害，质权人有权提起诉讼。”

(4)权利与义务条款如下：

“清偿之前，如果质押率（授信敞口金额/质物市值）达到警戒线时，授信申请人应追加足额质物或者补足相应的保证金或偿还部分授信以确保质押率恢复到警戒线以下；如果质押率超过处置线时，银行有权提前终止合同并直接拍卖或变卖质物，拍卖或变卖所得款项用于提前归还银行贷款本息，或者用于抵补授信项下的保证金；质权人根据以上情况行使对质物的转让行为时，无须征得出质人的同意。

出质人如有诉讼、仲裁等事项并可能给银行授信带来风险时，银行有权提前终止合同并直接拍卖或变卖质物标的。

质权人有权对出质人开展授信调查和审核，对出质人提供的质物进行核实，对出质人的经营、销售及库存各方面情况进行检查和监督；质权人有权指定出质人将销售款项全额存入指定账户并依照本协议约定处置；质权人对质物标的拥有优先受偿权。

质押期间，出质人有义务定期将质物的市场行情通知质权人，并有义务在市场行情变动较大时随时和及时地通知质权人。”

(5)质物处置条款如下：

“质押合同生效期间，出质人欲提前出售质物的，须征得银行书面同意。按出质人的书面指令，由银行进行部分（或全部）质物的出售，所获资金首先用来偿还银行贷款本息（或抵补授信项下的保证金），余款退还出质人。

债务清偿前，授信申请人欲更换质物的，须经银行原授信批准部门书面同意，授信申请人须提供经银行认可的新的质物，并重新办理质押手续。

主合同项下债务到期之前，出现质押率（授信敞口金额/质物市值）超过处置线，或出质人发生诉讼或仲裁事项，或出质人欲提前出售质押物，或其他可能影响质权人授信安全的情形时，质权人有权提前终止合同并直接拍卖或变卖质物，拍卖或变卖所得款项用于提前归还质权人贷款本息，或者用于抵补授信项下的保证金，期间，登记人须接受质权人办理质物转移或转让手续。

如主合同项下债务发生逾期或垫款,质权人有权要求登记人协助处理标准仓单,并用所得款项用于优先抵偿主合同债务人在质权人的逾期本金、利息、罚息及一切由此发生的相关费用,由此而发生的法律费用和其他相关费用应全部由出质人承担。

拍卖或变卖质押物所得款项若不足以支付质权人贷款本息或补足保证金的,质权人有权继续行使追索权。出质人账户中有资金时,质权人有权直接扣收。”

(6)费用条款如下:

“标准仓单质押期间,标准仓单所列商品的仓储费、需兑现或变现时发生的费用、其他管理和处分的费用以及由于仓单变更、重新注册、处置等产生的增值税由借款人承担。”

7.2 普通货权质押

货权质押是指企业以自己合法拥有的仓单、提单等货权凭证为质押的融资授信业务。普通货权质押是货权质押常用业务之一。

7.2.1 普通货权质押概述

1)普通货权质押含义

普通货权质押融资是指借款申请人以物流企业(中介方)开出的非标准仓单等货权凭证出质,向银行申请融资的授信业务,是物流企业参与下的融资业务。在债务人不履行债务时,银行有权依照法律规定,以该货权凭证或以拍卖、变卖该货权凭证(或对应的货物)的价款优先受偿。

与标准仓单质押融资不同,在普通货权质押融资业务实践中,银行更关注货权凭证所对应货物的监管,而不像标准仓单质押融资那样重点放在标准仓单这一物权凭证上。从还款来源上,标准仓单质押融资主要依靠的是借款人的综合经营收入,普通货权质押融资则主要依靠销售质押物而获得的收入。因此,对于普通货权质押融资,银行对质押物实行全程动态跟踪管理并对资金实行封闭式监控,保证货物流转回笼的资金用于归还银行融资。

普通仓单质押授信是指客户提供由仓库或其他第三方物流公司提供的非期货交割用仓单作为质押物,并对仓单做出质背书,银行提供融资的一种银行产品。其业务流程如图 7-3 所示。

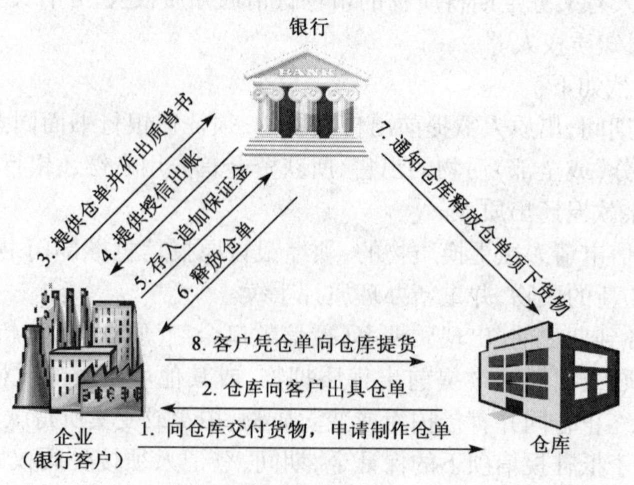

图 7-3 普通仓单质押流程图

阅读案例7-3

兴业银行货权质押业务

货权质押融资是指商贸企业(融资申请人)将其存放在兴业银行指定或认可的仓库的动产(包括商品、产成品、半成品、原材料等)作为质押物,向兴业银行申请贷款的融资业务。动产质押包括以动产直接质押,或以代表动产所有权的权利凭证(仓单、提单)质押。

1.适用对象

货权质押融资业务适用于销售量大,流动资产所占比例较高,现金流量较大的商贸企业。

2.对客户的价值

(1)作为贷款融资的质押物并没有被兴业银行冻结,通过不断“追加保证金→赎出质押物”的浮动质押方式,有利于企业扩大经营规模。

(2)融资企业的存货资源得到充分利用。对于商贸企业,向上游商家购货并向下游销售的过程占用了大量资金,如果以现有库存货物作为质押,并利用本行票据工具结算,不仅变存货为资金迅速向上游商家购货,还可使企业融资成本和财务费用有较大程度的降低。

(3)以货权质押作为担保方式,兴业银行可以提供各种用途的综合授信,包括银行承兑汇票、商业承兑汇票保证贴现、流动资金贷款、开立信用证、银行保函等,为企业提供多样化融资服务方案,充分满足现代商贸企业经营需要。

(4)不受企业规模和性质限制,以自有资产作为质押,勿需提供第三方担保。

3.业务申请的条件

(1)企业销售额大,现金流量大,存货周转速度快。

(2)企业具有长期稳定的购货渠道和销售渠道。

(3)企业无不良信用记录。

(4)企业与兴业银行有较好的业务合作,有一定的信用积累,具有长期合作的意向。

4.办理程序

(1)申请人在兴业银行开立结算账户,并将企业主要结算业务通过该账户往来。

(2)提供必要的授信资料,向兴业银行申请授信额度。

(3)经兴业银行调查、审批同意后给予相应的授信额度。

(4)签订业务合作协议,办理货物质押、货权让渡及贷款手续。

(5)质押物品的置换、循环。

(6)授信额度内资金需求可循环使用,简便易行。

资料来源:根据兴业银行资料整理

2)普通货权标的物特点

普通货权质押融资质押标的物为普通货权凭证。这类货权凭证不像标准仓单,由交易所按统一标准开具。因此,银行从防范风险的角度考虑,不是任何货权凭证都可用来进行质押融资。用于质押融资的货权凭证要具有无瑕疵、不限制转让等特点,对应的标的物也需具有特定的条件。一般而言,办理质押融资的商品需满足以下条件:

(1)属于企业正常经营周转中的短期存货,有良好流通变现能力。

(2)货物通用性强,有成熟交易市场,有通畅销售渠道,市价易于确定,价格波动区间能够合理预测。

(3)货物质量稳定,易于仓储、保管、计量,不易变质、损毁,有形及无形损耗均能合理预测。

(4)货物本身适销对路,市场需求旺盛,生产厂家实力雄厚,技术水平较高,在行业内具有品牌优势。

(5)质量和价格确定有较强专业性的货物,要求提供银行认可的质量检验及价格认定材料。

(6)具有标准化、不易变形、不易过时、市场价格透明、价格相对稳定、变现能力强等特征,并能够在有形、固定的市场上进行交易。因此,适合上述特征的商品主要包括铜、铝等初级金属材料;钢材、铜材、铝材等初级金属产品;小麦、绿豆、大豆、棉花、糖、天然橡胶等初级农产品以及原油等。

阅读案例 7-4

天易经贸公司的煤炭货押融资服务方案

1. 企业基本情况

天津开发区天易经贸发展有限公司注册资本人民币 1 900 万元,主营煤炭、焦炭等产品。公司以煤炭经营为主体,以天津港为水陆中转基地,主要经营产品包括:瘦煤、褐煤、气煤、弱黏结煤、无烟煤、肥煤、焦煤、长焰煤、贫煤等。经过多年发展,经营规模不断扩大,公司年销售收入达 2.5 亿元人民币,公司在秦皇岛开发区货物流中心备有一个 4 万平方米,可储存 12 万吨煤炭港内储运中转场地。

公司上游客户:内蒙古、山西、陕西等煤炭生产基地的煤炭供应商,公司与煤炭行业相关客户有着长期友好合作关系,一般提前一个月下订单,支付银行承兑汇票,煤炭供应商收到货款后安排计划,一个月后发出货物,货款执行以实际过磅数为依据,多退少补。

公司下游客户:浙江、江苏等沿海城市电厂、地方炼油厂及各类民用燃料企业,公司在天津、江苏、上海、浙江、广东等地建立了煤炭营销基地。该公司最主要的煤炭客户是浙江富元电力燃料有限公司,其收到煤炭后,在 10 日内结算。

2. 银行切入点分析

1)交易各主体分析

(1)借款人——天津开发区天易经贸发展有限公司。由于该公司销售合同计划数量增长较快,并且部分为计划内的电煤份额,采购量较大,该公司流动资金紧张,所以向银行申请 2 000 万元授信额度,期限 12 个月。该公司愿意提供煤炭货权质押,并由天津新大货物流有限责任公司承担监管。

该公司在天津新大货物流有限责任公司常年租赁一个 4 万平方米,可储存 15 万吨煤炭的港内储运中转场地。

(2)监管方——天津新大货物流有限责任公司。天津新大货物流有限责任公司是大型国有企业,物流中心面积约 26.8 平方公里,主要经营煤炭、焦炭、矿石等散货货物,是集交易、运输、仓储、配送、分拨和服务等功能为一体的现代化散货物流基地。

(3)煤炭供应商——山西新里煤炭供应公司。山西新里煤炭供应公司为山西本地规模较大的煤炭供应商,年交易量 60 万吨,供应煤炭质量较好,公司的常年客户是国内的各大电厂。

(4)煤炭需求商——浙江富元电力燃料有限公司。该公司为天津开发区天易经贸发展有限公司的主要煤炭需求方,本年交易量 15 万吨,占申请人采购份额的 24%。浙江富元电力燃料有限公司是浙江省特大型火电经营企业,注册资本2亿元人民币。该公司采用货物一批一结算的方式,10个工作日内付清全部货款。

2)市场风险

(1)市场风险分析。随着我国经济快速发展,各行业对煤炭需求不断上升,电煤价格不断上涨,市场供需总体上呈供不应求局面,煤炭存在一定的涨价空间,煤炭作为质押物价值稳定。

(2)企业供销渠道。经过多年的发展,该企业已与山西新里煤炭供应公司、丰镇地路煤炭有限公司、内蒙古华力煤炭公司等供货商建立稳固合作关系。公司煤炭产品则主要销往浙江富元电力燃料有限公司,双方建立长期稳定的合作关系。企业供销渠道稳定,具备一定抵抗市场风险能力。

(3)仓单质押的风险控制方案。在电煤市场行情不断向好的发展趋势下,银行采取以电煤为仓单标的物的现货质押授信根据。根据中电煤是借款人的主营产品,仓储位于天津港散货物流区,并由资质良好的秦皇岛新大货物流有限责任公司提供货物监管。电煤质量须经过银行认可的权威质检机构认证,并为质物办理全额保险。

资料来源:根据立金银行培训中心网站(http://www.chenglijin.com.cn)资料整理

7.2.2 融资参与方

普通货权质押融资业务的参与方主要有借款申请人、银行、仓储方和保险人,有时银行为了增加保险系数,还会引入回购人。

1)借款申请人

由于普通货权质押融资远比一般法人客户融资复杂,因此,银行往往对借款申请人的要求更高。除一些基本条件外,尤其看重有无经销或生产标的商品的经验、销售规模大小、申请人是否为仓单对应的货权人等条件。另外,如果借款人用来申请质押融资的货权凭证对应的货物仅占其全部业务品种很小的一部分,则这个申请人也不是理想的融资对象。

对于贸易型企业,应具备进销渠道通畅稳定、行业经验丰富、无不良资信记录或银行认可的核心生产厂商的分销商等条件,专业进出口公司需无逃汇套汇、骗税走私等不良资信状况。

对于生产加工型企业,要具备生产经营正常、主导产品销售顺利、应收账款周转速度和存货周转率不低于行业平均水平、无不良资信记录等条件。

2)仓储方

为避免关联交易,应避免选择与客户有较强关联或对客户依赖性较大的仓储单位进行监管,仓储方要与借款申请人没有关联关系,要独立于任何利益一方。

作为符合银行业务办理要求的仓储方,应具备如下条件:

(1)具备合法的企业法人营业执照、法人代码证,专业从事仓储业务。

(2)专业管理经验丰富,在当地市场处于领先地位。

(3)仓储业务量大,管理规范,经济实力较强,商业信誉好,有规范的操作规程和健全的进出库验收、出入手续。

(4)仓库所处地域便于银行监控;仓储条件完好,具备完善的商品检验、化验制度和一定的质量检测技术、设备及人员。

(5)仓储记录良好,信誉较高,具备一定违约责任赔偿能力,承诺配合银行严格监管质押货物,承担监管责任,与保险公司签有完善的保险合作协议。

(6)能够对质押标的物设立独立的质押区域集中堆放,并愿意签署三方合作协议,承诺24小时不间断对质押标的物进行占有或监管。

(7)有较强的中转、进出装卸作业能力;有清晰的账册,对银行的质押标的物建立分账册或专门的账页等。

对储存方的选择,应以保证银行对货物享有实际出入库控制权和处置权为原则,尽量选择国家储备仓库、海关监管仓库、期货交易所注册仓库、国内外知名大型仓储企业仓库等。

出现以下情况时,应实行仓储监管机构的退出措施:

(1)银行已经准入,但与银行没有实际合作的。

(2)仓储监管机构未按与银行签订的合作协议规范操作,不能起到应有的监管义务,造成质押标的物可能或已经出现法律瑕疵而影响到银行债权权益的。

(3)受到客户或银行相关部门投诉,且未采取措施妥善处理的。

(4)出现银行认为不适合进行货押业务监管合作的行为。

若采用申请人自有仓库,第三方输出监管方式,在监管环节至少落实以下要求:

(1)监管人与申请人签署仓库租赁协议,并根据租赁协议约定取得上述仓库的排他性使用权。

(2)监管人需制订有效的输出监管规章制度和详细的输出监管操作规程。

(3)监管人采取必要措施确保租赁仓库实现物理空间的隔离与封闭,并在显著位置以醒目方式指明仓库的合法使用权人和实际控制人为监管人。

(4)监管人应指派专人负责与上述仓库有关的仓储监管工作。

(5)监管人在任何情况下不得雇用申请人及其关联企业的员工或代理人从事上述仓库有关的仓储监管工作。

(6)监管人采取必要措施确保实现质押货物的独立堆放,并在显著位置以醒目方式指明"货物已质押给××银行"。

3)保险人

出质的货权凭证的标的物应办理财产保险。保险人应为经保监会批准在境内营业、由总公司正式授权的正规财险公司及其分支机构,可以开展火灾、雷击、爆炸、丢失、雨淋、盗窃、产品质量等保险业务。投保的险种应包括以上险种,银行为第一受益人,保险实际赔付金额应覆盖融资金额,保险期限应完全覆盖融资期限。保险费用全部由被保险人承担。保险期限必须长于主合同债务履行期限3个月。

在质押协议签订以前,借款人应到银行指定或认可的保险公司办理质物标的的全额保险手续。在合同解除或中止之前,银行为该项保险的第一受益人,保险合同不应有任何限制银行权益的条款,借款人也不得以任何理由中断或撤销保险。如保险中断或保险期满甲方未及时办理续保手续的,银行有权代为办理续保手续,一切费用由借款人承担。在合同解除或中止之前,借款人应将质物的保险单据交由银行保管。

4)回购人

回购人是指在融资申请人违约时,按协议约定的价格和方式购回质物的企业。银行选择回购人的基本条件是看其有无回购能力,如财务状况是否良好,销售渠道是否广泛,市场信誉是否良好等。为便利起见,银行一般选择质押融资标的物的交易市场承担回购责任。

7.2.3 主要业务模式

阅读案例 7-5

华夏银行“融资共赢链”

货权质押融资业务适用于持有合法、规范货权凭证的客户，且货权凭证的出具方信誉良好，凭证具备切实的法律效力。

货权质押融资业务融资方式多样，包括流动资金贷款、银行承兑汇票、商业承兑汇票贴现、保函等；融资效率高，借款人在授信期限内可以根据自身的购销状况循环使用信用额度；客户通过归还借款或追加保证金即可赎货，方便快捷。

华夏银行“融资共赢链”为上下游企业注入强劲动力。助上游企业快速回笼资金，提升盈利水平；助下游企业突破融资瓶颈，实现快速成长。“链”通上下，共赢未来。

动产及货权质押授信业务是指以企业法人自有动产或货权为质押的，以贷款、承兑、商票保贴和国际贸易融资等各种融资形式发放的，用于满足企业物流或生产领域配套流动资金需求的授信融资业务。在动产及货权质押授信业务中，动产指华夏银行认可的生产、物流领域有较强变现能力的通用产品等；货权指以仓单、提单等权益凭证形式表现的上述动产之所有权。

适用群体：经工商行政管理部门（或主管机关）核准登记、并已在工商或相关部门办理年检手续的企（事）业法人和其他经济组织。

产品特点：

（1）授信金额必须与申请人实际经营规模和经营活动资金需求相匹配；

（2）授信期限必须与申请人实际经营情况和贸易经营周期相匹配，最长不超过 1 年，单笔业务期限一般不超过 6 个月。

资料来源：根据华夏银行资料整理

普通货权质押融资业务的一个基本理念就是介入企业的主要经营环节，实现物资流和资金流的封闭运行，通过流程化的控制隔离业务风险。因此，业务模式均需根据企业的经营环节和实际需要来进行设计。业务实践中主要有现货质押融资模式和先票（款、证）后货融资模式、未来货权质押等模式。

1）现货质押融资模式

现货质押融资模式是指借款人以已经存在的、已有货权的货物作质押给银行，并交指定仓库监管，企业对该批货物不能自主提货，授信项下的每一次赎货都要求企业及时补足相当于提货额的保证金，由银行开具提货单，仓库按指令发货，如图 7-4 所示。

此种业务模式又可细分为远程质押（或称为异地质押）、流动质押、静态质押等具体方式。其中，流动质押、静态质押在本书第 3 章的 3.1 节已经详细介绍。

2）先票（款、证）后货

先票（款、证）融资模式是指申请企业在向生产厂家购买货物时，先向银行缴纳一定比例的保证金，其余部分承诺以未来货权（仓单、提单等）提供质押担保，银行通过控制或占有销售合同、提单、水（陆）货运单、保险单据等方式来监控货物，银行为客户提供的开立银承、信用证、商承保贴等短期融资授信业务，适用于预付款类业务。对于国内贸易预付款融资方式下先票（款、证）后货业务模式，宜审慎考察供货商，并须与供货方、申请人签订合作协议，内容至少包括：承诺收票（款）后，及时发送合同约定的货物；发送货物时，必须以本银行为代理收货人将货物发送到银行指定的收货仓库；不能及时、足额交付货物时，必须承诺无条件将相应款项退还给本银行。以先票后货质押融资为例，业务操作如图 7-5 所示。

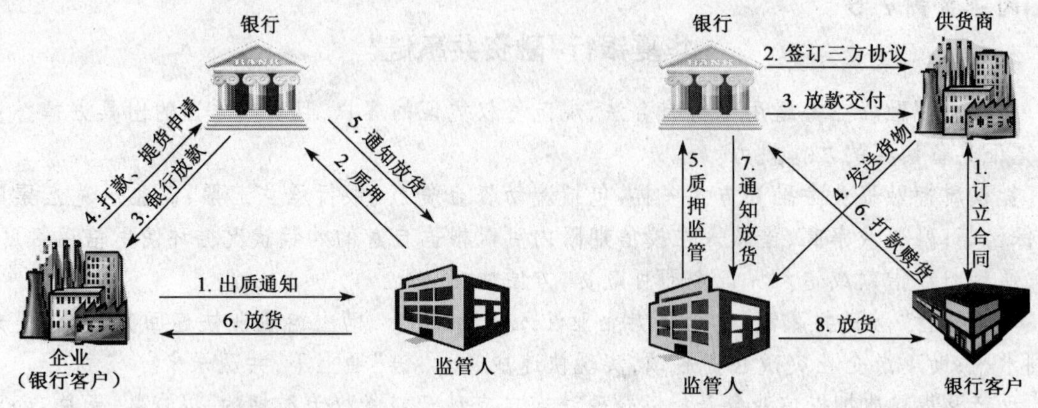

图 7-4　现货质押融资流程图　　　图 7-5　先票后货质押融资流程图

3）未来提货权质押融资模式

（1）未来提货权质押融资含义如下：

①未来提货权质押融资，以中小贸易商与核心客户签订的物资供应合同项下未来的货物作为质押，银行为客户提供融资，以销售回款作为第一还款来源的融资业务。

②未来提货权质押融资可以有效放大客户的提货能力，获得较高的价格折扣，同时可以免除卖方的回购担保，有较好的市场适应性。其融资利率一般要高于同期限的流动资金贷款。

③未来提货权质押融资业务强调过程控制、单据把握非常重要，对银行而言，操作风险较大。必须有非常具备责任心的客户经理制订严密的制度，确保符合规范的操作。

（2）未来提货权质押融资业务流程如下：

①银行与借款人、仓储公司及卖方商议操作模式，确定相关的协议。

②银行为借款人核定授信额度，并签署融资协议（如流动资金贷款合同或银行承兑协议），卖方签署《货物指定发送承诺书》（承诺书中声明，厂商将货物发送至银行指定的目的地，通常由银行提供标准版本，卖方签署即可），与仓储公司签订《货物质押保管协议》（货物进入仓储公司仓库后，制作成仓单交由银行保管）。

③银行发放贷款或出具银行承兑汇票。

④卖方收到货款或银行承兑汇票后，根据《货物指定发送承诺书》的路径发货。

⑤仓储公司收到货物后制作成仓单，将仓单提供给银行。

⑥借款人提供现金或银行承兑汇票质押赎货。

（3）未来提货权质押融资业务注意事项如下：

①用于质押货物价格由分行公司业务管理部审定，根据发票、合同、付款凭证及综合考虑货物的市价综合确定。

②必须与卖方和买方签订相关合作协议书，其内容应包括：卖方代办相关货物的运输手续，并确保运输货物的运输合同中收货人为银行、到达港（到达站）为银行指定的港站，不得由其他方，特别是买方办理运输。卖方在收到银行承兑的银承或者发放的贷款后，应出具相关的收款证明。如采用贷款方式授信，买方必须授权银行直接将款项付给卖方。出账前签订质押担保合同，还应在转为现货质押后填写质物明细，签订委托收货协议。

③如采用贷款方式，买方一般应事先在银行账户存入不低于合同金额 30% 的款项，银行

发放的贷款数额不高于合同金额70%的款项。银行贷款的款项必须与买方自有的款项一起直接付给卖方或者开具以卖方为收款人的银行汇票,卖方在收到相关款项后出具相关收款证明。

7.2.4 业务操作要点

普通货押融资与标准仓单质押融资在业务办理流程上基本相同,但有一些需要特别注意的地方,主要体现在质押货物入库及出质、占有和监管、提货、换货、核库、巡库、逐日盯市及跌价补偿等流程和环节。

对于授信调查环节的操作要点,授信调查时,要重点关注:

(1)仓储方和借款人的基本状况、资信水平、管理规范程度。

(2)回购人的基本状况、资信水平和信用评级。

(3)货物的质量、数量与货权凭证、质检单的一致性。

(4)货物的市场行情与变现能力。

(5)质押货物购买、销售情况记录(数量、价格)、销售半径及区域销售优势,区域市场容量、价格波动因素、行业盈利前景。

(6)货物的技术特性、目标市场定位、营销政策、现有主要合作伙伴。

(7)主要竞争对手、相互间的竞争优势及劣势。

(8)仓储方的经营状况、财务实力、资信记录、管理能力。

(9)货物是否仍适销对路、是否有积压情况。

(10)结合质押货物的数量和价格水平分析质押货物的变现能力。

(11)承诺回购方的市场地位、资信状况、经营状况和支付能力等。

借款申请人在提出融资申请时,除提交基本材料外,还需提交加盖公章的仓单标的清单,清单上列明品种,型号,规格,增值税发票上的单价、数量、金额等事项。由交易市场回购的由交易市场协助确认仓单的真实性。其他情况下经办客户经理须亲赴仓储方仓库核实质物标的及货位、核对仓单的"存根联"、核对质量检验单。

借款人应承担有关的各项费用,包括但不限于律师服务、财产保险、鉴定、估价、登记、过户、保管及诉讼的费用。必须将货权凭证移交银行,仓储方应声明放弃留置权,并且在质押期间,仓储方负责对质物标的进行仓储及保管,保证质物标的的数量和质量与借款人交付质物时质物上列明的数量和质量一致,因保管原因造成质物标的数量减少或质量问题,要由借款人负责补足。

质押协议原则上应办理公证,并通过协议明确仓单、停止出库牌、停止过户通知单、出库解除质押通知书等仓储管理单据的标准格式。

阅读案例7-6

路达汽车销售有限公司融资案例

1.企业基本情况

大连保税区路达汽车销售有限公司注册资本金为300万美元。截至2005年9月末,企业实现销售收入10亿元,大连保税区路达拥有其他进口汽车经销商不具备的规模优势,拥有15 000平方米的保税仓库及30 000平方米的露天展厅。公司最大优势在于一大批经验丰富的营销队伍和庞大的销售网络。在东北地区,公司进口某品牌汽车销售处于垄断地位,公司总资产2.9亿元，流动资产2.6亿元，货币资金7 100万元，应收账款339万元。

根据2004年的统计数据看，大连、天津口岸汽车进口量占全国总量约85%，其中大连占40%，天津占45%。

2. 银行切入点分析

大连保税区路达汽车销售有限公司虽然规模偏小，但是公司却有非常好的股东背景，外方股东香港立华有限公司为日本××品牌汽车在大中华区的总代理，中方股东大连新大公司为当地政府的投资公司。公司虽然注册资本偏小，但是公司的经营运作能力却非常突出。给公司提供融资最大的困难在于该公司没有合适的抵押担保。经过认真研究，某银行确定，以进口汽车作为质押。银行可以签发信用证，要求国外公司将信用证项下货物发送至大连大运储运公司仓库，大连大运储运公司将仓单质押给银行。

3. 银企合作情况

最后实际操作信用证业务基本流程为：

(1) 大连保税区路达汽车销售有限公司首先交20%保证金开证；

(2) 货物单据到后签订《汽车控管协议》；

(3) 由大连大运储运公司监控完税汽车入库；

(4) 大运储运公司收车钥匙并将车钥匙、仓单交给融资银行；

(5) 银行提供确认入库清单；

(6) 大连保税区路达汽车销售有限公司销售车款存入保证金账户；

(7) 交足额保证金；

(8) 融资银行向大连大运储运公司出具《出库通知单》，通知向大连保税区路达汽车销售有限公司放货；

(9) 解除监控。

该银行向大连保税区路达汽车销售有限公司提供开立信用证额度为5 800万元，授信期限为1年，20%保证金。目前该公司在银行存款余额约为4 500万元人民币。

资料来源：根据《商业银行供应链金融深度调研分析报告》整理

第8章　基于债权的供应链金融

【导入案例】

深发展银行的债权融资方案

1. 应收账款池(Account Receivable Pool,ARP)融资

ARP 融资是指企业只要将应收账款委托深圳发展银行管理,即可获得连续的融资安排和应收账款管理服务。

深圳发展银行应收账款池融资服务突破传统授信要求,无须企业提供其他保证或抵押担保;支持多种融资方式,便于企业灵活选择合适的融资品种,合理控制财务成本;同时通过合理安排,使融资期限突破单笔应收账款的金额和期限,降低企业资金管理难度。其宣传口号为"蓄水为池,用之不尽"。

深圳发展银行应收账款池融资服务涵盖企业从事国内贸易和国际贸易所取得应收账款。

1)国内应收账款池融资

企业可以通过出让国内应收账款取得深圳发展银行支付的对价,免除应收账款风险;可以在没有其他抵押或保证担保的情况下获得融资,加速资金周转;可以将应收账款管理和催收外包给银行,避免影响与下游客户的关系;可以优化财务报表,改善资产结构和现金流。

2)出口应收账款池融资

深圳发展银行根据出口商的出口应收账款余额提供一定比例的融资。出口应收账款种类包括以赊销(O/A)、托收(D/P 和 D/A)、信用证(L/C)为结算方式的商品交易下产生的应收账款,融资的使用方式为流动资金贷款、开立银行承兑汇票、开立信用证或保函等。

2. 出口应收账款池融资业务

出口应收账款池融资业务是指企业将其向国外销售商品所形成的应收账款转让给深圳发展银行,并且在转让的应收账款保持较为稳定金额的情况下,综合审核后根据应收账款的余额给予企业一定比例的短期出口融资。

1)出口应收账款池融资业务的优点

零散、小额的应收账款也可汇聚成"池"申请融资,无须其他抵押担保。

只要应收账款持续保持在一定余额之上,企业可在深圳发展银行核定的授信额度内,批量或分次支取贷款,一站式融资手续简便。

享有专业的出口应收账款管理服务,准确把握收款情况,节约企业管理成本。

盘活应收账款,加速资金周转,把握更多商机。

2)出口应收账款池融资业务的特点

这是深圳发展银行针对中小出口企业应收账款提供的贸易融资业务。

该产品特别适合于长期向国外多个相对固定的买家出口货物,出口收汇记录良好且保有相对稳定的应收账款余额的中小企业。企业将连续多笔、单笔金额较小的应收账款汇聚成"池",整体转让给深圳发展银行,即可从深圳发展银行获得融资支持。

资料来源:根据深发展银行资料整理

8.1 应 收 账 款

8.1.1 概述

1)应收账款的含义

企业在日益激烈的市场竞争环境中,为了扩大业务量而把产品赊销给客户,为客户垫付短期资金而采取的一种商业促销策略,即为应收账款。具体说来,企业因销售商品、产品或提供劳务等原因,应向购货客户或接受劳务的客户收取的款项或代垫的运杂费等,包括现有应收账款和未来应收账款,是在票据、存单债权之外债权人有权向债务人主张和收取的一定数额的金钱债权。应收账款因贸易活动而产生,实质上是一种付款请求权,这种付款请求权因买卖、租赁服务等合同产生。

美国《布莱克法律词典》对应收账款的定义为:“在正常商业交易中产生对某个企业所负的债务,此等债务不应建立在流通票据上。”《美国统一商法典》把应收账款界定为:“对任何售出或租出的货物或对提供的服务收取付款的权利,只要此种权利未由票据或动产契据作为证明,而不论其是否已通过履行义务而获得。”在上述概念中,都强调了应收账款应产生于普通商业交易,而不同于那些基于(如汇票、本票或支票等)流通票据的主张款项支付的权利。

我国《应收账款质押登记办法》中定义:应收账款是指权利人因提供一定的货物、服务或设施而获得的要求义务人付款的权利,包括现有的和未来的金钱债权及其产生的收益,但不包括因票据或其他有价证券而产生的付款请求权。具体包括的权利有:销售产生的债权,包括销售货物,供应水、电、气、暖、知识产权的许可使用等;出租产生的债权,包括出租动产或不动产;提供服务产生的债权,公路、桥梁、隧道、渡口等不动产权收费,提供贷款或其他信用产生的债权。

公路、桥梁、电信以及高等学校公寓的收费权,出租动产或不动产的收益以及租赁公司因出租设备、不动产而获取的租金收益,虽然在主体和用途上存在一些特殊性,但在本质上仍是一种未来应收账款(未来债权),因此一般也把其纳入应收账款范围。随着经济的发展,应收账款规模越来越大,已经成为主要的动产。对于票据、存款单等形式体现的债权,在设立、公示和实行方面与一般的应收账款有着诸多不同,因此不纳入应收账款之中。

阅读案例 8-1

应收账款质押的效力

应收账款质押一旦成立,可产生如下效力。

(1)质权人在向主债务人请求履行义务未获清偿的情况下,有权就设定质押的应收账款进行处分,并就处分收益优先于应收账款债权人和其他任意第三人受偿。

(2)在质权存续期间,一旦质权人发现出质人有恶意放弃、减免、向第三方转让出质债权的情况,有权要求当事人立即停止上述不当行为。在质权人制止出质人、出质债权的债务人损害质权行为无效,或者单纯通过自身要求无法实现质权的情况下,可以向法院提起公诉,主张对当事人损害自身债权的不当行为予以撤销,或者就质权人行使质权有关事项做出裁判。

(3)在应收账款付款期限先于主债务清偿期限的情况下,质权人可以和出质人协商将应收账款款项用于提前清偿主债务,或者向双方同意的第三方提存。此外,当事人也可在质押合同中预先约定,到时将上述已收应收账款存入出质人在质权人处开立的特定保证金账户,或者将该款项直接转化为出质人在质权人处开立的存单,并继续作为主债权的担保。

(4)在出质应收账款债权本身同时附带有一定的抵押、质押或者保证作为担保的情况下,当出质债权清偿期限届满后,如果债务人不履行其债务,质权人可以直接起诉出质应收账款债务人及对应的保证人,或者基于涉质的应收账款债权而主张对该债权项下有关抵(质)押物优先受偿。也就是说,质权人对出质应收账款债权的担保利益具有追及权。

资料来源:根据《中华人民共和国物权法》有关内容整理

2)应收账款的特征

与其他权利相比,应收账款具有如下特征:

(1)应收账款仅限于金钱债权而不包括非金钱债权;

(2)应收账款既可以是已经存在的债权,也可以是有稳定预期的未来债权;

(3)应收账款作为一种要求权,其价值取决于状态依存的收益流。

阅读案例8-2

应收账款的确认与评价

应收账款通常在将商品、产品的所有权或控制权转移时或提供劳务时予以确认。也就是说,在产品或商品已经交付,提供的劳务已经完成,对方的需要已经得到满足,合同规定必须履行的责任已经履行,销售手续已经完备时予以确认。如果不符合上述条件,则不应确认为应收账款。

登记企业垫付的包装费、运杂费一并记在借方。收到贷款和代垫的费用时记入该账户的贷方。该账户的余额一般在借方,表示企业尚未收到的赊销账款。如果发生贷方余额,则反映企业溢收的货款。

应收账款通常按其账面价值评价,计价时还需要考虑商品折扣、现金折扣、销货退回和折让、代垫销货运费等因素。其中,商业折扣是企业因适应市场供求情况,或针对不同的客户而按照实际成交价格。现金折扣一般是指为了尽早回笼资金而鼓励购货企业早日偿还赊欠贷款,允诺在一定的还款期限内给予的折扣优惠。如在10天内偿还赊欠的给予发票价格扣减4%的优惠,20天内的给3%的优惠。销货退回是销货的全部或部分取消,是基本业务收入的减少。在某些情况下,购销双方通过协商后在赊欠的销货资金额上给予一定数额的扣减,被称为销货折让。销货折让是应收账款的部分减少,不论销货退回或折让,都会使企业减少未收回的应收账款。在会计处理上,可合并设置一个"销货退回和折让账户"进行记录。销货运费是指由购货企业在货物到达时垫付的运费,然后从货款内扣还。如果应收销售账款的收回是跨会计期的,那么这笔对方垫付运费的业务需在本会计期末恰当估计一笔销货运费先行入账,待收到货款时再予以调整。

企业的应收账款到期无法收回,则变成坏账。对于坏账,在会计处理上有两种方法:直接转销法和备抵法。直接转销法是指企业在发生坏账时确认坏账损失,在注销某一客户应收账款的同时,把坏账损失列作发生期的管理费用。该种方法虽在处理上较为简便,但忽略了坏账损失与赊销业务的联系,在前期不反应坏账损失,显然不符合收入与费用配比原则,也夸大了前期资产负债表上应收账款的可实现价值，一般不予采用。备抵法是指在发生赊销业务的当期就估计坏账损失，一方面把这部分估计的坏账损失记作费用；另一方面设置"备抵坏账"或"坏账准备"账户，冲减应收账款金额，使资产负债表上应收账款反映扣减估计坏账后的净值。坏账损失的估计包括：①销货百分比法，即以赊销金额的一定百分比作为估计坏账损失的金额。如果根据销售金额估计坏账，则应注意销售总额中现金销售和赊销各自所占的比重，现金销售部分不会发生坏账，所以在估计时要剔除，以防止估计出现过度偏差；②应收账款账龄分析法，即根据客户欠款时间的长短看、来估计确定坏账金额，一般认为账龄越长，收回账款的可能性越小，越需要较大的坏账备抵比率；③应收账款余额百分比法，即根据会计期末应收账款的余额乘以估计坏账率来确定坏账损失金额，估计坏账率可以按以往的数据资料，也可以根据规定的百分率计算。

资料来源：根据上海交通大学 MBA 案例资料整理

8.1.2 功能及分类

1）应收账款融资功能

应收账款实际上是销货企业向购货企业提供的无息短期信贷。作为企业重要的流动资产，应收账款由于占用大量的现金，使企业资金周转速度大大降低，增加了企业负担。由购货企业无偿短期占用的资金如不能及时回笼，就会使企业的生产经营活动受到一定影响，甚至导致企业出现财务困难。所以通过有效地管理应收账款，使应收账款回收速度加快，尽可能降低应收账款余额。另外，在应收账款不得不保持一定规模的前提下，利用应收账款加大对外融资量。

目前，企业为了筹备必要的资金，利用应收账款筹资已经成为一种现实选择。银行依托应收账款向借款人提供融资，可以加速借款人应收账款的变现，弥补了临时性资金短缺，并且也能提升企业的债务资产比例。在应收账款转让的情况下，企业还可以有效避免财务风险，减少由于发生坏账所带来的损失。应收账款融资所具有的上述优势，使得该融资方式获得广大企业的喜爱。应收账款所具有的易变现、高流动性特点，使得银行也乐于接受其作为向借款人提供融资的标准，并且银行从融资的过程中，亦获得利息收入及各种费用收入。

2）应收账款融资分类

从业务实践上看，应收账款融资有应收账款质押融资、应收账款转让融资和应收账款证券化融资三种。其中应收账款证券化融资，是指以销货或服务产生的应收账款为支撑，通过特定的组织机构和结构设计提升信用状况，向投资者发行信用级别较高的证券的一种融资方式。应收账款证券化融资是资产证券化的一种，能够解决企业应收账款规模过大的问题，较适合具有较强信用等级且应收账款较多的大型企业，且银行在其中主要承担托管者的角色。

阅读案例8-3

应收账款融资方式 I

2004 年，中国建设银行某支行提供应收账款管理的供应链金融服务，供应链金融服务的需求方为江苏工业园区 G 公司。该公司主要从事生产和销售薄晶体管液晶显示器产成品及相关部件，公司 2003 年销售收入为 3.7 亿元人民币。2004 年 9 月，G 公司总资产为 49 990万元，其中流动资产为 33 695 万元（占总资产 67.5%），应收账款为 22 386 万元，占总资产44.9%,占流动资产66.4%;固定资产为15 245万元(占总资产30.5%)。G公司的主要客户(销售量占90%以上)是世界第三大的液晶显示器(TFT—LCD)生产制造商Y公司。G公司的应收账款大部分是针对Y公司(19 320万元,占应收账款的86.3%);G公司的生产加工组件主要来源于日本供应商C公司,C公司是行业垄断企业,是世界上有能力可以生产这些组件的三家企业之一。由上可见,G公司的上、下游企业均是强大的垄断企业,主要原材料采购必须现付货款,而销售后货款回笼有较长的应收账款期(下游企业Y公司在应收账款确认后4个月后的15日支付),随着公司成长和生产规模扩大,应收账款已占公司资产45%,这对公司经营产生极大影响。公司的土地、厂房和机器设备均已抵押给建行江苏分行,可融资人民币3 200万元,但这远远不能满足公司资金需求。

为解决这个融资问题,江苏建行提出了基于应收账款管理的供应链金融服务:①G公司(供应商、融资企业)与Y公司(制造商、付款企业)进行货物交易,Y公司开具应收账款单据;②供应商将应收账款单据质押给江苏建行,制造商出具应收账款单据证明和付款承诺书;③江苏建行向供应商发放质押贷款,供应商获得融资资金后购买原材料和其他生产要素;④制造商销售产品回收货款后,将应付账款金额支付到供应商指定的银行账号,应收账款质押合同注销。

资料来源:根据中国建设银行江苏分行资料整理

阅读案例8-4

应收账款融资方式Ⅱ

深圳发展银行(简称“深发展”)的“兖煤销售融资解决方案”,成功解决了经销商融资问题,加速煤炭物流和销售,更好地管理了兖州煤业股份有限公司(简称“兖煤”)的应收账款。

(1)兖煤的现款提货销售模式。作为发热量高、含硫量低、水分低的国内煤炭第一品牌,“兖煤”是国内主要电厂的抢手燃料。除直接与煤炭生产企业采购之外,多数电厂还需要通过经销商采购市场煤作为燃料,这一部分采购量往往占到电厂全部燃煤的20%以上。

该分销供应链中,兖煤处于供应链上游,供给煤炭。其作为一家能源上市公司,公司规模较大,资金实力雄厚。

(2)煤炭经销商的融资问题。由于煤炭生产企业和电厂处于强势地位,向上游采购需要现款或预付款提货,向下游销售又往往需要对电厂放账,煤炭经销商存在巨大的流动资金缺口和对银行的信贷资金需求。资金问题成为制约包括兖煤在内的煤炭营销的关键因素之一。

按照传统的银行审贷标准,煤炭经销商往往由于缺乏固定资产等有效抵押和较强的第三方担保,以及普遍存在的财务不够规范等原因,而无法从银行取得资金支持。

(3)兖煤销售融资解决方案。深发展专门针对兖煤的销售供应链,结合煤炭经销商主要为中小企业、民营企业的特点,设计了以贸易融资为主的融资、理财解决方案,主要的内容包括:①以经销商现货煤炭质押的融资解决方案:先货后票的仓单质押模式。经销商以此方式盘活存货,能够提前向上游煤矿付款取得煤炭,加速资金和货物流转。②以未来货权质押的融资解决方案:先票后货的保兑仓业务模式。银行通过适当的产品和服务方式,锁定资金支付给上游煤矿,上游煤矿负责发货到银行指定的监管码头或仓库,并在下游企业或经销商备足资金交到银行的前提下,将煤炭所有权移交分销商销售。

这种创新性的煤炭贸易融资解决方案具有简便、灵活和适用的优点。这种模式不仅有效地解决了预付款的支付问题,同时由于采用票据方式操作,其融资成本较低,票据贴现市场利率仅为4%左右,远低于6% ~7%的半年期流动资金贷款利率。

这两类存货融资模式,有效地解决了经销商预付款的支付问题,盘活了经销商存货等对资金的占用。不但解决了下游经销商的融资难问题,且有效地控制了经销商的财务成本,深化了煤炭企业与下游用户的贸易关系,稳定和扩大了销售队伍,加快了资金周转,扩大了销售规模,是一种厂、商、银三方共赢的业务合作模式。深发展针对煤炭供应链开发和创新了多种能够灵活运用货押、票据、保理、流动资金贷款等多种金融服务的贸易融资模式,可根据经销商的不同情况而设定个性化的融资解决方案。

另一方面,深发展还根据多年发展煤炭金融的实践,精心挑选广东省内年煤炭销售量超过30万吨的主要煤炭经销商推荐给兖煤和各大电厂,为整合煤炭供应链起到银行拥有充足信息和客户资源,并与战略伙伴共享资源的积极作用。深发展为煤炭行业设计和创新的融资业务模式,使煤炭生产企业及时回笼货款,有利于培养和壮大煤矿企业的核心经销商,为经销商解决了资金周转问题,为整个煤炭行业带来积极而深远的影响。

深发展广州分行从2001至2005年5月末一直从事煤炭经销领域金融服务,累计授信达到15亿元,投入煤炭经销领域的资金超过20亿元,客户基本覆盖了全国主要的煤炭生产企业(如兖煤、神华、山西煤焦等)、境外煤炭出口商和华南地区的主要经销商(如广东富运、广州蓝粤、大优煤炭等),并进一步辐射到了广东省内下游的主要电厂(如粤电、深能源等),客户数量超过30家。

资料来源:根据深发展银行资料整理

8.2 应收账款质押

8.2.1 应收账款质押概述

1)应收账款质押概念

应收账款质押融资是指卖方(融资申请人和应收账款债权人)在采用赊销方式向买方(应收账款债务人与付款人)销售货物时将应收账款相关权利质押给银行,由银行向卖方提供授信,并把应收账款作为第一还款来源的一种短期融资服务。

2)应收账款质押特点

(1)所提供的资金供企业短期流动资金周转使用,或者用于扩大业务,或者用于弥补应收与应付之间的资金缺口,不能用于股市、期货投资及股本权益性投资,也不得用于长期项目投资。

(2)质押率一般为应收账款金额的50% ~90%,贷款期限最长不超过12个月,且每年进行重审。

(3)银行一般提供专门的技术对资金的用途进行监控,常见的方式就是让借款人授权,由银行将资金按商业用途直接打入收款人账户。

(4)还款时也可要求借款人的客户直接支付给银行。银行根据借款人的信用度会不同程度的参与应收账款的回收,力度最强的方式是在本银行开设回款账户。

(5)应收账款只是作为质押品,借款人应在银行开设具有担保性质的应收账款质押专户,用于质押的每笔应收账款的回收都应通过该专户结账，银行可以通过该质押专户有效监督借款人应收账款的回收情况。

(6)融资金额可能随着应收账款的基数变动而波动。

(7)借款人负责回收应收账款，并负责用回收的应收账款赔偿银行贷款。

(8)一般不通知借款人的债务人，以免破坏两者之间的关系。

(9)对借款人设定一些约束条款。

(10)在必要的情况下，要求额外的担保，比如要求借款人额外提供土地、厂房等不动产担保，在本银行保留适当的存款余额等。

(11)定期对借款企业进行现场检查。

(12)应收账款的债务人不能及时付款时，银行可对借款人进行追索。

3)业务当事人

(1)银行，即开展应收账款质押融资业务的贷款发放人。

(2)借款人，即拥有应收账款并提供担保品，向银行申请应收账款质押融资的企业。从供应链角度讲，借款人应主要是与产业链中核心企业有业务关系的供应商，亦即应收账款的债权人。

(3)应收账款，即基于借款人所提供的商品或服务而欠借款人的金钱债务。

(4)应收账款债务人，即购买借款人商品或劳务，欠借款人债务的个人或企业。从供应链角度讲，债务人主要指的是核心企业的供应商。

(5)发票。这里的发票不是指我们常说的税务证明，而是指借款人发给应收账款债务人、列明应收账款有关内容的文件。

4)融资对象

应收账款质押融资对象主要是那些信用记录相对较差，或高速成长而资本不足，或遇到财务困难的规模较小企业。换句话说，应收账款质押融资的对象主要是传统贷款所不认可的“劣质企业”。高速成长而资本不足的企业一般财务杠杆比率高、财务比率差，缺乏稳定的营运利润，处于财务困境的企业其财务状况更是不容乐观，因而这些企业无法获得基于企业信用分析而提供的正常贷款，但是这些企业大都具有一定数量的高质量应收账款，可将其作为担保物向银行进行贷款。因此，银行在分析是否向某个企业提供融资时，应先对企业进行整体分析，看其是否符合传统信贷标准，如不符合，接着再进行分析看是否符合应收账款质押融资标准。

8.2.2 业务种类及基本要求

1)业务种类

应收账款质押融资可按形式和是否为现实应收账款等标准进行分类。

(1)应收账款质押单笔融资与应收账款质押循环融资。应收账款质押单笔融资，又称特定融资，是指银行根据企业产生的单笔应收账款确定授信额度，提供融资。它主要适用于发生频率较少，单笔金额较大的情况。应收账款质押循环融资是根据企业一段时间内连续稳定的应收账款余额，核定应收账款质押最高授信额度，根据每笔应收账款单独提供融资，在贷款期间，借款人可以不断提取、偿还贷款。循环融资主要采用批量担保的方式，适用于应收账款发生频率较大、回收期短、周转快，特别是连续发生的小额应收账款，应收账款保持一个较为稳定存量余额的情况。

(2)已有应收账款质押融资与未来应收账款质押融资。已有应收账款质押融资是指将已经形成的应收账款设定为放款的基础。大部分应收账款质押融资都是针对已有应收账款而发放的。未来应收账款质押融资是把未来将要产生的应收账款设定为放款的基础。将未来产生的应收账款纳入质押担保范围，使银行的放贷金额大幅增长，关键是要落实未来的应收账款一定能够产生，否则就使银行贷款失去了基础。因此，银行只能给那些已经与债务人签订了长期、明确的购销货协议的借款人提供未来应收账款质押融资业务。

在业务实践中，针对借款人信用度高低及是否与债务人签订有稳定、长期的购销货协议，银行决定只提供即有应收账款质押融资服务，还是将未来应收账款一并纳入放款基础之内。

(3)一般应收账款质押融资与特定应收账款质押融资。一般应收账款质押融资是指对用来质押融资的应收账款不进行具体认定，也就是说，凡是企业目前已经存在的合格应收账款都可用于抵押，当旧的应收账款结清时，新发生的应收账款可以继续用作抵押。特定应收账款质押融资是指特定某一项或几项特定的应收账款作为质押品而提供的融资。随着这些应收账款的回收，抵押关系即消除。如果企业需要继续抵押贷款，则需重新办理抵押贷款手续。

2)基本要求

银行开展应收账款质押融资业务，需要做好以下三点。

(1)建立一个适合业务开展的信贷框架，来明确融资对象的大致范围，即哪些行业、哪类客户是银行应收账款业融资业务的服务对象。

(2)明确信贷标准，即什么样的客户可以发生业务往来，什么样的客户不能发生业务关系，并确定放款金额与合格应收账款的大致比率(开始做业务时一般采取较低的放款率)。

(3)建立一个合规风险管理体系，能动态地对业务进行风险等级评定。

8.2.3 业务流程与操作

应收账款质押融资的业务办理流程与普通商业贷款的业务流程并无实质不同，区别在于不同环节上银行的关注重点不同，以及与此相应采取的操作技术也不同。

银行贷款一般都需经过搜寻并筛选借款人，对借款人的贷款请求进行分析，借款人与贷款人对贷款方案的详细条款进行协调以确保满足双方要求，进行贷款审批并在满足贷款条件的情况下进行贷款发放，如图 8-1 所示。

在上述贷款发放流程中，对应收账款质押融资业务来讲，应收账款的分析与价值确定以及后续监控非常重要。

1)选择合适的借款人

银行开展应收账款质押融资业务，关键是科学评估应收账款的真实价值并进行紧密的监控，但这并不意味着借款人本身不重要。事实上，银行总是先选择好借款人，再对借款人的应收账款进行评估。对那些业绩、财务状况等方面表现都比较“强健”的借款人，银行可按传统的信贷标准提供融资，而对那些处在资金缺口区域的企业来讲，才适合提供应收账款质押融资。

应收账款质押融资的借款人应满足如下的基本准入条件。

(1)借款人应当是工商行政管理机关核准登记的企业，一般应为生产型、流通型企业，具备独立法人资格。

(2)资信良好，在本银行无不良信用记录，在其他行无不良信用记录。

(3)生产的产品具有较强的不可替代性。

(4)主业突出、鲜明，产品或服务具备竞争优势，有较稳定或上升的市场(或买方采购)份额，有良好的商业模式，行业前景较好，业务发展持续性强。

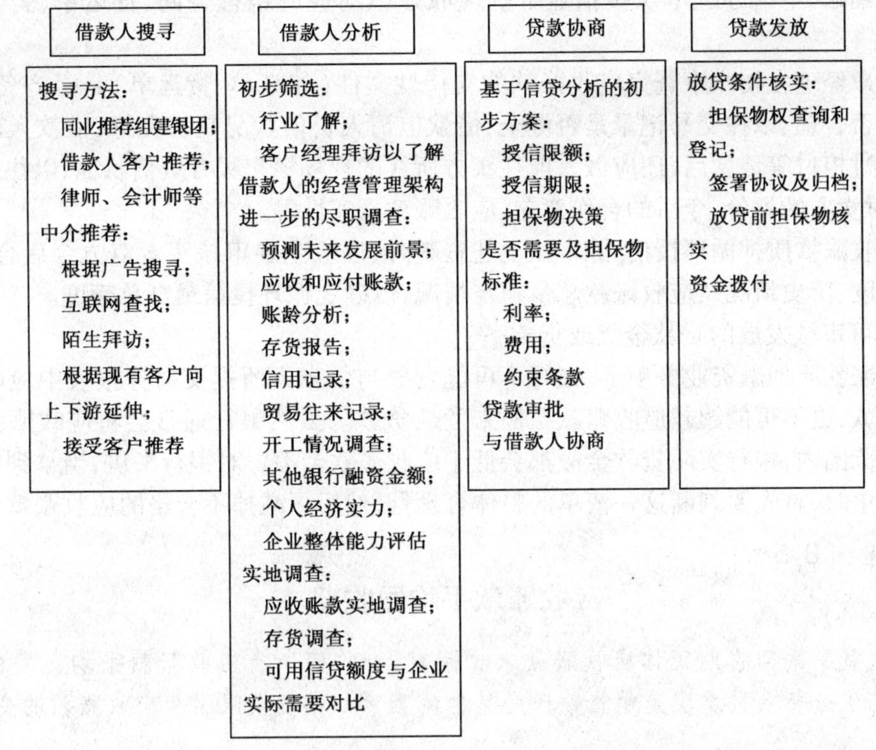

图 8-1　应收账款质押融资业务流程

(5)已与买方建立稳固的业务合作关系，为买方长期稳定的供应商。

(6)承诺以本银行为主要结算行，提供质押的应收账款销售回款指定本银行为唯一收款行。

(7)所涉及的商业交易适合采用应收账款质押授信方式操作。

(8)买卖双方交易已达半年以上，已完成并收回到款的交易金额不低于申请额度。

(9)借款人必须自身经营活动现金流连续、稳定，有不断补充的现金流可以用来偿还银行贷款，应收账款作为偿还银行融资的备选资金。

借款人所处行业分析。为使借款人的选择尽可能地科学合理，银行一般还应对借款人所在行业进行分析，包括行业竞争状况、风险状况、进入障碍、所处成长周期、行业特性(是顺经济周期还是反经济周期，受宏观经济状况影响程度)等因素。在该行业中，借款人所处的竞争地位以及与竞争者相比所体现的竞争优势，是对行业进行整体评估后了解借款申请人的关键点。

2)办理应收账款质押融资业务的相关资料

银行判断一个借款人是否适合应收账款质押融资，主要考虑的因素包括：应收账款的可回收性，应收账款的集中度，应收账款的质量、应收账款的平均金额大小、发票数量、是否符合银行的信贷政策等。因此，在对借款人做出基本判断后，在收集借款人的应收账款质押融资业务资料时，除营业执照、机构代码等基本资料外，还应重点关注如下资料：

证明企业实际销售额的增值税发票、普通发票；企业银行往来对账单情况；企业纳税的资料，包括完税证明等；企业法人代表及主要股东的个人授信记录；企业法人代表及主要股东的个人品行调查资料；以往交易有关的合同等资料；以往交易有关的发运单等资料；以往交易的商品检验证明等资料；以往交易的销售回款凭证等资料；应收账款和应付账款总额、账龄清单等总账及明细账;申请办理本次授信业务的应收账款对应的销售合同、发运单、验收证明等资料。

银行客户经理在初步审查完应收账款的支持性文件(如订单、货运单)是否齐备,应收账款的账龄是否合理、以往交易记录是否健全,借款申请人资信状况是否良好,借款人的银行账户是否发生过拒付等请款后,还应派人前往买方所在的现场核实买方资信状况、以往合同履行情况、买方对卖方的评价、今后的合作意向、应收账款真实性等。

对于应收账款质押循环授信,除审核上述资料外,还应主要审核买卖双方今后合作意向、合作稳固程度、历史情况及应收账款总量稳定情况,以确定循环授信最高总额度。

3)确定可审核发放的贷款金额或贷款率

在应收账款质押融资业务项下,银行不可能发放与借款人所提交财务报表中应收账款金额等值的贷款,更不可能超越应收账款金额来发放贷款。虽然银行通常会将应收账款总额都纳入担保物范围内,银行实际贷款金额都会低于应收账款金额。对银行来讲,当拿到借款人的应收账款清单时,首先要判断这一清单的整体合理性,然后再减掉不合格的应收账款。

阅读案例8-5

应收账款平均回收期

应收账款平均回收期又称应收账款未收回期,指收回所有应收账款平均花费的时间。该指标有助于分析人员发现是销售额还是其他的因素如销货期限引起应收账款的变化。计算公式为:

应收账款平均回收期=应收账款余额×分析期天数/分析期赊销额。

资料来源:宋炳方.《商业银行供应链融资业务》.2008

合格的应收账款通常需符合以下条件。

(1)买方为善意购买人,且是信誉良好、具有充分付款能力的大型企业、公用事业单位及政府机关等。

(2)应收账款贸易背景真实,买卖双方有一定时期或数量的交易记录且合作良好,卖方履约能力已得到买方认可,买方基本能按时付款,不存在长期拖欠现象,以往合同不存在履约纠纷。

(3)应收账款价值与企业经营状况负相关,且其变现价值接近于市场价值。

(4)卖方已依约全面履行销售方义务,销售合同约定的付款条件、日期明确,已经在销售合同中约定,银行为指定收款银行,或卖方已经书面通知买方,变更银行为收款银行。

(5)该应收账款为卖方正常、完整、真实履行销售合同取得的债权。

(6)双方对应收账款不存在贸易纠纷、反索、抵消等争议。

(7)除非能证明双方交易的真实性,买卖双方原则上不得是同一集团内部企业及其他关联性企业。

(8)涉及社会公共利益的应收账款不能用于质押,如学校有对学生的、医院有对患者的未偿还债权等。

用合格应收账款金额乘以根据经验数据得到的放款率,最终得出可以发放贷款的额度。合格应收账款是确定可贷额度的最大值,但由于可能出现一些不可预见的因素使应收账款贬值,如销售出去的商品可能发生退货情况,应收账款金额中可能包含应该扣除的折扣部分,对应收账款清算时会发生收款的可预见和不可预见费用,这些情况的出现需要银行预留一部分风险缓冲费用,以使上述情况出现时作为担保物的应收账款金额仍能覆盖贷款金额。因此,放款率都不可能达到100%。确定具体的放款率时，除考虑应收账款本身质量的高低、银行对其信心以及各种可能引起应收账款贬值的因素外，还应参考其他一些因素，如经济紧缩时，银行一般会降低放款率，经济发达地区借款人的放款率会高于欠发达地区借款人的放款率等。从经验数据来看，大多数银行会选择合格应收账款的80%作为放款率。操作目标是清算时的应收账款变现价值要大于贷款金额。

阅读案例8-6

可用信用额度的计算

可用信用额度等于合格应收账款乘以放款率，其中合格应收账款等于应收账款总额减去不合格应收账款。其中，放款率是在扣除用以支付清算收账费用和其他无法预见的坏账的基础上根据各银行的风险偏好来确定的，为银行的综合风险缓冲项目。建立该项目的目的在于除剔除不合格应收账款之外再加一层保护。

不合格应收账款是指具有如下特性的应收账款。

(1)账龄超过90天的应收账款应划入不合格应收账款范围。

(2)存在30%的应收账款超过90天的客户的全部应收账款，如针对某一供应商的应收账款中，有30%的应收账款的账龄超过90天，则针对该供应商的全部应收账款都划入不合格应收账款范围。

(3)如果借款人的某一客户也是借款人的供应商，则针对这一客户的应收账款全部视为不合格应收账款。因为当向该供应商收取应收账款时，该供应商可能会因为借款人欠其货款而行使抵消权。即使当前借款人的应收账款金额大于应收付款金额，也很有可能经过一两笔交易变成负值。

(4)可能引起销售减少的应收账款，如有瑕疵商品的退货、出具发票后又向顾客提供低于原发票价格的折扣以及其他生产销售扣减的折扣、减免、退货或发票错误。如借款人的退货金额一直保持在销售金额的6%，则新销售货物的6%将会被划入不合格应收账款。

(5)借款人拥有的对境外供货商的应收账款应排除在借款基础之外。

(6)账龄虽没超过90天，当借款人的供货商被发现有不良信用记录或倾向或拖欠的习惯，则针对该供货商的应收账款应予以扣减。

(7)针对借款人关联企业的应收账款。关联企业一般指在股权或管理上有一定联系的企业，如同归某一部门管理或为同一个出资人。

(8)用作担保物的应收账款主要集中在某一供应商或某个行业时，应将其中一部分乃至全部划入不合格应收账款。划入的比重大小取决于应收账款的集中程度。

(9)虽已开出发票单尚未发出货物的应收账款应予以扣除。

(10)针对如下买方的应收账款应列为不合格的应收账款：付款缓慢、不按时支付货款、征信机构信用评级较低的买方，以及其为污染企业以及银行自身数据库记录为信贷不良的买方。

(11)单笔应收账款不得超过借款人应收账款总额的30%，除非这个借款人的债务人具有良好的还款记录。如果超过40%，针对这个债务人的应收账款需摒弃在合格应收账款之外或打折处理。

(12)使应收账款回收可能性降低的其他因素在确定合格应收账款时也应一并考虑。

资料来源：宋炳方.《商业银行供应链融资业务》.2008

借款人申请应收账款质押融资业务时，由于应收账款通常是由销售库存而形成的，为避免存货被其他银行用作抵押，银行一般同时把借款人的存货一并用来担保。适合作担保的存货一般不包括半成品，因此一般是将原材料价值与产成品价值合计数乘以一定的百分比得到的数据作为基于存货的可贷额度。

银行在开展应收账款质押融资业务时，可以基于应收账款的可贷额度作为放贷基础，也可使用基于应收账款和存货的合计可贷额度作为放款基础。

4）按银行内部授信流程进行业务审查

上面对可用信用额度的核定必须得到信用审查人员的认可。在授信审查时，应重点关注以下内容。

借款人有无一定的资产及经营实力，财务状况是否良好，现金流量是否与报表销售收入相符。

应收账款贸易背景是否真实，买卖双方以往的交易合作记录，买方的付款情况与规律，是否存在以往合同纠纷。提交质押的应收账款是否为正常的应收账款，合同付款期限是否合理，有无争议事项。

买卖双方是否存在关联关系，买方对卖方有无其他需要或可以行使抵消权的债权。

卖方在生产能力、技术方面是否具备履约能力，其履约能力被买方认可的程度。

卖方经营持续性分析，其保持销售份额的优势所在。

对应收账款评估的流程和细节有无疏漏。

在实际运作时，应收账款金额是不断变化的，因此优势并不确定信贷金额，而是设定为合格应收账款的一个比例，如60%。

5）进行应收账款质押登记

为了使应收账款担保物权产生对抗第三方权利人的效力，亦即为了建立针对应收账款的优先权，银行一般会对借款人的应收账款进行担保登记。尽管银行可能只根据应收账款担保物的一部分确定贷款发放金额，登记范围仍为全部现在拥有的和未来产生的应收账款，即覆盖借款人用于贷款担保的所有应收账款。根据国际惯例，优先权顺序根据先登记先优先的原则加以确定，因此银行在确定发放应收账款质押融资贷款时，应先通过查询，确保无第三方在应收账款担保物上已设立担保物权。如果已经设立，则必须与预先设立并登记担保物权的担保物权人交涉，要求放弃和变更其优先权先顺位，或放弃提供此笔融资。

阅读案例8-7

我国《应收账款质押登记办法》及《应收账款质押登记操作规则》的主要内容

1.明确办理应收账款质押登记的相关主体及登记方式

中国人民银行征信中心负责办理应收账款质押的登记，并为社会公众提供查询服务。应收账款质押融资的登记是在该中心的应收账款质押登记公示系统进行的。该系统的核心理念是质权人张三在什么时间（登记时间）对出质人李四的什么东西（质押财产）有权利，登记的目的在于让公众及潜在的质权人知晓该项财产的权利已经设置了登记。出质人与质权人的权利和义务归根到底是来源于双方签订的契约，而非登记，登记的作用仅限于公示。该系统将用户分为两类：常用户和普通用户。常用户注册后需要到征信分中心组织的现场审核地点提交相关证明材料，审核通过且缴纳年费的，提供登记、查询等基本功能及辅助功能；

普通用户无须现场审核，注册后即生效，按次缴纳费用，但只提供基本功能。用户采用互联网登记的方式，并且只登记填表人基本信息、出质人信息、质权人信息及质押财产信息，因而登记较为便利。借鉴国际做法，我国的这一系统允许对质押财产信息进行概括性描述。

2. 质押登记的内容

登记内容包括质权人和出质人的基本信息、应收账款的描述、登记期限。对应收账款的描述既可是概括性描述，也可做具体描述。

(1) 出质人或质权人为单位的，应填写单位的法定注册名称、注册地址、法定代表人或负责人姓名、组织机构代码或金融机构代码、工商注册码等。

(2) 出质人或质权人为个人的，应填写有效身份证件号码以及身份证载明的其他信息。

(3) 质权人可以与出质人约定将主债权金额等项目作为登记内容。

(4) 质权人应将质押协议作为登记附件提交登记公示系统。

3. 肯定重复质押的效力

允许在同一应收账款上设立多个质权，质权人按照登记的先后顺序行使职权。

4. 登记期限

(1) 质权人自行确定登记期限，登记期限以年计算，最长不得超过 5 年。登记期限届满，质押登记失败。

(2) 在登记期限届满前 90 天内，质权人可以申请展期。质权人可以多次展期，但每次展期期限不得超过 5 年。

5. 变更登记

在登记实践中，我国把登记区分为初始登记、变更登记、展期登记、注销登记、异议登记等，质权人可根据业务需要进行不同类别的登记。其中，变更登记可分为：

(1) 内容变更。登记内容存在遗留、错误等情形或登记内容发生变化的，质权人应当办理变更登记。

(2) 主体变更。质权人办理登记时所填写的出质人法定注册名称或有效身份证件号码变更的，质权人应当在变更之日起 4 个月内办理变更登记。未办理变更登记的，质押登记失败。

(3) 增加新标的。质权人在原质登记中增加的应收账款出质的，新增加的部分视为新的质押登记，登记时间为质权人填写新的应收账款并提交登记公示系统的时间。

资料来源：根据中国人民银行《应收账款质押管理办法》整理

6) 放款审核、贷款发放及后续管理

借款人提出提款申请后，经办业务人员按照银行放款审核规定进行审核，审核申请人向银行提交质押应收账款清单、销售合同正本及副本、提单（或发货单）副本或留存联，然后办理具体放款。

银行还应根据借款债务人的特点，决定是否发放《应收账款质押通知函》。一般而言，银行无须向债务人发出《应收账款质押通知函》，因为债务人的付款事项是债务人与借款人之间签署的《购销货协议》确定的，银行作为质权人与债务人之间在债务人按时付款情况下并不产生联系。但为稳妥起见，银行在条件许可的情况下，总是希望获得债务人的书面认可，因而愿意发出该函。在业务实践中，如果债务人愿意提供回执，银行当然会发出该函。从扩大业务角度考虑，银行应更多考虑对借款人及其应收账款进行科学的评估，而非寄希望于债务人的认可。下面提供《应收账款质押通知函》的样式。

阅读案例8-8

应收账款质押通知函

应收账款质押通知函(通知样式)

公司(购买方):

因__________公司(销售方)与××银行__________支行,已签订应收账款质押合同(合同编号:________),________公司(销售方)将与贵公司从即日起至______年____月____日止全部的应收账款,即下列应收账款:

合同号:__________应收账款金额:__________

合同号:__________应收账款金额:__________

质押给××银行__________支行,请贵公司从接到此函之日起

将应付给__________公司(销售方)全部已质押应收账款付至银行账号

收款行:××银行__________支行

收款账号:__________

户名:__________

如付银行承兑汇票或其他支付工具,则由××银行__________支行派专人领取。

联系人:__________身份证号码:__________

联系电话:__________

感谢贵公司的合作!

公司(销售方)

××银行__________支行

年　　月　　日

应收账款质押通知函(回执样式)

××银行__________支行:

公司(销售方):

来函收悉,我公司已获知根据编号为______号应收账款质押合同,______公司(销售方)将与我公司从即日起至______年____月____日止的全部应收账款,即下列合同项下的应收账款所列:

合同号:________应收账款金额

合同号:________应收账款金额

合同号:________应收账款金额

质押给××银行________支行。

从即日起,我公司保证将应付给________公司(销售方)的上述全部已质押应收账款付至下列指定银行账户,如付银行承兑汇票或其他支付工具,则交给××银行________支行指定人员。

收款行:××银行________支行

收款账号:________

户名:________

公司(购买方)

年　　月　　日

资料来源:根据交通银行资料整理

放款前需要做的另一项工作是开立借款人的银行账户用以收款。如果借款人在本银行已有账户,也可使用该账户的资金进行收款,但必须冻结借款人从这个账户提款的权利,以确保流入该账户的资金能按借款协议的用途来进行还款。

办理具体授信业务后,买卖双方交易合同正本(注明债权质押给:××银行字样)、《应收账款质押清单》及《应收账款质押确认函》作为授信质押物入库保管,由业务人员和会计人员(两人或两人以上)对其封存入库保管,填写签字确认。同时业务经办人员记录申请人已质押应收账款台账,明确记载已质押贷款合同、付款方、期限、授信金额等要素。

7)动态调整应收账款质押融资的金额

当可发放贷款额度一旦确定,则在某一特定时期内,贷款额度就是一个相对固定的量。但我们知道,应收账款金额随着借款人销售活动的变化是在不断变化的。当合格应收账款金额低于可放贷金额时,银行信贷就会处于风险暴露之中。因此,银行在实际操作中会选择可发放额度与应收账款总额挂钩的可用信贷额两者之间的较小数来避免出现类似情况。由此也可看出,应收账款质押融资需要银行非常频繁地接触借款人以获得决策所需要的必要信息。当然,仅凭频繁地接触尚不足以支持银行开展应收账款业务。必须选择建立一套信息报告体系,通过这套体系来联系不断地传递应收账款的信息并将应收账款的增减与贷款余额的增减直接挂起钩来,在担保基础增加时,贷款余额相应增加,而但担保基础减少时,贷款余额就相应减少。这套体系运转是否良好的标准就是担保基础增加时,可用信贷额就会增加,而当一笔应收账款回笼时,就会被用于减少贷款余额。

(1)有效的信息报告体系。有效的信息报告体系应包括四个方面:新增应收账款清单、应收账款回款清单、借款基础依据清单及应收账款回款账户。银行通过把握有关应收账款新增和回款的不间断信息,以及通过回款账户直接将回款用于降低贷款余额,来实现对可用贷款额度的动态调整,以确保银行信贷风险处于可控之内。

①新增应收账款清单(表8-1)。银行应要求借款人至少每周向银行提交一份应收账款清单,清单上应列明应收账款客户(债务人)名称、金额、日期和发票号。提交清单时应一并附上新发票。将新增应收账款中的不合格应收账款扣减后,就可计算出合格应收账款的净增价值。然后再乘以放款率后就可以得出可用信贷额的净增加值。

新增应收账款清单样式 表8-1

借款人名称:××公司		日期:×年×月×日	
新增应收账款债务人	发票金额(万元)	发票编号	日　期
成明贸易公司	1 000	007	×年7月1日
高华制造公司	1 400	008	×年7月2日
音声设备公司	2 100	009	×年7月3日
新增应收账款总额	4 500		
制表人:	复核人:	单位公章	

②应收账款回款清单(表8-2)。这份清单所列款项应与借款人实际收到的回款数额相等,最终用以扣减实际贷款金额。在这份清单中,应同时列出折扣、坏账、赊欠、调整等引起应收账款金额变化的款项。

应收账款回款清单样式　　表 8-2

借款人名称：××公司　　日期：×年×月×日

应收账款债务人	应收账款总额	扣减金额	回收款净额	日　期
发达贸易公司	2 000	700	1 300	×年7月4日
升贸制造公司	3 100		3 100	×年7月3日
铬钢医药公司	1 000		1 000	×年7月6日
总　计	6 100		5 400	

制表人：　　复核人：　　单位公章

③借款基础依据清单。借款人申请增加贷款金额时，要提交能够增加贷款金额的证明。这份证明材料汇总了与借款人应收账款有关的一切活动。可将新增应收账款清单和应收账款回款清单综合使用。具体计算公式为：目前合格应收账款净额 = 期初应收账款金额 + 新增应收账款金额 - 回款金额、销售扣减及其他调整款项。下面列出了一个包括基于存货和应收账款的可用贷款额度样式。

阅读案例 8-9

借款清单样式

借款人名称：××公司　　日期：×年×月×日

①期初应收账款金额
②新增应收账款金额
③回款净额
④调整项
⑤期末应收账款金额(① + ② - ③ - ④)
⑥不合格应收账款
⑦合格应收账款(⑤ - ⑥)
⑧应收账款可用贷款额度(⑦ × 放款率)

⑨期初存货
⑩材料采购
⑪产品销售成本
⑫调整项
⑬期末存货(⑨ + ⑩ - ⑪ - ⑫)
⑭不合格存货
⑮合格存货(⑬ - ⑭)
⑯存货可用贷款额度(⑮ × 放款率)

⑰可用贷款额度总量(⑧ + ⑯)

制表人：　　复核人：　　单位公章

资料来源：根据交通银行资料整理

④应收账款回款账户。应收账款回款账户用来接受应收账款的回款金额，银行应与借款人约定，所有应收账款的回款都必须存入这个账户，这个账户内的资金也只能用来清偿授信额度内的贷款余额，并且借款人不能从这个账户提款。通过这个账户，银行可以对借款人的资金

流入进行控制，就能避免借款人在应收账款资金收回后用于其他用途而非用来还款。为防止借款人将应收账款的回款进入一个不为银行所知的账户内，银行可以向借款人的客户提供一个只有银行才能查看的账户。银行收到应收账款回款后，再将款项定期转出用以偿还贷款。

(2)信息报告体系的应用。针对不同借款人，银行对信息报告体系的四个方面可采取的宽严措施也不相同。比如，对于财力实力较弱、风险较高的借款人，银行会采取更为严格的应收账款回款措施，要求并监督借款人向其客户书面发出将应收货款直接付给银行的通知。对于拥有较好盈利记录、财务实力较强的借款人，银行通常会采取较为宽松的措施，并不对借款人进行回款账户监控，而只要求借款人定期提交关于新增应收账款、回款及依据清单。对于一些状况更好的借款人，银行甚至会让借款人自己负责监控应收账款，以确保可用信贷额度始终高于贷款余额。当然，银行应经常进行对账，以确保借款人的监控结果与实际情况一致。

经评估，应收账款价值减少时，贷款余额及贷款额度相应要降低，而当应收账款价值增加时，贷款金额及贷款额度也可相应提高。当某些情况出现时，银行应削减或取消授信额度。

阅读案例 8-10

引起银行削减或取消授信额度的一些征兆

申请人未能按销售合同的约定履行业务，可能影响应收账款的收回。

申请人未经银行同意，通过其他渠道向买方收取已质押给银行的应收账款。

买方不能按期支付到期的应收账款，或经营状况发生较大不利变化导致预期付款能力下降。

申请人经营状况发生较大的不利变化影响其还款能力。

在授信期内，部分应收账款的收回造成质押比例达不到要求，应收回质押不足的超额部分授信或将所收回的应收账款存保证金账户内。

在应收账款质押循环授信中，单笔应收账款逾期超过一个月，申请人尚不能提供新的经银行确认的应收账款进行质押置换。

资料来源：根据交通银行资料整理

8)授信后管理工作

(1)应建立应收账款台账，记录销售合同编号、合同签订日期、合同金额、定金或预收款金额、分期收款金额与到账日期、应收账款金额、应收账款质押授信金额、收回额和金额。每半个月与申请人全面核对一次，按月向买方查询，并与借款人结算账户核对，确认合同项下款项是否全部通过银行账户结算。

(2)应收账款质押授信，经办人应按银行贷后管理要求对申请人进行贷后检查和管理，通过各种途径密切关注付款人经营情况的变化，如付款人出现重大不利情况可能影响应收账款到期支付，银行应要求借款人提前偿还银行融资。

(3)授信到期，应要求申请人归还融资，授信到期日至应收账款到期日为宽限期(不长于一个月)，在应收账款到期后，借款人未能归还融资，同时债务人没有将应收账款支付给借款人，银行应通知借款人与债务人，要求借款人立即偿还授信，必要时应采取法律手段追收。由于已经进行应收账款质押登记，银行对应收账款的债务人有追偿权利，因此银行可联合借款人向债务人发出到期付款通知书。如果债务人按时付款，则银行就没有必要发出到期付款通知书了，因为借款人与债务人签署的购货协议中已明确了债务人的付款责任。

阅读案例 8-11

应收账款到期付款通知书

应收账款到期付款通知书(通知样式)

公司(购买方):

因__________公司(销售方)与××银行__________支行,已签订了应收账款质押合同(合同编号__________),__________公司(销售方)将与贵公司(购买方)从即日起至______年____月____日止全部的应收账款,即下列应收账款:

合同号:__________,应收账款余额:__________

合同号:__________,应收账款余额:__________

质押给××银行__________支行。按照规定,上述账款将于______年____月____日付清,贵方应按合同约定付款,特此通知。请贵公司(购买方)在______年____月____日前,将应付给__________公司(销售方)全部已质押应收账款付至下列银行账号,如付银行承兑汇票或其他支付工具,则由××银行__________支行派专人领取。

收款行:××银行__________支行

收款账号:__________

户名:__________

公司(销售方)

××银行__________支行

年　月　日

应收账款到期付款通知书(回执样式)

××银行__________支行:

公司(销售方):

来函收悉,我公司已获知根据编号为______号应收账款质押合同,__________公司(销售方)将与我公司从即日起至______年____月____日止的全部应收账款,即下列合同项下的应收账款所列:

1. 合同号:__________,应收账款余额:__________
2. 合同号:__________,应收账款余额:__________
3. 合同号:__________,应收账款余额:__________

质押给××银行__________支行。

1. 我公司将应付给__________公司(销售方)上述全部已质押应收账款在______年____月____日付至下列指定银行账号:

收款行:××银行__________支行

收款账号:__________

户名:______

2. 如支付银行承兑汇票或其他支付工具,则交给××银行__________支行指定人员。

公司(购买方)

年　月　日

资料来源:根据交通银行资料整理

9)对一些特殊情况的处理

如果提前于授信到期日收回应收账款,双方可协商将回款存放在保证金账户,待授信到期再一并偿还授信或当时直接偿还授信,已收回款项不得由企业挪作他用。

银行应在授信到期前10个工作日通知借款人准备还款,借款人还款困难的,将《应收账款到期付款通知书》送达付款人,催促付款人按期支付贷款。

授信到期,应收账款虽未到期,应收账款项下付款单位已将应收账款支付给申请人,将该资金直接偿还授信。

授信到期,应收账款未到期,申请人结算账户余额足以支付授信本息,扣除申请人账户资金偿还授信。

授信收回后,主办业务员在应收账款台账上做记录,同时交易合同正本退还申请人,将《应收账款质押清单》和《应收账款质押确认函》存入授信档案保存。

针对具体客户的风险度,可以有选择的要求借款人提供除应收账款质押以外的其他抵押、担保等方式,进一步降低项目的风险度。

8.2.4 业务风险管理

银行发放应收账款质押贷款,最担心的事情莫过于业务出现风险。前已述及,应收账款质押融资有助于解决贷款人——借款人信息不对称以及由此引起的相关风险问题,但这并不是说,应收账款质押融资业务可消除业务风险。实质上,由于应收账款将企业产品转化为现金的时间跨度拉长、资金周转放缓及经营成本加大,随着时间跨度的拉长,应收账款不能按期回收的风险也在加大,加之外部客观环境的影响,应收账款质押融资业务的风险依然存在。只是相对于传统贷款而言,该业务的风险特征有些不同。应收账款质押融资业务的风险主要源于借款人实施的欺诈行为、借款人业务的失败及应收账款自身质量的恶化或金额的下降。

1)认真了解借款人

对借款人品性或诚信度进行科学评估并非易事,因为借款人的品格并不像财务指标那样容易被量化。对借款人的品格进行评估主要依赖于银行与借款人在长期业务关系中建立起来的关系,但这就陷入一个悖论:正因为没有开展业务才需要对借款人进行了解。可行的办法是银行的业务人员与借款人高层管理人员进行面谈,并尽可能地从更广泛的渠道中来了解借款人的信誉。借款人的信誉在“圈内”是有反映的,在业务关系建立之前就将有不道德前科或倾向的借款人屏蔽在外。品性越好,进行欺诈的可能性就越小,在企业发生危机情况下抵御欺诈的能力就越强。在业务实践中,也有一些借款人早有预谋,通过开展“诚信”的业务先骗取银行信任,最后再制造一起较大的欺诈,使银行蒙受损失。

阅读案例 8-12

如何了解借款人——交通银行案例

(1)获取借款人品格信息的一些渠道

①与借款人没有利益冲突的第三方,或借款人生意上的合作伙伴。

②个人征信系统中的记录,但这种渠道应与其他手段参照使用,因为系统可能会遗漏一些重要情况。

③专业征信公司提供的第三方报告。

④从法院系统查到的法院记录。

⑤从监管部门查到的备案记录。

⑥报纸、互联网等各种公开渠道。

⑦借款人的内部员工,这有时是最重要的信息获取渠道。

(2)与借款人访谈时值得警惕的一些话语以及情况

借款人的高管人员说出如下或类似的话语,就值得银行的业务人员警惕。

①已经有两家银行同样给我们发放贷款,即使你们银行不给我们贷款也无所谓。

②我在公司里有绝对发言权,什么事都需要我最终决策。

③其他银行(企业)对我们提起诉讼,这没什么,我们会摆平的。

④这笔业务肯定没问题，没有任何风险。

⑤我们已经被多家国际知名的企业列为指定供应商。

⑥我们近期获得多项国际大奖。

⑦媒体上关于我们有些事项未进行披露的消息是不客观的，我们正准备披露。

⑧我们离行业第一已经指日可待了。

⑨我们的发展规划是3年内达到行业前三名。

⑩我们最近在衍生品和期货市场上投入较多，且取得了很好的投资业绩。

⑪我们的业务有政府支持，肯定没问题。

经过访谈发现借款人出现如下情况也值得银行的业务人员警惕。

①借款金额超出业务开展的实际需要。

②没有就一些法律纠纷进行恰当的解释。

③借款人的组织架构过于复杂。

④在很短时间内经营管理层出现频繁变动。

⑤与关联方交易占有很大比例。

⑥频繁地更换外部合作机构，如律师、审计师。

资料来源：根据交通银行资料整理

借款人支付贷款的综合能力是银行需要考察的另外一个因素。综合能力越强，借款人陷入财务困境时实施欺诈的可能性就越小，同样，个人在借款企业中投入的越多，这个人实施欺诈的可能性就越小，因为这会使他卷入更多的风险之中。

借款人面临的经济形势对其是否会实施欺诈也有影响。经济好转时，人们一般不愿意欺诈，这和在人身上发生“仓廪实而知礼节”实质上是一个道理。在经济形势恶化时，为了保持可用信贷额和避免破产，借款人实施欺诈的动机就可能增强。

2）对应收账款的现场确认与核对

现场确认与核定的结果对信贷决策至关重要。通过一定时间的现场确认与核对，可以发现该客户是否符合本银行的信贷政策，并评估与之建立信贷关心的可能性。贷款投放后，这种现场确认与核对也非常重要，因为这样可以确定借款人的整体财务状况及应收账款状况，以便动态地掌握借款人的状况，为信贷额度动态调整提供决策基础。实践也证明，现场实地调查还是识别、防范借款人欺诈的最佳手段。一般而言，在贷款发放后的不同阶段都应进行这种现场确认与核对。现场工作何时开展以及在多大范围、程度上开展都是根据银行业务开展的实际需要来进行的。通常情况下，实地调查每年都要进行3~5次，且实地调查人员要与包括高层管理人员、普通员工在内的多层次人员进行交谈，并重点现场检查如下内容。

（1）借款人提交的文件及这些文件所对应的情况是否真实。文件范围很广，包括客户订货单、发货单、发票、提货单、运输收据等。

（2）对所抽查应收账款、债务人的账户历史进行审查。

（3）对应收账款和应付账款的账龄进行审查。

（4）检查借款人的银行账户以确定借款人在其他银行的资金运作情况。

（5）核实以前发现的任何异常情况。

（6）借款人提供的税务清单、针对债务人的付款通知书副本等材料。

为增加现场工作的效率，银行一般需事前通知借款人做好相应的准备，但为确保现场工作结果的真实性，银行应保留未经通知即可现场工作的权利。如果条件许可，银行最好选派具有丰富实践经验且细致认真的人员来从事现场确认与核对。如果银行自身不具备这样的实力，也可委托外部专业公司进行，但由于激励约束因素的缺陷，外部公司并不会对工作结果负有绝对的保证义务，一旦出现工作结果不客观、不真实的情况，银行需承担根据这种信息所做决策的后果。在外部市场环境有待进一步建设的情况下，外部专业公司良莠不齐，银行一是要慎重使用这种外部公司工作方式；二是必须使用时做到慎重选择，并且业务协议中进行条款约束。银行最好的选择是逐步培养起自己独立的、有能力的现场调查人员。

3）动态收集风险预警信号

通过信息报告体系持续地获得应收账款新增及回款的相关信息，是信贷决策后持续监控的重要手段，但对相关风险预警信号进行及时甄别也同样重要。银行在贷款发放后应认真使用信息报告体系，通过仔细审查借款人提供的财务信息，包括应收账款清单、回款清单、借款基础数据以及借款人的财务报表，来及时发现预警信号。风险预警信号有可能引起银行贷款恶化，因此必须加以关注。

阅读案例 8-13

常见的风险信号

①没有在规定时限内将应收账款新增及回款信息报告给银行。

②经过计算可用信贷额度非正常性地出现下降。

③在登记公示系统中发现其他银行进行了新的应收账款质押融资登记。

④应收账款增长速度超过销售增长速度，或应收账款金额出现超常增长。

⑤借款人客户结构急剧发生变化，出现了大量新客户。

⑥应收账款账龄出现拉长现象，或账龄超过 90 天的比例急剧增加。

⑦资产负债方面出现未经解释的不正常变更。

⑧利润率出现大幅度上升。

⑨会计期末出现异常的或大笔的利润丰厚的交易。

⑩应收账款回款支票被拒付。

⑪应收账款的客户结构出现重大变化。

⑫电话突然打不通，或长时间不回电话。

⑬借款人管理层出现震荡或职员大量离职。

⑭协议及各种文件的签字人出现变化。

⑮存货突然增加或突然出现大量新的应收账款户头。

⑯通过第三方了解到借款人客户的抱怨大量增加。

⑰财务报表各种数字突然以整数形式出现。

⑱财务报表各种数字突然优化或恶化。

⑲借款人的借款金额突然增加。

⑳账龄恶化（如回款期无端变长）。

㉑销售条款发生巨大变化，出现不利的趋势。

㉒出现重复开立发票等弄虚作假情况。

㉓经营情况出现恶化，企业经常被退货。

㉔其他足以影响银行信贷安全的事件和行为。

㉕没有按时缴纳税金或代扣员工所得税。

㉖没有按时缴纳电费、税费或通信费。

资料来源：深发展—中欧商学院课题组.《供应链金融》.2009

4)密切对应收账款进行监控,不定期核对借款人应收账款

密切监控是应收账款质押融资业务的基本特征。业务本身的特性要求银行对应收款进行密切监控,但监控的程度实际上取决于很多因素,如果借款人信用程度高,则监控就可以弱一些;如果银行力量不足,监控也就不可能做到很强。当然,银行应尽量做到每日都能关注借款人的应收账款,这样做能防止应收账款状况恶化,及时获得借款人运作表现的相关信息,并且借款人在银行的每日关注下"隐藏"起其诈骗银行的动机,降低应收账款质押融资对象所具有的高风险,促进借款人更好地管理自己的应收账款。

银行还应不定期但比较频繁地对借款人的应收账款进行核对,即通过与借款人的客户进行联系,了解该笔应收账款是否存在及金额大小。银行应避免这种核对对借款人与其客户之间的关系造成负面影响。因为这种核对工作实质上是建立在对借款人不信任、认为借款人一旦脱离监督就会产生道德风险的理念基础上的,可能会极大地引发借款人的不满。银行应该在了解实际情况与避免引起关系恶化两方面寻求恰当的平衡。另外,核对所有的应收账款也比较困难,核定的频率与范围可根据借款人财务状况、所处的经济环境来具体确定,可采取抽样核对的方式。

具体策略包括以下四点。

(1)抽查销售发票进行核实,要求借款人提供提货单等相关运货文件,以了解发票所列示的货物是否如期发运。如果借款人无法提供,则不管其以什么借口进行解释,这本身就是一个有可能实施诈骗的危险信号。

(2)如果借款人开发票后推迟交货,则银行向借款人的客户进行调查,了解这种行为是否为借款人的客户所知晓。银行还应调查了解这类发票在整个借款人提交的发票中到底占到多大比例。

(3)定期核对发票是否以真实交易为基础而开出,并通过抽样方式了解贷款人的客户是否的确存在。

(4)要求贷款人定期提交可用贷款额度报告,并根据新开发票和回款情况进行更新,始终保持贷款余额小于合格应收账款的价值。

5)在业务定价中加大风险报酬与管理费用因素的比重

同一般贷款价格都包括筹资费用、管理费用及风险报酬一样,应收账款质押融资的价格也包括这些构成。不同之处在于应收账款质押融资价格构成中,风险报酬与管理费用因素所占的比重要高些。因为银行需要对借款人的应收账款进行适时的监控,所花费的成本要比普通的贷后监控要高得多。另外,应收账款融资的贷款人一般都是按传统信贷标准无法获得贷款的客户。当然成本高的程度取决于借款人的风险状况及银行自身筹资成本。

6)高度警惕应收账款质押融资业务中可能出现的欺诈行为

欺诈的构成要件包括:借款人故意提供有实质性错误的声明文件,这种声明或文件被银行所使用且造成了损失。有些借款人从借款关系一开始就故意实施欺诈,而有些借款人在借款关系确立时并无意欺诈,只是在自身陷入账务困境时才实施欺诈。

欺诈是造成应收账款融资业务发生损失的主要原因之一。这不光是因为在账务报表各项目中应收账款最容易为借款人所虚构,而且还因为这种虚构有很大的隐蔽性,很难为借款人之外的第三方所察觉。虽然如此,识别欺骗的技术也有很多,银行仍能从借款人的一些蛛丝马迹中发现欺诈信号,从而尽早采取措施避免损失。

阅读案例8-14

欺诈的主要形式

(1)伪造虚假文件进行会计入账,有时是借款人自己捏造而审计师没有发现,有时则是借款人与审计师合谋欺诈。借款人试图要求银行减少对应收账款的监控时(如不开回款账户),往往会通过对账务报表进行造假使银行产生借款人实力较强的印象。

(2)歪曲或编造交易,把企事业的非经常性收入列为经常性收益。这些收益为出售固定资产、进行投资、接受捐赠而获得的收益,具有不重复发生、不经常获得的特点。

(3)掩盖关联方的所有权属或利益、或交易本质,与关联方经低于或高于正常市场价格的价格进行交易,借以虚增销售金额。

(4)隐瞒业务亏损,把亏损隐藏在已经中止的经营活动项下,同样可造成虚增销售金额的效果。用没有实现的销售夸大应收账款金额。

(5)在长期合同项目下,未按进度比例确定入账金额,而是全部或超比例入账。

(6)虚假评估应收账款回款净额,造成应收账款与实际金额不实。

(7)把本应承担的债务责任隐藏起来,如不把应付账款入账。

(8)回流资金打入秘密账户。

(9)伪造发票。

(10)发现借款人没有分开披露应该披露的事项,如对贷款合同约束条款的违反、对生产经营产生重大影响的事件、未解决的法律纠纷等。

(11)对应收账款本身进行造假:在交易真正做成前就确认销售收入,如在所有权风险并未真正转移,货物尚未发出,实现销售完成的不确定因素仍然存在等情况下,将销售收入入账,并把销售发票用作融资申请;把发票从过期的不合格应收账款账龄科目中转移到未过期的合格应收账款账龄科目下,以改善可用信贷因优惠、折扣等因素而减少的应收账款金额,借款人以种种理由不予报告或延迟报告;借款人开具空头发票或提前出具发票,即没有产品销售而进行虚构(开具发票后推迟交货的情况也存在,这需要银行进行甄别);收到应收账款后,借款人没进行还款而是挪作他用。

(12)在对借款人进行破产清算时,银行可能面临借款人故意隐瞒其名下的真实资产这一欺诈行为:把现金通过关联交易或凭空转移给朋友或家人;向并不存在的供应商支付所谓货款;对关联公司提供的服务支付金额过高的款项;以低价向关联公司或个人转移资产;发生文件转移或销毁事件。

(13)银行对付款欺诈最有效的方法就是提高警惕、做好预防,可采取如列举的那些风险防范措施来进行,但关键是要有一个"风险无处不在"的业务理念,并采取切实措施予以在细节上落实。

资料来源:根据交通银行资料整理

7)对借款人进行监控

无论何种融资形式,对借款人的监控都是必需的,应收账款质押融资也不例外。对应收款质押融资的借款人,银行可从整体表现、运营情况、市场竞争力、经营管理层状态及主要战略决策等方面进行监控。对借款人发生的任何不寻常的事件,银行都不应放过。

(1)监控的一个重点是看借款人对约束条款的遵守情况。约束条款是银行要求借款人承诺从事或不从事某项行为的局面记录,以便银行可以跟踪借款人的业绩,同时明确客户经营业务所需的限定条件。银行在客户协商同意的基础上设定约束条款，一般放在银行与借款人签订的融资协议中。常见的约束条款有：收到用于清偿已质押给银行任何应收账款的任何现金、支票、汇票或本票等支付工具，必须立即通知银行，并将款项或支付工具转交给银行处理；财务指标不低于或高于某个限定的值；需在每季度结束后20日内向银行提供完整的季度财务报表，在该财年结束后3个月内提供经审计的上年度财务报告；净资产不低于或高于某个限定的值；对非银行借款，借款人未经银行同意不得优先偿还；未经贷款人同意，不将资产提供给第三方作担保品；对企业的合并和收购等资本运营活动进行限定或根本不从事；不进行经营性资产的出售；流动性比率、利息保障倍数等关键财务指标保持在某一幅度内。对借款人竞争力最强的约束条款包括：当事前约定的某一行为或结果出现时，银行到期不再给予续贷、收取惩罚利息、借款人不能继续抉择超限额使用资金、调整放款率等。当然，条款的内容多少与违反承诺的惩戒力度，均取决于借款人自身的质量高低。在整个贷款期间内，银行通过现场审查等途径全程监控借款人对约束条款的遵守情况，银行就应及时向借款人提出并要求借款人在限定时间内纠正过来，同时保留信贷协议中所约定的所有权利。

对银行来讲，真正监控到借款人的实际行为往往并不容易，有些借款人完全可能在从事与其主业不相干的业务，从而使银行的贷款处于高风险之中。虽然如此，银行还是要通过发现借款人的蛛丝马迹来获知借款人到底在干什么。对借款人的深入监控，要求借款人按季度提交财务报表的、与企业负责人进行访谈、通过第三渠道获取信息等都是比较好的方式。

借款人一般按季度提交的财务报表，包括反映既定经营成果的财务报表以及预测的财务报表。对于财务实力比较弱的借款人，可提高财务报表提交频率，比如按月提供。利用财务报表是一个比较好的方式（当然银行也不能完全相信借款人的财务报表），比如财务报表上借款人市场扩大，准备通过扩大原材料的采购来扩大生产，但也完全可能存在另一种情况，即借款人并未将原材料用来加工生产，而是偏离主业、销售收入是否稳定、关键指标是否异常、偿还债务的能力是否减弱、业务扩展是否超过现金流允许的程度、新的投资是否过大、针对特定非常规业务的保险是否充分等不确定的事项。必要时，基于现实的假设对损益及现金流的预测结果进行分析评价，进行借款人偿付能力测试与敏感性等分析。此外，银行还应关注借款人是否经常发生晚提交财务报表的情况，以及财务报表解释的信息是否充分。

（2）监控借款人账户。财务报表每年审计一次，季报是不会经过审计的，银行通过财务报表得到的往往是滞后的信息，且有时也不是那么准确。由于账户是实时的，通过借款人的往来账户（资金进出情况）就可判断借款人的经营状况。因此，银行都注重对借款人账户的监控。如果账户余额突然增加或减少，或进出活动有异常，或出现针对账户的不良行为，这些信号都是银行应该关注的。银行对往来账户进行有效监控的前提是借款人的业务往来款项都是经过这个账户运行的，所以银行在从事应收账款质押融资业务时都会要求借款人把自己的资金往来集中到本银行账户上来。

（3）定期走访客户。为使对借款人的监控到位，银行业务人员需与借款人管理层个人之间保持良好的联系，必要时能随时进行面对面的交谈。每半年到少要去借款人生产经营现场拜访一次，在时间选择上尽量和年度及季度的客户现场调查相一致。现场拜访不是出于社交或加强联系的目的，而是要现场查看厂房是否整洁、机器是否运转、存货周转是否正常等。访谈的对象既要包括借款人高层，也要包括一线工人。

（4）其他监控银行还可通过对借款人的供应商进行访谈以确定借款人是否有拖欠行为、

通过获得借款人的信用报告以查看借款人是否有不良行为、通过金融同业沟通或查看应收账款登记系统以了解借款人是否存在诉讼以及其他负面消息以及约束条款是否得到遵守、是否在批准的授信限额内运用资金。

8)建立针对应收账款质押融资的风险评级体系

简洁、科学的风险评级体系具有多方面的作用,包括为银行提供应收账款。

质押融资客户风险状况的总体信息、为银行审批临时增加信贷限额和贷款,计算一般坏账提供一个客观的基础、为银行与客户打交道提供一个快捷的总揽信息、为银行确定科学的定价提供一个基础等。因此,很多银行在开展应收账款质押融资业务时,都会建立一个应收账款质押融资的信用评价模型,这一模型体现为:评级结果是借款人财务风险等级与应收账款风险等级的函数。财务风险等级反映的是借款人的财务实力和总体表现,应收账款等级衡量的是应收账款覆盖信贷额度的充足性。

评定最终风险等级的方式有两种:

一种方式是应收账款质押融资风险等级 = 财务风险等级 × X + 应收账款风险等级 × Y,其中 X、Y 分别是财务风险等级与应收账款风险等级的权重。由于每家银行的风险偏好与信贷政策有所不同,这一模型在核心要素相同的前提下,财务风险与应收账款风险在总体风险评定中承担的权重是有所差异的。

另一种方式是直接将两种等级进行组合,用来反映总体风险程度。如财务等级为1级,应收账款风险等级为B级,则用1B级来反映该笔业务的整体风险程度。

在财务风险与应收账款风险进行具体评估时,需要确定一些具体的指标,一般而言,针对应收账款质押融资的风险评级体系包括的指标不宜太多。表8-3、表8-4提供了该业务中财务风险等级和应收账款风险等级的风险评级样本。

财务风险等级评定表

表8-3

指标/财务风险等级	低风险(1级)	较低风险(2级)	可接受风险(3级)	需关注风险(4级)	需高度关注风险(5级)
财务状况、流动性、资本、收益、现金流、管理和还款能力的总体表现	非常出色	良好	基于对借款人财务业绩和财务状况的整体评估,认为其还本付息能力是可接受的	财务状况恶化(困难),偿债能力或意愿存在疑问,需要进行密切监控	经正式评估,认为全额偿还不大可能
授信账户的历史表现	按时偿付本息	按时偿付本息	虽然有一些异常情况,但无显著问题	运作异常,在要求提供信息时没有得到客户的有效配合	借款人处于某种形式的法庭管理或面临清盘,需要对本金或利息全额或部分提取做准备
约束性条款的遵守程度	完全遵守	完全遵守	存在部分违反约束条款的状况,但总体的风险未发生显著恶化	违反某些约束条款,导致大部分领域风险状况恶化	违反全部约束条款,导致总体风险状况恶化
借款人的增长潜力与发展趋势	增长强劲	增加优势明显	为行业平均水平,销售增长较为稳定	分析认为全额受偿仍然有可能	分析认为全额受偿基本没有可能

续上表

指标/财务风险等级	低风险（1级）	较低风险（2级）	可接受风险（3级）	需关注风险（4级）	需高度关注风险（5级）
有无超额提款情况	从来没有	偶尔存在	半年内不超过5次	频繁使用未提前安排的资金或(和)临时调高信贷限额,但到期时不能履行按期偿还的承诺	
发票争议性	没有争议	正确度在80%~90%	正确度在60%~80%,仍可接受	正确度在40%~60%,存在无效或假发票	发票核实结果很糟糕
现场审计结果	获得正面性评价	总体上是正面性的	基本满意	问题较多,但改正后情况可能会好转	令人非常不满意,未出现曾预料到的情况

应收账款风险等级评定表 表8-4

指标/应收账款风险等级	低风险（A级）	较小风险（B级）	可接受风险（C级）	需关注风险（D级）	需高度关注风险（E级）
前十大应收账款占全部应收账款的比重	低于20%	介于20%~40%	介于40%~60%	介于60%~80%	超过80%
应收账款周转	小于40天,在原定级基础上减2级	介于40~50天,原等级减1级	介于50~70天,原等级不变	介于70~90天,在原等级基础上加1级	超过90天,在原等级基础上加2级
折扣、退货及核销等因素造成的金额占全额应收账款金额的比重	小于3%,在原定级基础上减2级	介于3%~4%,在原定级基础上减1级	介于5%~7%,原定级不变	介于7%~9%,在原定级基础上加1级	超过9%,在原定级基础上加2级

使用说明:应收账款风险等级的确定程序是:以前十大应收账款占全部应收账款比重作为评价标准,得出基本等级;根据应收账款周转天数对基本等级进行调整;再根据"折扣、退还……"栏的因素对第二步得出的风险等级进行再调整,最后得出应收账款风险的最后等级。级别越高,说明风险越大。这种方法简便易操作,不需要考虑过分复杂的因素及很多指标。但需注意,应辩证地看待应收账款集中度这一指标。在一般情况下,应收账款越分散,对借款人越有利,但在业务实践中,如果借款人的债务人市场地位强势,对借款人来讲,获得回款的可能性就很高。因此,在确定基本等级时,还应考虑借款人的债务人的市场地位、借款人与其他债务人之间的关系因素

使用举例:前十大应收账款占全部应收账款的比重为35%,则得出风险等级为B级。如果周转天数为85天,则加上1级,为C级;如果折扣等因素造成的应收账款金额占全部合格应收账款的比重为3.5%,得最终风险等级为B级

阅读案例8-15

A公司:一个操作案例

1. 判断A公司是适合做应收账款质押融资,还是适合做一半的普通担保或信用融资

A公司是一家具有10年发展历史的商贸企业,以销售办公设备为主,房产自有但已设定抵押。本财年的主要财务数据见表8-5(表8-5中括弧内为行业平均值)。

A 公司主要财务数据 表 8-5

资产负债简表(××年 12 月 31 日　单位:万元)

资产		负债和股东权益	
应收账款	5 000(5 000)	应付账款	2 600(1 800)
存货	2 500(2 500)	短期借款	3 000(2 500)
固定资产	1 500(1 500)	长期负债	1 600(1 500)
		股东权益	1 800(3 200)
总资产	9 000(9 000)	总负债和股东权益	9 000(9 000)

损益表(××年 12 月 31 日　单位:万元)

项目	金额
销售收入	12 000(12 000)
销售成本	8 000(8 000)
毛利润	4 000(4 000)
经营费用	1 000(1 000)
利息费用	800(400)
折旧	1 000(1 000)

从表 8-5 中可以看出,A 公司在资产总量与结构方面与行业平均水平相同,但应付账款、短期借款方面明显高于行业平均水平,导致股东权益低于行业平均水平。短期借款高于行业平均水平使得利息支出也高于行业平均水平,在销售收入、销售成本、经营费用与行业平均水平一致的情况下,税前净利润低于行业平均水平。从各种财务比率的计算结果看,也反映出 A 公司的整体财务状况要低于行业平均水平。因此,按照传统的信贷评审标准,A 公司不适合做信用或不动产抵押放款。但我们注意到,A 公司持有较高的应收账款,这是银行开展应收账款质押融资业务的充分条件。至于 A 公司适不适合做应收账款质押融资,以及做多少,还要对 A 公司的应收账款进行详细的分析。

2. 从应收账款总量中甄别不合格应收账款

表 8-6 反映的是 A 公司的应收账款明细。

A 公司的应收账款债务人及账龄明细(××年 12 月 31 日　单位:万元)　表 8-6

应收账款					
期限	0～30 天	31～60 天	61～90 天	91 天	余额
客户 1	100	320	170	210	800
客户 2	300	100	180	120	700
客户 3	300	100	100	100	600
客户 4	200	50	140	60	450
客户 5	400	20	50	30	500
客户 6	400	1 000	90	110	1 600
客户 7(国外)	120	180	10	40	350
合计	1 820	1 770	740	670	5 000

续上表

应付账款					
期限	0~30天	31~60天	61~90天	91天	余额
客户3	160	120	30	40	350
客户8	100	120	120	70	410
客户9	130	110	80	40	360
客户10	120	150	150	50	470
客户11	90	50	30	30	200
客户12	210	30	50	10	300
客户13	300	100	80	30	510
合计	1 110	680	540	270	2 600

要核定可用信贷额度，首先要确定合格应收账款的金额。为此，要先分析哪些应收账款为不合格应收账款。

(1)针对客户1的应收账款有超过20%的金额超过了90天，预示着针对客户1的应收账款面临着较大的回收风险，应将800万元应收账款全部扣除。20%这一比率可根据债务人信用及宏观经济形势进行调整。在经济高涨时，可高于20%；反之，则低于20%。

(2)客户3既是借款申请人的债务人，又是债权人，虽然在金额上应收账款大于应付账款，但只要经过几笔交易，这个数字就可能发生逆转。为此，审慎的办法就是把客户3的应收账款全部划为不合格应收账款。

(3)客户7为国外客户，由于国外应收账款的回收遵循的是很复杂的惯例，不可预见性因素较多，因而也予以扣除。

(4)客户6的应收账款比例达到32%，集中度较高，为防止出现额外的信用风险，可将扣除90天金额以后应收账款的50%，即(1 600－110)×50%万元划为不合格品。

(5)共有670万元应收账款的账龄超过90天，按照审慎的原则，这些应收账款不应划为合格类。需要注意的是，670万元应收账款中根据前述3条原因已经扣除了一些，在不合格应收账款金额计算时，应注意调整。

(6)假设经过调查，我们没有发现退货、折扣、已开票未交付货物及债务人信用较差等情况，不合格应收账款仅限于以上诸种情况，则可以计算合格应收账款的金额了。

考虑以上情况，合格应收账款可按如下公式计算：

5 000－800－600－120－60－30－110－(1 600－110)×50%－350＝2 185万元。

假设放款比率为75%，则可用贷款额度为2 185×75%，即1 639万元。银行可在1 639万元的信贷额度向内A公司放贷。

资料来源：宋炳方.《商业银行供应链融资业务》.2008

8.3　应收账款转让

与通过应收账款质押获得融资不同，买方还可将应收账款转让给银行以取得融资。应收账款转让融资又称为保理融资(为符合人们的习惯称谓，以下通称为保理融资)，是另外一种针对应收账款的融资方式。对我国的银行业来讲，保理融资是一种比质押更熟悉的应收账款融资方式。对融资对象(即卖方)而言,可以将应收账款直接转变为流动资金,有效改善企业财务报表,买方的信用风险转由银行承担,并且因为账务管理和账款追收都由银行负责,从而能减轻企业负担,节约管理成本。因而,保理融资对卖方而言具有较大的吸引力。同时,由于保理融资能够使银行从客户身上取得更为丰厚的收益,因此也获得银行的偏爱。但问题在于银行的竞争日趋激烈,保理融资相对于质押融资而言,需要客户支付更多的成本,因而相对于应收账款质押融资,该产品的竞争力较弱。具体到一家银行,到底是提供保理融资,还是提供质押融资,视银行的业务战略及客户的具体情况而定。在保理融资中,银行是否购买企业的应收账款不取决于出售应收账款企业的信誉,而主要取决于欠账客户的信誉。因此只有那些信用好的欠账客户所欠的应收账款,才能成为银行的收购对象。

按照应收账款涉及对象的空间范围不同,保理融资可分为国内保理和国际保理。国内保理为供应商与其客户均在国内的保理业务,而国际保理则为出口商与进口商分别在不同国家或地区的保理业务。

8.3.1 国内保理

1)业务定义

国内保理业务是指银行作为保理商与卖方(一般是核心企业的供应商)之间签署保理协议,根据该协议,卖方将其现在或将来的其与买方订立的国内货物销售(服务)合同所产生的应收账款转交给银行,并由银行为其提供资金融通服务。

银行为尽可能多地增加收益,在为卖方提供融资服务的同时,往往还提供销售分账户管理、账款收取和坏账担保等服务。其中,销售分账户管理是指银行利用自己完善的财务制度与业务经验,在收到供应商提交的销售发票副本(即得到受让的应收账款)后,在电脑中设立有关分账户,对债权人与其债务人的交易记录进行管理,包括记账、催收、清算、计息、收费、统计、打印账单等,定期向债权人(供应商、出口商)提供统计报表与往来账户对账单;信用销售控制是指在提供销售分账户管理基础上,银行利用自己的网络和信息渠道,帮助供应商了解其贸易对手的资信变化情况,从而指定切合实际的信用销售限额,帮助供应商避免或减少潜在的收汇风险;债务回收是指银行利用自己的收债技术与队伍,为客户提供的催收应收账款的服务;坏账担保是指银行对于无追索权保理业务项下受核准应收账款,如果买方既未提出争议,又未能在合同规定的限期内付款,银行承担买方的信用风险,向卖方履行担保付款的责任。

在实际业务中,一般由卖方所在地银行叙做卖方保理业务,提供融资和销售分账户管理服务;买方所在地银行叙做买方保理业务,提供应收账款催收及坏账担保服务。

2)业务分类

根据银行对卖方应收账款是否承担坏账担保责任分为有追索权保理和无追索权保理。

根据对买卖双方授信额度的核定由银行的一家分行还是有银行的两家分行进行的,可分为单保理融资和双保理融资。单保理业务是指以买方客户为核心开展的无追索权保理业务,即买方所在地分行既给买方核定担保付款额度,也给卖方核对保理融资额度,同时向卖方提供贸易融资。双保理业务是指由两家不同分行分别担任卖方分行和买方分行的无追索权保理业务,即由卖方分行负责申请卖方保理融资额度,买方分行负责申请买方坏账担保额度。

3)业务基本流程

(1)选择适合叙做保理业务的客户,确保基础交易真实可靠。开办保理业务的客户应满足如下条件:无追索权保理业务买卖双方不能是关联企业;有追索权保理业务买卖双方原则上应是非关联企业,如是关联企业,应纳入关联企业集团客户授信管理;卖方与买方建立有长期、稳定的销售往来，能够形成连续、稳定的应收账款现金流；买方付款正常，无不良付款记录；卖方销售产品应是原材料、零部件等标准统一、同性质强的商品；销售方式为赊销，付款期限原则上不超过180天；付款方式明确，有确定的付款到期日；合同中未含有禁止转让、寄售或保留所有权条款。

(2)对客户及应收账款进行考察。应考察卖方的应收账款是否适合用叙做保理、卖方经营现状和前景、卖方的业务量、买卖双方的业务合作关系等。办理保理融资的应收账款应满足如下条件：基于正常合法的基础交易产生；仅以人民币表示并支付；属卖方合法所有并依法可以转让，未被质押、设定信托或转让给第三方，没有任何权利瑕疵；卖方已经按照基础交易合同的约定履行了发货义务并将继续履行其在基础交易合同项下的义务以及银行要求的其他条件。

(3)认真分析客户的业务需求，设计合适的保理产品。

(4)保理额度审批。保理额度审批需按照银行法人客户授信管理规定进行统一授信。

对有追索权保理业务的授信，重点是考察卖方的资信状况，同时适当参考买方是否同意签署应收账款债权转让通知文件回执、买方支付货款方式、买方付款记录和融资比例及期限等因素。

对无追索权保理需对买卖双方进行授信，重点是考察买方信用状况，包括其自身实力、付款意愿、与卖方合作紧密程度等因素。对卖方授信应考虑到其回购买方提出争议部分应收账款的能力。

(5)落实办理保理融资所需的条件。办理保理融资所需条件包括：签署业务协议；在融资前办妥买方确认手续；督促卖方向买方发送《应收账款债权转让通知书》或督促卖方签署并向银行提交《应收账款债权转让通知书》；跟踪卖方发货情况；卖方发货后，督促卖方及时向买方发送载有银行格式应收账款债权转让条款的《商业发票》或督促卖方签署并向银行提交载有银行格式应收账款债权转让条款的《商业发票》；卖方发货后，督促卖方及时向银行提交单据；开立监管账户(如有需要)；审查授信前提条件是否已经落实；决定额度是否启用等。

(6)放款前审查。审查内容包括：审查卖方提交单据是否齐全、是否表面一致；应收账款转让事宜是否已经落实；商业发票载明的应收账款到期日是否与基础交易合同的有关规定一致、是否为合格应收账款；审查授信额度是否启用；印鉴是否相符；是否存在根据本规定应当暂停融资的情形等。审查通过后办理放款手续，并进行会计处理。

(7)融资后管理。银行提供融资后，应跟踪卖方经营情况和发货情况，以及买方经营情况和付款情况，发现异常情况，及时采取相应措施，并注意要及时将监督账户内资金划转至保理专户。

4)业务办理中应该注意的事项

(1)买方付款方式的选择。银行接受的买方付款方式为：买方付款至银行保理专户、买方付款至卖方开立在银行的监管账户和买方以银行承兑汇票、银行汇票或支票支付；但无追索权保理业务项下银行原则上不接受买方以银行承兑汇票、银行汇票或支票支付的方式付款。

对于买卖双方基础交易采用银行承兑汇票、银行汇票或支票结算的方式，银行应加强票据签发及流向的管理，确保票据贴现或解付后的资金能够直接进入保理专户。

对于涉及卖方在银行开立监管账户的保理业务，银行可将客户开立的保证金存款账户作为监管账户。如由买方付款，应将买方所付款项划转至保理专户。除有特殊情况外，不得从监管账户转出款项。

(2)保理项下应收账款的转让。银行保理业务项下的应收账款转让必须通知买方。应收款项转让通知的时间可以选择保理融资前通知或融资后通知;对选择融资后进行应收账款通知的业务,必须由银行办理通知转让,但对保理融资已收回的业务,可以豁免应收账款转让通知。通知以固定格式的通知书方式进行。基本格式如下。

阅读案例 8-16

应收账款债权转让通知书(样本)

(适用于保理专户)

编号:__________

致:__________公司(买方)

根据我公司与××银行于______年____月____日签署的第______号《保理业务协议》,我公司把与贵公司之间于______年____月____日之前签署的全部贸易(服务)合同项下产生的全部应收账款债权均将转让给××银行叙做保理业务。

根据此种安排,我公司与贵公司出具的所有商业发票上均将载有下列条款:根据我公司与__________银行签署的第__________号《保理业务协议》,__________银行以取代我公司成为本发票项下应收账款的合法受让人。只有对银行付款方能解除贵公司在本发票项下对我公司的债务。请贵公司务必于本发票到期日将款项付至______银行,账户名称:________,账号为:__________。

如贵公司发现所收到货物(服务)存在任何问题,请及时通知我公司及__________银行。

除非__________银行向贵公司另行出具书面通知并告知该银行与我公司的保理业务关系已终结,贵公司必须将所有应收账款项的款项均付至__________银行上述账户。

银行地址:________________________________邮编:____________

联系人:______________联系电话:____________ 传真:____________

本通知一式二份,请在此通知书上签章并将其中一份退回我公司。

特此通知,并感谢贵公司的大力合作。

公司(卖方)	公司(买方)
(签字盖章)	(签字盖章)
年　月　日	年　月　日

资料来源:根据交通银行资料整理

(3)保理费用的收取。银行愿意做保理业务的一大原因是可以收取可观的保理费用,一般在1%~1.5%。相对于其他融资服务而言,出口商需承担较高的费用支出,因此银行应提供较高质量的服务。银行收取较高费用的原因,则是银行在提供保理服务中劳动付出及承担的风险较大,因此,要认真了解进出口商的信誉及贸易背景,确保贸易背景真实,避免引起贸易纠纷,确保风险可控。在提供融资后,则加强后续管理,做好货款催收等工作。

8.3.2 国际保理

1)业务含义

国际保理业务是指银行通过买进企业以发票表示的对债务人的应收账款而向债务人提供的金融服务。这种业务的全称是保付代理业务,简称保理业务。从融资角度讲,保理仅指出口商在采用赊销(O/A)、承兑交单(D/A)等信用方式向进口商销售货物时,出口地银行根据供应商提交的发票及其他资料，向出口商提供与发票一定比例金额的融资。但有时，银行从提高综合收益角度出发或为满足企业的综合需求，一般在为企业提供融资服务的同时，也向企业提供销售分账户管理、信用销售控制、债务回收、坏账担保中的一种或全部。

2）业务分类

（1）出口保理与进口保理。根据银行所提供的服务内容及方式的不同，国际保理业务分为出口保理和进口保理。

出口保理是指银行作为出口保理商向出口商提供融资的保理业务品种。出口保理根据出口保理商及进口保理商提供的服务不同，可分为无追索权出口保理、有追索权出口保理等多个品种。其中，无追索权出口保理是由进口保理商提供坏账担保，并根据出口商的要求提供融资的保理业务品种；有追索权出口保理是对出口商不提供坏账担保，不承担进口商信用风险，可为出口商提供融资，并享有对出口商追索权的保理业务品种。

根据是否有保理商参与，有追索权出口保理可分为有追索权出口双保理和有追索权出口单保理。有追索权出口双保理，即在出口保理业务过程中有进口保理商参与，但不提供坏账担保的保理融资；有追索权出口单保理，即在保理业务中银行作为出口保理商，无其他保理商为进口商提供信用担保额度时，银行可为出口商提供保理融资的保理融资。

进口保理是指银行应国外出口保理商的申请，为某一特定的进口商核定信用额度的保理业务品种。

（2）隐蔽型保理和公开型保理。隐蔽型保理项下，出口商向出口地银行提交单据办理应收账款转让时暂不通知进口商应收账款转让事宜，但是出口地银行保留要求出口商按照其指示随时通知进口商或者由进、出口地银行直接通知进口商应收账款转让事宜的权利。公开型保理项下，出口商必须事先通知进口商应收账款转让事宜，并按照进口地银行提供的格式和实质内容向进口商发出《应收账款债权转让通知书》，出口商需将已履行应收账款转让通知手续的书面证明文件，如经快递机构及有出口商有效签章的寄送该转让通知的快邮收据或进口商签署的回执等相关单据提交给出口地银行。在进、出口地银行统一的情况下，出口商可以通过出口地银行授权进口地银行代为寄送上述文件，但是相关费用由出口商承担。

（3）有追索权保理和无追索权保理。有追索权保理是指银行无法从进口商处收回保理融资贷款时，银行可按协议约定向出口商追索。在有追索权保理业务中，银行不负责为出口商核定信用额度和提供坏账担保，仅提供包括融资在内的其他保理业务。无追索权保理是指银行无法收回融资款项时，银行根据协议约定不能向出口商追索。在无追索权保理业务中，银行可为出口商核定信用额度和提供坏账担保。在该额度中，由债务人资信等问题造成的坏账损失由银行承担。

（4）单保理和双保理。单保理是指仅涉及一方保理商的保理，适用于出口商所在国家或地区没有保理商的情况（进口商所在国家或地区有无保理商是指当地银行是否加入国际保理商联合会）。双保理是指涉及进出口双方保理商的保理，适用于进出口商双方所在国家或地区均有保理商的情况。

3）业务办理的基本原则

（1）对客户认真筛选和应收账款科学确认原则。国际保理项下的相关各方必须符合下列条件：出口商（进口商）具有进出口经营权；出口保理项下的出口商及进口保理项下的国外保理商向银行提出书面委托或申请；出口商产品（服务）质量稳定、销售渠道畅通、履约能力强，且其进口商业务相对集中、资信优良、业务量增长稳定、付款记录良好；无追索权出口保理业务项下进出口商非关联企业；境外保理商必须符合银行代理行政策，其中无追索权出口保理项下的进口保理商须已被核定了同业授信额度。

出口保理项下出口商或进口保理项下国外出口保理商申请转让给银行叙做保理业务的应收账款必须满足下列条件：具有真实合法的基础交易背景；以赊销（O/A）或承兑交单（D/A）为付款方式进行的国际货物买卖交易；付款期限原则上不超过90天；基础交易合同不得含有应收账款禁止转让条款；出口商未采取保留所有权或寄售的方式进行销售；未被用于任何形式的担保，也不存在任何争议；应收账款未到期。

（2）符合外汇管理政策要求原则。国际保理业务项下结、售、付汇等业务，应根据国家外汇管理的有关规定办理并按国际收支申报的要求申报，其中有追索权出口保理项下必须在实际收汇后方可出具出口核销联，无追索权出口保理项下根据实际情况可以在融资当日出具出口核销联。

（3）遵循国际惯例原则。国际保理业务应遵循国际保理协会FCI制定并颁布的《国际保理业务通用规则》（CRIF）等相关国际惯例。在与国外保理商的通信往来中需使用EDIFACTORING. COM，并遵循《EDIFACTORING. COM报文规格与业务规则》办理。

4）国际保理业务的授信管理

对于无追索权出口保理业务，银行需对进口保理商及出口商（如需提供保理融资）进行授信且进口保理商已为进口商核准正式信用担保额度；对于出口商授信可参考进口保理商对进口商的担保授信额度，主要考虑出口商回购买方提出争议部分应收账款的能力，依据出口商评级及出口保理操作评估分数给予保理融资额度。对出口商的授信应在综合考虑客户的信用评级及基本情况下，将出口保理操作评价结果作为对企业出口保理授信审批的重要参考依据，在国外保理商核定的坏账担保额度内给予出口企业相应的出口保理融资额度。

对于有追索权保理业务的授信，重点是考察卖方的资信状况，适当参考买卖双方以往交易情况、买方以往付款记录及是否通过银行结算等因素。

对于进口保理业务的授信，根据《国际保理通则（CRIF）》规定，银行仅对进口商的信用风险提供担保，即进口商因其自身原因无法到期支付应付账款的情况下提供担保；因此在进口保理业务项下仅需对进口商的信用风险进行审核，对进口保理额度授信采用内部授信，对于已纳入银行法人客户统一授信管理的客户，根据需求可切分或增加进口保理担保额度。

5）业务操作流程

一笔完整的、有进出地双方银行参与的保理业务，应按以下流程操作。

（1）出口商与国外进口商签署进出口协议，并向出口地银行提交叙做保理业务的书面申请。

（2）出口地银行联系进口地银行，并将出口商本身及业务信息告知进口地银行，要求进口地银行对进口商核定保理额度。进口地银行则根据自身对相关信息的收集与评价决定是否给予进口商保理额度。核定后，将授信额度通知出口地银行。

（3）出口地银行确认后，将信用额度核准通知书告知出口商。

（4）出口商将出口货物形成的对进口商的债权（即将附有转让条款的出口商业发票及其他出口单据）转让给出口地银行，并通知进口商债权已转让给出口地保理商，以后进口商付款须通过进口地银行。

（5）出口地银行将出口商提交的出口商业发票及其他相关出口单据交进口地银行。出口商如有融资需求，则向出口地银行提出书面申请，出口地银行则提供与发票一定比例金额的融资款。

(6)进口地银行将从出口地银行处收到的出口商业发票及其他相关出口单据提交给进口商,进口商则按照合同约定通过进口地银行付款。

(7)进口地银行在扣除进口保理费用后将剩余款项付给出口地银行,出口地银行则在扣除出口保理费用、邮寄费、电信费等费用以及融资款后,将余款付给出口商。

6)国际保理业务中应收账款的转让

为保证债权转让通知的有效性,银行必须保证应收账款转让通知的有效性,并在出口保理项下采用由进口地银行提供的应收账款转让通知。在实际业务操作中,应收账款转让通知可以采取下列方式之一进行操作。

(1)进口商签署回执。

(2)出口商向银行提交经进口商签字确认的银行指定格式的回执。

(3)采用邮寄通知。

(4)出口商向银行提交标准版本的《应收账款转让通知申明》,承诺已经按照保理协议要求履行了应收账款转让通知的义务,并将相应的快邮收据提交给银行。

(5)委托通知:经出口地银行及进口地银行同意,出口商可以通过出口地银行委托进口地银行代为送达。

阅读案例8-17

应收账款转让通知申明(样本)

编号:__________

______银行:

根据______年____月____日我司与贵行签署的《保理业务协议》(编号:____)的约定,我司兹申明并承诺如下:

我公司已经按照《保理业务协议》的要求履行了应收账款转让通知事宜,于______年____月____日以____方式将载有应收账款转让条款的《商业发票》/《Introductory Letter》(编号:____)寄给进口商(进口商名址见附件《快邮收据》)。现将快邮收据副本(收据编号:____)提交贵行。

我公司若违反本申明项下的承诺,则视我司在《保理业务协议》项下违约,贵行有权行使《保理业务协议》项下约定的权利。

公司

(盖章签字)

年　　月　　日

资料来源:根据工商银行资料整理

阅读案例8-18

沃尔玛供应商融资解决方案

针对沃尔玛公司与其供应商之间物流、信息流、资金流运作特点,工商银行将沃尔玛公司认可的供应商纳入目标客户范围,重点审查客户供货历史、过往合同履行能力、信用记录等直接影响货款回笼的因素,无须客户提供抵押担保,即可为客户办理融资业务。供应商在网上接到沃尔玛的订单后,向工商银行提出融资申请,用于组织生产和备货;获取融资并组织生产后,向沃尔玛供货,供应商将发票、送检入库单等提交工商银行,工商银行即可为其办理应收账款保理融资,归还订单融资;应收账款到期,沃尔玛按约定支付货款资金到客户在工商银行开设的专项收款账户,工商银行收回保理融资,从而完成供应链融资的整套办理流程。

供应商可以直接在工商银行柜面申请办理,工商银行柜面业务人员直接在沃尔玛供应链系统上查询确认应收账款,并在授信额度内根据订单或发票予以融资,快捷方便。

其创新亮点如下。

(1)风险管理模式创新。供应链融资突破了传统的评级授信、抵押担保等信贷准入条件的限制,主要依托交易对手——沃尔玛公司的信用,通过网络对供应链上的物流、信息流、资金流进行跟踪,建立还款专户,锁定还款资金,有效控制融资风险,实实在在地支持了一批经营良好、产品畅销的小企业。

(2)风险管理手段创新。依托强大的结算平台,工商银行成功开发出现金流分析系统,详尽掌握沃尔玛与供应商之间的现金往来记录,并进一步与沃尔玛供应链系统对接,实时掌握供应商在沃尔玛的订单和应收账款情况,增加信息的透明度,降低了银行融资风险,同时为简化操作流程提供了技术保障。

(3)业务流程创新。供应链金融单笔金额小、笔数多、频率快,按照银行现有的融资流程,根本无法满足企业对时效性的要求,同时贷款行也无力承担相关的人力成本。工商银行创新性地提出柜台化办理的思路,企业可以直接到工行柜面办理供应链融资业务,实时获得融资,就如同办理结算业务一样,极大地提高了业务办理效率,满足了企业时效性的要求。

(4)营销模式创新。凭借自己强大的结算优势,工商银行批量筛选出沃尔玛供应商名单及其收款情况,准确定位该项业务的目标客户。把传统单个客户营销模式转变为批量营销模式,组织沃尔玛供应商召开供应链融资方案推介会,一次推介会就有50个客户到场,有近一半的客户在一个月内申请开办供应链融资业务,成功率达45%。2005年6月,工商银行推出了沃尔玛供应商保理业务试点。2006年7月,在保理业务运作成功基础上,进一步延伸服务链条,推出了供应链金融产品。自2005年6月至2006年6月,供应链金融创新短短1年时间,仅深圳市分行红围支行一家就为沃尔玛发放供应链融资300笔,金额8 000万元。在2006年12月举行的"中国中小企业融资论坛"上,工行以支持沃尔玛供货商为背景的《核心企业供应商融资解决方案》被评为"最佳中小企业融资方案"。

资料来源:根据工商银行资料整理

第9章 风险控制与管理实务

9.1 风险评级体系与管控平台

核心企业对上下游的管理方式和力度差别很大。举例来说,鉴于品质、品牌对企业竞争决定性影响,汽车生产商对其供应商往往实施严格的管理。相反,一些资源类行业,比如有色金属、石油等,由于产品品种的标准化和同质化,以及一定程度的垄断性,采购和分销主要依靠市场化的合约,供应链和销售链体系的边界模糊,贸易对象的随机性相对较强。

应该指出的是,对上下游缺乏管理的行业并不适合开展供应链金融业务。首先,核心企业没有充分的动力与银行合作,并讨论一揽子的成员融资解决方案。其次,银行无法有效实施信用捆绑技术。因为如果核心企业和上下游是纯粹的市场关系,核心企业很少会愿意为交易对手承担更多责任。

因此,供应链融资的准入问题首先是供应链的准入问题,而供应链的准入的必要条件至少包括以下内容。

(1)核心企业有明确的供应商(分销商)的准入和退出制度。从一个角度看,上下游企业对核心企业应具有较强的从属性。这有利于核心企业为银行筛选具体的授信对象,并在贷款后提供有关授信人的实时信息。

(2)供应链成员可以享受核心企业提供的排他性的特殊优惠政策,比如订单保险、涨价(跌价)补偿、销售返点、排产优先、品牌支持等,这将增强供应链成员的抗风险能力。同时,核心企业与上下游的利益共同体的构建,有利于银行引入信用捆绑技术,进一步降低银行授信的风险。

(3)核心企业对供应链成员应设定面向共同价值的奖励和惩罚措施,比如针对销售额完成、针对价格政策的遵守、针对结算的及时性等的考核。这有利于银行利用核心企业的谈判地位加大授信客户的违约成本。

在供应链准入流程完成后,将进入具体授信客户的准入。供应链融资的产品基础是自偿性贸易融资,而自偿性贸易融资的最大特点是强调授信的自偿性,即通过对物流、资金流控制技术的结构化运用,规避因授信主体资信、实力的欠缺所蕴涵的较大的信用风险。鉴于此,供应链融资业务的客户准入评价可以强化债项评价的权重,并相应弱化主体评价的权重。

9.1.1 风险评级体系

1)债项评级的引入

债项评级就是评价特定债项内含的信用风险。与债项评级对应的是债务人评级,或称为主体评级或客户评级。债项评级和债务人评级统称为信用评级。债项的信用风险取决于其未来预期损失的大小,即发生损失的期望值,也即该债项的违约概率(PD)与一旦发生违约后不能被收回的程度(LGD)的乘积。LGD与特定债项的结构有关,比如担保措施等;而PD实质上是债务人的某种属性,反映了债务人偿债能力的大小,即基础信用质量。PD、LGD和预期损失都是随机变量,服从统计规律。对PD的反映就是债务人评级,而对预期损失的反映则是债项评级。债项评级包括两个阶段,第一阶段进行债务人评级,第二阶段根据债项结构的不同,对债务人评级进行调整,最终获得债项评级。一般而言,可以采用8个步骤获得债项评级。其中前4步进行债务人评级,是最主要的部分,考虑的因素包括财务状况、其他状况、信息质量和行业地位。后4步骤评价债项结构,考虑保证、债项用途、抵押和国家风险。债项结构的评价结果是对主体评价结果的调整,可以调增、调减,也可以维持。供应链融资具有自偿性特点,体现为在某些产品中,如应收账款转让,商业性结算成为还款的第一来源,而授信主体的主动还款反而成为第二还款来源。在另一些产品中,由于对授信人的核心资产进行了控制,如对钢材经销商的货押业务,企业的违约成本很高,企业还款的直接来源也是基于销售的现金流入。

鉴于此,供应链融资业务的准入评级中,必须突出债项结构指标的重要性,在债项结构弥补了主体资质不足的前提下,主体评价权重可适当调低。

2)评级指标的设计

根据前文的讨论,供应链金融业务的准入评级可以有两种方式:一是按照传统债项评级的办法,以主体评级为主体,考虑保证、债项用途、抵押和国家风险等债项因素进行调增和调减,由于调整项具有一票否决和有限调增的特点,因此这是一种PD导向的债项评级办法。二是将主体评价指标和债项结构评价指标分别赋予不同的权重,以简单累加的方式得出最终的债项评级结果。这是一种PD和LGD共同决定的债项评级办法。考虑到部分产品对主体信用风险实现了较彻底的隔离,主体评价权重可以大胆压缩。当然,根据不同银行信贷价值观的不同,还是可以增加一些有关主体的一票否决的调整项。

以深圳发展银行自偿性贸易融资评级(表9-1),该行对应收账款融资的评级有如下一些特点。

深圳发展银行自偿性贸易融资评级(应收账款融资评级表)　　表9-1

序　号	评级指标	权　重	指标解释	评分标准
一	经营的制度环境	5分		
1	区域风险(内贸企业适用)	5分		
二	授信支持性资产的特征	20分		
2	债权明晰程度	6分		
3	交易关系稳定性	5分		
4	账龄与账期	4分		
5	授信人坏账率	3分		
6	退货记录	2分		
三	授信人资质	15分		
7	管理者行业经验	2分		
8	经营周转能力	5分		
9	盈利能力	2分		
10	销售收入变化趋势	1分		
11	货源组织能力	4分		
12	财务披露质量	1分		
四	交易对手资质	40分		
13	交易对手行业特征	8分		

续上表

序　号	评级指标	权　重	指标解释	评分标准
14	交易对手行业地位	15分		
15	资产负债率	8分		
16	应付账款/净资产	6分		
17	销售利润率	3分		
五	操作模式和条件	20分		
18	融资比例	3分		
19	融资用途控制	2分		
20	回款账户锁定	5分		
21	通知确认程序	10分		
22	合计得分	100分		

由于应收账款融资的典型自偿性特点，主体信用风险对授信的安全性只起到第二保障作用，因此主体评价的权重被压缩到15%，债项结构评价的权重占到85%。

即使在主体评价的15分中，也不仅考虑主体财务指标因素，其他项目，包括管理者行业经验、货源组织能力和财务披露质量等，关系到主体完成交易的能力，也应赋予适当的权重。

交易对手资质是权重最大的项目，达到40分，其中行业地位和行业特征的评价决定了商业付款的意愿，其他几项财务指标则反映了商业付款的能力。

操作模式和条件并非传统意义上的授信担保评估，而是评估应收账款作为授信还款保障在自偿性导向的授信模式和条件设计方面对还款的有利程度。可以看到对还款账号锁定和通知确认等基本保理技术运用的评价。

授信支持性资产的特征反映了应收账款的一些特征，包括应收账款的存在性、确定性、无争议性、交易回款的历史经验等。

阅读案例9-1

自偿性贸易融资授信制度（债项评级）

深圳发展银行同时运用企业主体评级和债项评级两种信贷评审技术，评估中小企业融资信用并做出信贷决策。其中，自偿性贸易融资授信评级、授权管理系列制度是深圳发展银行独立研发的，将中小企业置于供应链之中考量其供应链交易结构、交易细节，分析其债项信用等级的信贷评审技术。与注重资产负债表分析的主体评级技术不同的是，自偿性贸易融资评级紧扣供应链商品交易的自偿性特点，正视多数中小企业的财务缺陷，不单纯考察授信人自身的财务报表和担保手段，转而考察供应链交易方式，交易商品的价值，变现能力、自偿程度、交易双方的交易记录、双方处理交易瑕疵的能力等债项信息。自偿性贸易融资授信制度切合了《巴赛尔新资本协议》中关于专业贷款和商品融资的要求、理念及操作性居于国内领先地位。

深圳发展银行自偿性贸易融资评级制度借鉴并深化了《巴赛尔新资本协议》中的商品融资评级模型，使其更适合中国实情而具有操作性，见表9-2、表9-3。在对应收账款融资的评级过程中，该行对授信人的财务实力（授信人资质）要求仅占15%的权重，即只要交易对手资信、担保安排、资产特征、政治和法律环境达到银行要求，对普遍存有资产负债表缺陷的中小企业而言，也完全可以从深圳发展银行中取得融资。

自偿性贸易融资评审表(应收类) 表 9-2

序号	评级指标	权重	指标解释	评分标准	备注
一	政治和法律环境	5分			
1	区域风险(内贸企业适用)	5分			
二	资产特征	20分			
2	债权明晰程度	6分			
3	交易关系稳定性	5分			
4	账龄与账期	4分			
5	授信人坏账率	3分			
6	退货记录	2分			
三	授信人资质	15分			
7	管理行业经验	2分			
8	经营周转能力	5分			
9	盈利能力	2分			
10	销售收入变化趋势	1分			
11	货源组织能力	4分			
12	财务披露质量	1分			
四	交易对手资质	40分			
13	交易对手行业特征	8分			
14	交易对手行业地位	15分			
15	资产负债率	8分			
16	应付账款/净资产	6分			
17	销售利润率	3分			
五	担保安排	20分			
18	融资比例	3分			
19	融资用途控制	2分			
20	回款账户锁定	5分			
21	通知确认程序	10分			
22	合计得分	100分			

监管当局对商品融资披露的评级 表 9-3

评级指标 \ 等级	优	良	中	差
财务实力				
交易的超额担保程度				
政治和法律环境				
国家风险				
国家风险的缓释措施				
资产特征				
流动性和易损程度				

续上表

评级指标＼等级	优	良	中	差
发起人实力				
交易商财务实力				
业绩(包括辅助流程的管理能力)				
交易控制和保值能力				
财务披露质量				
担保安排				
资产控制				
损害保险				

资料来源:根据深发展银行资料整理

3)差别准入评级

根据借款人在不同贸易环节中融资需求风险点的差异,供应链金融业务授信准入评级体系也应分别设置,即应该包括预付账款类、存货类和应收账款类。

(1)预付账款类融资是指以卖方与买方签订真实贸易合同产生的预付账款为基础,为买方提供的、并以合同项下的商品及其产生的收入作为第一还款来源的融资。此类业务考察的债项重点应该是上游供货商的资信和实力、在途风险、上游的责任承担条款、入库和交接环节的无缝性等因素。

(2)存货类融资是指授信人以其存货为抵押或质押,并以该存货及其产生的收入作为第一还款来源的融资。此类业务的债项考察重点应该是货物的权属、货物品质的鉴定、货物变现的能力、货物的价格波动特征,以及货物监管的可操作性等等。

(3)应收账款类融资是指以卖方与买方签订真实贸易合同产生的应收账款为基础,为卖方提供的,并以合同项下的应收账款作为第一还款来源的融资。此类业务债项考察的重点是应收账款存在性和合法性的确认依据、应收账款回收期的预测(包括例外情况)、交易对手的资信和实力、应收账款回流的封闭手段等因素。

对于涉及两类(例如既有应收账款融资又有存货融资)以上融资需求的客户,应同时进行两种或三种评级,最终根据孰低的原则确定评级结果和授信额度的最高限额。同时,针对交易要素不同的贸易背景,都应进行专门评级。

9.1.2 风险管控平台

在商业银行的业务组织架构中,前台负责业务拓展的、直接面对客户的部门和人员,为客户提供一站式、全方位的服务。中台通过分析宏观市场环境和内部资源的情况,制订各项业务发展政策和策略,为前台提供专业性的管理和指导,并进行风险控制。中台往往包括风险管理(信贷管理)、计划财务、产品开发、渠道管理、人力资源管理、战略规划等职能。后台主要职能是业务交易、核算的操作处理以及共享服务,包括会计记录、清算、IT 运营维护、呼叫中心的共享服务等,集中授信出账、额度管理也被纳入后台范畴。后台作业的集中和服务的共享是国际上的趋势。

基于自偿性贸易融资产品和客户准入的一系列特征,供应链金融业务通过对企业物流和资金流的控制,一定程度上实现了对授信主体信用风险的隔离,因此操作风险控制显得异常重要。此外,供应链金融业务贷后操作的频密性,对银行业务成本和人力资源也形成了很大压力。这些问题都需要一个有效的解决方案。

从实践看,在国内银行当前的技术手段层次和管理结构特征背景下,在地区或城市分行层次设置供应链金融的集中操作后台,是供应链金融业务操作环节可以选择的解决方案之一。

直接在基层经营单位的操作,利弊都在于经营单位的利益驱动:可能对客户的出账、赎货等操作性服务需求反应更及时,更符合客户的服务需求;也可能为了迎合客户的需求,对制度进行无原则的变通,进而形成风险隐患。分行层次的集中操作,可能在个性化服务方面难以完全顾及,但可以保证操作的规范性,以及对不同客户服务界面的统一,促进产品的标准化。

从另一个角度看,分行层次的集约化操作,可以避免支行的重复劳动,取得操作的规模经济。同时,分行的统一操作后台,有利于对新的操作政策的及时、准确执行,避免政策传导的时滞和疏漏。图9-1为供应链金融在分行层次的集中操作平台(后台)的参考架构和职能。

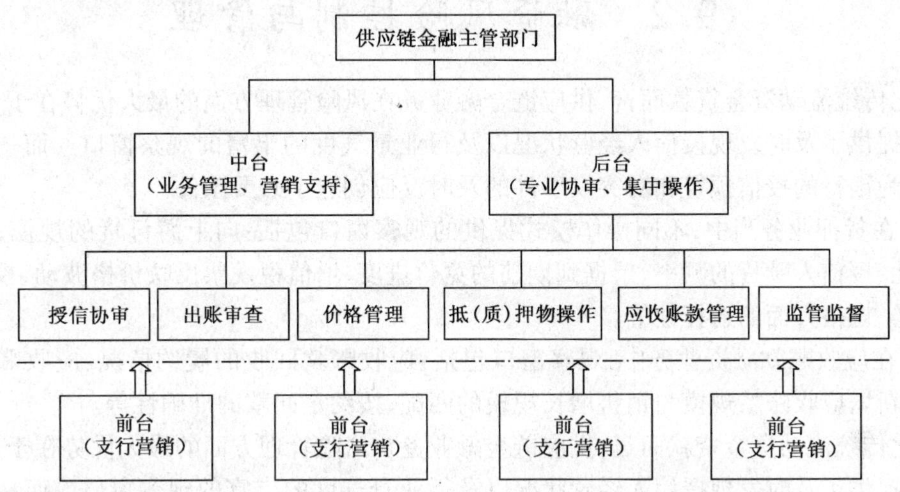

图9-1 供应链金融在分行层次的集中操作平台(后台)的参考架构和职能

1)后台的物流管理职能

(1)价格管理,包括统一审查存货融资项下的存货出质或抵押价格,并根据价格波动情况监控抵(质)押价值的变动情况。

(2)对上游厂商实施集中管理,包括文本签订,以及文本中相关约定条款落实的监控。

(3)对仓库实施集中管理,包括对第三方物流合作方的评估、筛选与监管巡查等。

(4)信息管理,包括物流和资金流信息的实时监控,以及与合作监管方及核心企业的对账等。

(5)抵(质)押品的集中管理。

2)后台的资金流管理职能

(1)实施应收融资的出账管理,确保出账时应收账款的真实合法、清晰有效。

(2)做好应收融资的相关担保安排,包括对融资比率的合理确定、对融资用途的锁定,以及确定回款账号的唯一性等。

(3)应收账户的后续跟踪及贷后管理,监控应收回款情况。与核心企业开展资金流信息的对碰。

3)分行后台与支行的操作衔接

操作集中并不意味着贷后管理上的责任集中。支行作为信贷业务的直接发起人和主要责任人,不仅需要关注客户信用风险的动态变化,也需要对集中操作中的风险预警做出响应。

操作集中可能对支行贷后管理的便利性造成一定的影响,因为供应链融资风险控制的关键变量之一就是贷后操作。因此,银行首先要在操作集中的前提下,明确区分分行与支行之间的信贷责任划分,以免出现管理真空和责任真空。

同时,分行的集中操作应保证对支行实时的可视度。比如预付融资项下的到货情况、存货融资中的赎货情况、应收账款融资中的转让、货款回笼情况等,应提供便利的渠道在分支行间确认和查询,以便支行运用贷后管理所获取的客户经营信息对操作信息进行对碰,并发现问题。

9.2 融资风险控制与管理

对比传统流动资金贷款而言,供应链金融业务在风险管理方面的最大优势在于:连续的贷后操作,提供了及时发现授信人经营状况以及行业景气度的丰富的观察窗口。而一系列的观察窗口,为银行的授信预警和对突发事件的及时反应创造了必要条件。

(1)在货押业务当中,不同操作模式提供的观察窗口包括:向上游订货的规模;上游到货的及时性、授信人赎货的频率、票据到期前的兑付进度、增值税发票反映价格波动、授信人提货时在品类、规格方面的选择性等。

(2)在应收账款融资业务中,观察窗口包括:应收账款回收的履约情况、应收账款的增加或减少、新增应收账款规模与销售增长规模的匹配、按约定回款的准确性等。

对比传统流动资金贷款而言,供应链金融业务在风险管理方面的最大优势在于:连续的贷后操作,提供了及时发现授信人经营状况以及行业景气度的丰富的观察窗口。而一系列的观察窗口,为银行的授信预警和对突发事件的及时反应创造了必要条件。

(3)在存在驻场货物监管的业务中,监管合作方还可以向银行提供一系列的实时预警信号,包括:工人罢工、不正常的停工、外部人员闹事、司法部门查封、强行出货等。

阅读案例9-2

G分行的预警与退出

2004年前后,深圳发展银行G分行凭着多年能源金融经验,根据行业经营专业分析及供应链交互信息的综合判断,成功退出了一家敞口授信15亿元的GL石化公司(下称该公司)。

当时燃料油价格倒挂,燃料油贸易企业普遍出现经营困难、利润锐减。该公司作为国内较大的燃料油经销企业之一,财务报表却显示盈利增长,其经营模式和经营情况受到同行及境内外合作银行的关注。

据当时经办客户经理回忆,该公司有一个业务细节反常,在一段时期里经常申请小额授信出账,直至用完所有敞口,这与该公司从事的大宗燃料油进口贸易用款习惯不符。在他和同事进一步核查后发现,该公司小额出账主要流向境内、中国香港和新加坡的关联公司,很可能属于非贸易用款，明显存在违反信贷资金用于开证采购燃料油的用途约定的嫌疑，引起支行对该公司全面运营情况的疑虑。经过多年专业化经营，2004年深圳发展银行G分行已经汇聚了珠三角乃至全国100多家能源行业授信客户以及相关的电厂、炼厂授信客户，被誉为能源金融专业银行，与新加坡、中国香港等多家能源金融服务银行有着良好的合作关系。该公司的供应链上下游主要贸易伙伴基本属于深圳发展银行的客户，包括境外合作银行也在深圳发展银行密切合作伙伴之列。因此，客户经理及其同事很快从该公司的合作伙伴、境外合作银行中获知，该公司存在经营恶化的重大风险。该公司报表显示有大量在库存货，下游电厂和炼厂反映贸易正常，而境外合作银行并没有发现大额的出口来证或付款结算。分行当机立断，赴该公司现场查账、查库。结果发现燃料油已出库销售，该公司延迟开发票押后记账隐藏销售亏损，制造虚假利润。

迅速摸清并设法控制下游应收款回款。该公司主要销售对象（包括燃油电厂、炼厂、燃油贸易商）均为深圳发展银行客户，主要使用自偿性贸易融资业务，首付款账户多为深圳发展银行封闭运作的监控账户，经过协商，下游客户愿意配合银行收款还贷。

资料来源：根据深发展银行资料整理

9.2.1 风险预警与应急

1）风险预警

供应链金融面对的是大量的中小企业客户，而中小企业的经营稳定性明显弱于大型企业。据统计，目前我国中小企业的平均寿命只有短短的3.5年，68%的中小企业生命周期都不超过5年。而且，由于抗风险和应对危机的能力较弱，中小企业从出现经营危机到最终倒闭的周期也很短。面对这类客户群体，银行对授信业务的及时预警显得非常重要。表9-4对货押业务的风险预警信号进行了分类。

借款人经营状况的预警与传统业务的预警框架基本一致。但是应该注意到，中小企业普遍存在信息不透明、财务数据真实性差的问题，因此该表中没有列举财务异常的预警信号，而是更加关注经营活动异常的蛛丝马迹，有关财务预警方法论和规程在银行的传统业务制度中已经非常完善，银行可以有选择地对该表进行补充。

货押业务风险预警信号分类情况表 表9-4

借款人及出质人经营情况	抵（质）物情况	监管情况
企业出现停工、停产现象	企业在质押物的数量、质量上作假，以假充真、以次充好	未办理正常出货手续的出货行为
企业有变卖资产的行为	企业产品质量不稳定，常发生退货情况	企业不配合落实监管措施
企业员工工资发放存在问题，长期拖欠员工工资	质物保管出现安全隐患，质物外包装破损，质物受潮、变形等	故意隐匿或损毁质押标志
行业政策出现变化，对企业经营形成重大影响	质押物市场价格出现大幅波动	—
企业生产不正常或出现经营亏损	企业产品销售价格低于分行核价	—
企业有大型项目投资	—	—

抵(质)押物情况的预警内容是货押业务预警的重点之一。比较而言,传统的不动产抵押授信业务的抵押物价值、权属较为透明和清晰,因此对抵押物状况的预警不是风险防范的重点。而在货押业务中,由于抵(质)押物的多样性和价值的多变性,其货权的清晰、品质的保障、价值的足额以及容易变现的特性。首先关系到授信企业的违约成本,同时关系到银行在客户违约后的债权保障,因此需要银行重点关注。物流合作监管方在一定程度上扮演了银行货押业务风险管理代理人的角色,因此来自合作监管方的现场预警作用也应得到充分利用和挖掘。这种利用首先,应该保证银行和合作监管方之间信息互动模式的效率和制度化;其次,由于银行与合作监管方之间的协议,出于监管方避免过多承担法律责任的立场,很难嵌入细致的预警责任条款,所以银行应以各种手段调动现场监管员向银行开展预警提示的积极性。

2)风险预警后的响应流程

风险预警是一个风险发现的机制,风险的化解和处置还有赖于风险发现后的流程设计。从机制设计的角度,风险预警信号往往覆盖了大部分风险的可能信号,而这些信号并不具有特异性,这意味着在很多情况下,预警信号背后的经营活动还是正常的。因此,对预警信号处置的第一个步骤应该是现场调查。现场调查的结果无非有以下三种:

(1)授信企业给出了关于预警信号的合理解释,并提供了正常经营的相关证据。在这种情况下,预警解除。

(2)确实发现企业经营活动出现了不利于信贷资金安全的变化,则授信企业进入银行的关注企业名单,采取相应的措施,比如提高贷后检查频率,约定再次评估的时间,压缩授信敞口,暂停额度项下新的出账等。

(3)发现严重影响信贷安全的突发事件,启动应急预案。

3)突发事件的应急

突发事件是指可能危及银行供应链金融业务安全,特别是抵(质)押物监管安全及权利价值的一系列事件的总称,主要包括以下几方面。

(1)借款人或担保人经营出现重大风险的事项,如非正常停产、停工事项,或与高管人员取得正常联系等。

(2)借款人或担保人因涉诉或其他债务纠纷引起司法强制措施的事项。

(3)借款人或担保人出现不配合监管方的行为或事项,使银行对抵(质)押物的控制权可能落空,如未经银行和监管方同意擅自转移或强行提取抵(质)押物。

(4)危及银行抵(质)押物安全的其他事项,如抵(质)押物正在或可能被哄抢,受到或者可能受到重大自然灾害影响等。

(5)应收账款融资项下的销售回款没有按照约定线路回到授信银行的账户。

针对上述情况,应急方案包括:追加担保、暂停授信、冻结相应资产、行使银行债权等。在出现紧急情况时,经营单位应紧急调动法律资源,作好法律事务工作,包括以下两点。

(1)申请诉前保全。在尽可能短的时间内,准备完成法律文书。在取得相应的公法执行文书后,在尽可能短的时间内将抵(质)押物搬迁至银行指定仓库。

(2)组织起诉工作。在确认银行能控制抵(质)押物及处理程序后,暂时放弃诉讼工作,转而全面配合处理质押物。

阅读案例9-3

银行的预警和应急响应

从事某钢铁加工的民营企业,隶属于国内较大规模的钢铁加工集团,主要从事板材的加工,主要产品为冷轧板、镀锌板和彩绘板。实际控制人从事该行业多年,具有较为丰富的行业经验,并在亚洲金融危机期间带领公司渡过难关。2005年初,基于铁矿砂大幅涨价的背景,实际控制人判定本年度的钢材价格将持续上涨,并从3~8月期间,以高价购入大量进口板材,其主要的自有资金全部投入固定资金的建设,流动资金依赖银行融资。而钢铁市场从8月份开始出现小幅下跌,并在10月后出现大幅下跌,借款人出于避免亏损的考虑,减少产品的销售速度,造成现金回流快速下降。进入10月份后,借款人的短期银行融资逐步到位,同时,原先抵押给银行的存货价值因市场价格大幅下跌而出现贬损,银行要求借款人补充抵押物,主办授信银行在借款人抵(质)押物价值出现大幅度贬损的情况下,率先要求借款人清偿债务,并提起诉讼,进而引致多家银行根据贷款合同的交叉违约条款,对借款人提起诉讼。

供应链金融项下借款人的风险征兆:

(1)借款人的销售速度明显下降,现金回笼量明显减少,造成借款人的资金周转出现问题;

(2)由于借款人对后期市场判断存在较大的不确定性,造成其无法确定生产产品种类,生产线大量停工,生产经营极不正常;

(3)借款人由于上述原因,造成借款人原先较为稳定的授信使用出现停滞,在相当长的时间内没有利用银行的融资进行采购。

主办银行采取的措施:

(1)在借款人风险征兆尚未完全暴露的情况下,将抵(质)押物进行转移,防止被其他银行查封、冻结;

(2)同时,要求借款人寻找合作方,利用市场价格止跌企稳的有利时机,尽快处理抵(质)押物,防止因银行对抵押物折价处理而造成额外损失;

(3)要求借款人与银行签订以物抵债协议,并出具增值税发票,完善抵(质)押物处置手续,防止因税务问题引起抵(质)押物价值贬损。

启示有以下几点:

(1)银行必须对借款人以及实际控制人的经营风格进行了解,任何短期融资都只能支持合理的融资需求,而不是投机性的融资需求;如何确定投资和投机的区别,需要银行对行业的供应链条和市场动向非常清楚;

(2)银行必须了解行业供应链内部的商业规则,以本案为例,借款人的上游为国外大型钢铁企业,该类企业在价格出现较大幅度下跌时,是不会给予下游企业保价的,这将造成借款人的亏损无法通过供应链内部进行分散;供应链内部风险的分担机制对于供应链金融具有举足轻重的意义;

(3)银行的任何融资都相当于银行与借款人共同做生意,借款人必须自有本金,且本金必须具有高度的流动性;借款人之所以出现较大的授信风险不仅在于投机失败,同时还在于借款人的财务结构失衡,造成借款人无法将损失维持在自有资金的比例范围之内,从而保持对银行授信的偿付能力;

(4)由于供应链融资模式直接切入借款人的经营活动,能够通过业务本身了解借款人的经营性现金流状况，在现金流出现问题时，应及时采取措施，加快抵押物的变现速度，降低变现成本。

资料来源：根据深发展银行资料整理

9.2.2 结构授信的安排

结构授信不同于离散的单一客户授信，是指银行以真实贸易为背景，对包括授信申请人及其供应链节点上主要参与者在内的客户组团的授信，即银行基于同一交易客户群体的融资需求和总体抗风险能力，根据不同的产业特征和客户需求，对相对封闭的供应链贸易链条上关联环节客户进行主动授信安排，并提供不同的产品组合和差异化服务。

结合图9-2，可以从以下两方面来理解结构授信。

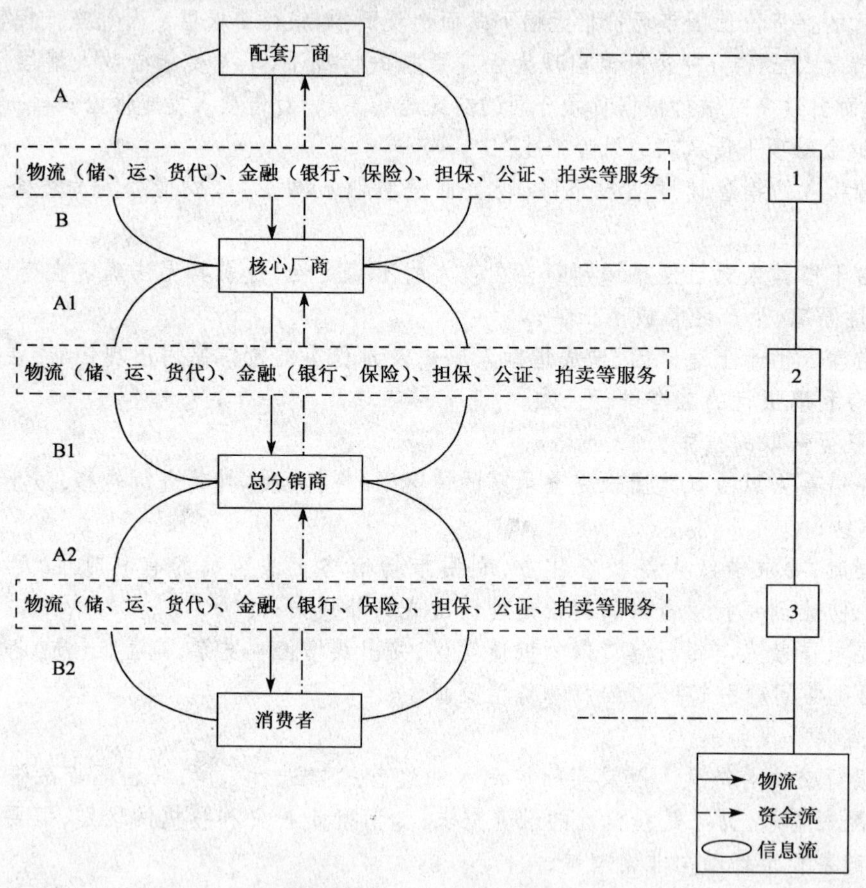

图9-2　商品供应链下的结构授信

第一，“结构”是指授信申请人及其供应链上的贸易伙伴形成的交易关系及价值循环的组合。更广义的理解是申请人及其产业链上的贸易伙伴以及商品流通关系所延伸到的跨业协作者之间形成的交易关系及价值循环的组合，如图9-2，1、2和3可以分别形成独立“结构”，如1和2，2和3，1、2和3组合均可以分别形成复合的“结构”。授信申请人、交易对手、跨业协作者是“结构图”上的节点，资金流、物流是连接线，信息流将整个供应链贯通起来。银行通过对结构图中不同节点及其相互之间交易关系和价值循环的分析，可以对其隐含的总体融资需求及个体的融资需求进行估算和规划，并提供不同的产品组合和差异化服务。

第二，“结构授信”使银行审查的重点从关注单一客户到关注某一系统的交易背景，亦即

"结构"包括与业务相关的两个或两个以上的企业。结构授信除了对授信人个体的信用风险外,还对某一业务所涉及的市场风险及操作风险予以考察,是推进全面风险组合管理的有效手段。银行从过去单一的强调申请人个体的资产状况、资金需求和偿债能力,转变为对保障一笔或一系列交易完成所需要的宏观、微观环境和内、外部条件的关注;从被动的风险控制逐步转向主动的风险管理;从以覆盖风险敞口为绝对导向,转向主动全面认识、衡量风险并分散风险。

结构授信的构建可以分四个步骤进行。

(1)明晰交易"结构"关系。勾画供应链条流程,了解各参与主体在供应链上的作用、其经营性质和资信情况。必要时,可加上其与跨业协作者(即图 9-2 所示包括物流、金融、担保、公证、拍卖等在内的中介服务提供商)的交易关系。通过上下游约定的结算方式了解资金流及物流的流向与特征,评估供应链条是否成熟、清晰,资金流与物流循环是否完整。

(2)评估用以支撑授信的贸易背景的经济强度。对整个供应链条的行业状况、市场份额、市场容量进行分析,评估银行授信资金介入后的增值空间。以授信申请人为切入点,沿上下游考虑其在供应链条上的位置谈判地位判断其交易完成的可能性,主动选择有利于供应链巩固的企业参与结构授信。

(3)给予"结构"适量的授信安排。参照授信申请人的额度需要,分析供应链交易和各参与主体的经营特征,以及完成交易实际所需的资金量确定授信限额,对包括授信申请人及其交易结构内的交易对手,主动给予结构授信安排。需要注意的是,供应链上的交易是逐个环节完成的,资金流随着物流逐个环节结算并实现增值,这一特点使得授信限额的确定,不是各环节所需资金的累加,而是取决于商品本身所具有的市场价值,即并非"1 +1 +1 =3",而是"1 +l +1 =1 + 环节增值"。

(4)进行风险定价和条款约束。根据各主体承担风险的差异和利益区间,给予相应的风险定价和商务条款约束。

结构授信解决了供应链融资业务风险管理中的两个突出矛盾。第一,解决授信承载主体单一和融资中多主体的实际资金需求与资金使用的矛盾。由于供应链融资中多主体产生的资金需求和资金实际使用,银行理应基于对市场容量、交易对手资信的判断,将信贷资金渗透到交易的关键环节,以现金流管理和风险分散、责任捆绑等原则来把握超过授信人承受能力的那部分授信风险。第二,解决了授信主体信用与供应链整体信用不对称的矛盾。结构授信不是简单依据授信申请人本身的信用情况决定授信与否及授信限额,而是综合掌握供应链风险捆绑延伸、过渡转移、现金流控制、风险分散等因素,对贸易本身及其涉及的交易主体进行综合测评。银行在风险管理过程中不再片面强调授信主体的财务特征和行业地位,也不再简单依据对授信主体的孤立评价作出信贷决策,而是注重结合真实贸易背景下交易各方全面的信用评估、结构授信组合下供应链条面临的市场风险、流程设计对操作风险的控制效果以及对企业违约成本的评估等,作出对具体节点的信贷决策。总之,银行在把握贸易真实性的基础上,将风险评估由过往简单的主体信用抵偿转向了贸易"自偿性"的视角。这种安排一定程度上是银行风险管理观念的转变,也是授信评审价值取向由形式转向实质的一大进步。

结构授信解决了供应链融资业务风险管理中的两个突出矛盾。第一,解决授信承载主体单一和融资中多主体的实际资金需求与资金使用的矛盾。第二,解决了授信主体信用与供应链整体信用不对称的矛盾。

结构授信提高银行授信资金的使用效率和营销效率。"结构"中沿供应链连续的交易过程,使得授信资金沿上下游交易环节顺次反复利用,使信贷资金使用效率得以提高和优化。同时,在结构授信安排下,供应链上下游交易方关系围绕银行信用和银行主导的交易方式得到巩固并日益加强对银行的依赖,也使得银行真正从技术层面捆绑客户群体,实现网络性占有,提高客户忠诚度和竞争对手的进入门槛。

与此同时,结构授信也有利于分散和降低风险。首先,风险敞口沿着供应链延伸或过渡转移而不再集中于单个客户,分散到供应链条上的风险将以合同、协议、票据等手段实现对相关客户群体的责任捆绑。其次,结构授信使供应链各环节参与者尽可能地纳入银行的监控范围,并提供了资金回流控制的解决方案,使现金流从企业的采购资金到原材料、产成品销售、销售资金回笼的全过程得以控制。最后,银行信用的介入和相关产品与业务流程模式的应用,促使企业规范经营,保证资金安排的合理性和及时性,促进、约束交易关系的顺利完成,有利于巩固交易链条,推动原有商业信用关系的扩展,提高商业信用并形成对银行信用的有益补充。

9.2.3 银行融资风险控制和管理指标

1)融资风险控制

(1)选择正确的物流品种。正确选择物流品种是银行进行供应链金融业务风险防范的首道防线。作为质押物的物流品种能够快速周转是供应链金融业务安全开展的基础。而物流品种的周转速度很大程度上由其自身特性所决定。因此,对物流品种的正确选择直接关系到银行供应链金融业务中各方主体的安全利益。物流品种涉及能源、电子设备、钢材、汽车、家用电器等多个领域,这些物流品种无不具备周转迅速、价格透明、需求广泛的特点。符合上述特点的物流品种,银行可根据物流品种的产、购、销周期,合理确定物流周转期限。期限内的周转形式可以是物流与资金流的直接转换,也可以是原材料、半成品与产成品等不同状态物流品种之间的转换,还可以是在“先进先出”原则下同一物流品种的阶段性替换,多种形式的物流品种,最终转化为“资金流”回笼银行信用体系,继而开始下一轮周转周期,实现业务的滚动式发展。

(2)选择物流公司合作。选择专业的物流公司进行合作是银行业务平稳运行的重要保障。首先,物流公司在仓储管理和配送服务过程中,所掌握的客户库存吞吐情况,能直接反映客户经营状况和该物流品种市场需求的变化信息。因此,第三方物流公司在供应链金融业务中除了起到提高质押监管有效性的作用外,还能为银行及时提供相关信息,以帮助银行最大限度地降低因信息不对称产生的授信风险。而物流公司的信誉、规模与实力是其所提供信息真实、准确与及时的有力保障,是银行首选的合作伙伴。其次,物流公司的业内地位与实力在一定程度上反映了其客户群体的地位与实力,并且物流公司的现有客户群体天然地具备开展物流银行业务的物质条件。因此,与优质物流公司合作,是银行“强强联手”拓展供应链金融业务市场的有效途径。再次,优质物流公司的客户涉及行业广泛,甚至某些大型物流公司自身就是某类产品的市场参与者,当银行个别授信客户出现经营风险时,通过物流公司自身或其客户处置、消化质押物,是银行化解授信风险的可选渠道。

(3)选择专业化物流保险。专业物流企业的介入为银行大大降低了供应链金融业务的风险,然而随着业务规模的扩张,也需要利用各种风险控制手段,提高风险防范保障。这除了需要物流公司加强管理,从制度上控制风险外,寻求专业化的物流保险产品,固化风险成本,转嫁风险损失,将是供应链金融业务得以长远发展的必然要求。目前,国内物流公司广泛应用的保险险种主要是财产保险和货物运输保险。财产保险是承保保险财产因自然灾害或意外事故造成的直接损失的险种,货物运输保险是承保保险货物在水路、铁路、公路和联合运输中因自然灾害或意外事故造成损失的险种。可以看出,这两种险种都是针对物流过程中某一特定过程进行的保险。这种“一票货物一份保单”的承保方式,未能覆盖物流的末端配送环节,并且很容易出现延误、漏保或不足额投保的情况,更难以满足供应链金融业务对物流品种高速周转的要求。随着保险市场的发展,目前保险市场已相继推出专业化的“物流保险”产品,针对供应链金融所需求的专业化物流保险品种,还需要保险公司不断地创新保险新产品。

2)管理指标

(1)行业风险。行业风险属于系统性风险,主要受宏观经济环境、政策和监管环境、行业状况、发展前景等因素的综合影响。对企业进行行业风险分析,目的是判断企业所属行业所处的生命周期阶段,及对经济变化反映的敏感性,行业风险揭示了行业因素对企业经营的影响程度。

(2)企业综合实力。企业综合实力主要包括企业基本素质、偿债能力、营运能力、盈利能力、创新能力、成长潜力和信用记录。这七个要素科学而全面地反映了企业自身的经营能力和信用状况。

①企业的基本素质。企业基本素质是影响企业信用状况的内部条件,较高的企业素质可以保证企业不断开发新产品、新业务、提高市场占有率,获得更大经济效益。

②偿债能力。企业偿债能力是企业信用状况的最主要表现,也是企业信用评价的首要指标。企业偿债能力既反映企业经营风险的高低,又反映企业利用负债从事经营活动能力的强弱。反映企业偿债能力的指标主要有:资产负债率、流动比率、速动比率、现金比率、逾期债务比率、利息保障倍数等。

(3)供应链运营状况。企业所处的供应链的整体运营状况对企业的信用评价也将产生直接的影响。供应链的运营状况良好,交易风险较小,就可以弱化企业的综合信用风险管理;反之,则加强企业的综合信用风险管理,使其信用状况恶化。

①生产绩效。供应链的整体生产绩效评价侧重于投入、产出等量的度量,反映供应链的整体生产能力、信用风险管理水平及快速响应市场的能力,主要通过核心企业的产销率、核心企业的产需率、核心企业产品成本、核心企业产品生产循环期和供应链总利润率等指标反映。

②信息化程度。信息化程度反映了供应链中的信息流是否畅通,直接影响链中的每一个企业的生产流程、存货控制和配送规划等。反映供应链信息化程度的指标主要有信息共享程度和信息系统完备性等。

③竞争力。供应链的整体竞争力评价侧重于投入、产出等质的度量,衡量的指标主要有供应链的品牌竞争力、产品质量竞争力、客户满意率等。

④上下游企业的合作。上下游企业是与被评价企业关系最为密切的交易伙伴,对企业的信用状况产生直接的影响,主要通过上下游企业的合作密切程度、上下游企业的综合实力和上下游企业的信息沟通水平等指标反映。

阅读案例 9-4

S 银行的风险控制

2006 年开始,S 银行与 Y 汽车集团开始开展对多个品牌汽车经销商的供应链融资合作。2006 年 1 月,S 银行从集团下属 M 品牌汽车的近 150 家经销商中,根据财务报表反映的经营状况,挑选出了 90 家经销商作为候选融资主体。90 家经销商名单报送到 Y 集团的销售公司后,销售公司通过复审,向 S 银行建议其中 9 家经销商暂时不予授信。理由是有些经销商经营稳定性不强,有些企业领导人的诚信存在问题。

在授信后阶段,部分经销商违反货物监管的三方协议,私自将车辆挪至其他展场摆放,或者在不赎取合格证的情况下,将车辆私自卖给一些不需要上牌的购车人。对此,S 银行逐一以知会函的方式对相关经销商进行了警告,并通报到 Y 集团的销售公司。销售公司进一步对这些经销商进行了通报批评,有些情节严重的给予了多至 5 万元的罚款。

2008 年 3 月，销售公司通过一些渠道信息了解到，其中的一家经销商由于参与赌博和地产投资，现金流面临断裂的危险，并已经触发其他银行的授信退出程序。销售公司立刻派出专人前往该经销商，将尚未销售的 M 品牌车辆全部控制起来，随后调剂给临近的经销商销售，并要求其他经销商将销售回款直接划至 S 银行的账户。之后，销售公司还将尚未发车的银行承兑汇票项下的差额款项退回 S 银行。

在与 Y 集团的合作中，S 银行还获得了以下一些风险管理方面的便利。

(1)所有授信项下的预付款投信出账的指令由 Y 集团的销售公司发出。即授信客户在从银行支取授信用于采购之前，需要先向销售公司提交采购计划。销售公司批复采购计划后，再通知 S 银行开出银行承兑汇票。这保证了贸易背景的真实性。

(2)S 银行为销售公司提供了票据代保管的服务。即 S 银行向销售公司开出的银行承兑汇票仍保管在 S 行只是从复印件的方式通知销售公司票据承兑的情况。所保管的票据按销售公司的要求定期向销售公司交付，或以票据包买卖方式直接将其贴现，并将贴现款划入销售公司账户。这样避免了授信客户交付票据过程中可能出现的一系列道德风险和欺诈行为。

(3)销售公司对经销商有严格的定期和抽样巡查制度，重点在于考察销售情况和经营中的其他问题。在巡查过程中，有关人员还对银行投信项下抵押商品车的情况作出盘点，并通报 S 银行。这为 S 银行动产担保物权的控制提供了额外的保障。

资料来源：根据深发展银行资料整理

9.3 物流监管风险控制与管理

在存货融资领域，新增的风险管理变量之一是仓储监管方。对于先款后货转现货模式的操作，也可能涉及监管方的在途监管，这种情况下，监管方因素也应纳入风险管理的范畴。

一般情况下，物流监管的引入有助于银行货押业务的风险控制，一方面由于物流企业在仓储、运输领域的专业化技能，使其能够比银行更为有效地对抵(质)押物进行管理，保障银行担保物权的价值和安全性；另一方面，物流监管企业的现场实时监管，能够比银行获取更多的授信预警信号。因此，尽管监管环节因为监管费用因素可能提高授信企业的融资成本，但是银行与监管公司之间的委托代理关系是在当前的技术和法律背景下银行开展货押业务的必要条件。

但是，在物流监管合作方选择不当的情况下，该变量可能转化为一个新的风险隐患，比如出现监管方渎职、与授信企业合谋诈骗或与授信企业出现纠纷等。

对于物流监管企业的一般管理原则是“分类认定、区别对待，择优汰劣、动态管理”，基本要求是选择合作意愿强、经营管理能力强、有一定实力、资信良好的物流企业，及时退出合作意愿差、违约赔付能力弱、经营管理混乱、出现不良合作记录的物流监管合作方，确保银行对抵(质)押物权的有效控制。

对物流企业合作方的管理职责包括：准入调查、评级、审查和认定；日常关系维护；巡库、核库和现场检查；风险预警和重大事项报告；监管资格等级动态管理；退出管理；管理制度建设和流程设计等。

9.3.1 物流企业的分类管理

银行对物流企业监管合作方的基本准入标准可以考虑以下因素。

(1)具备独立法人资格，有一定注册资本，有固定经营场所或合法仓储场地，具备一定经营规模，能独立承担民事责任并具备一定的违约责任赔偿能力。

(2)具有仓储经营资格，专门从事仓储监管业务，合法经营，有一定行业经验以及仓储经营的历史。

(3)具有良好的商业信誉,良好的过往服务信用记录,与银行、企业未发生过质物监管纠纷或其他道德风险。

(4)具有较强的责任意识,能积极配合银行按监管协议约定内容严格监管质押货物,与银行有顺畅的沟通渠道,能保证银行对货物享有实际出入库控制权和处置权。

(5)具有完善的商品检验、化验、检测技术及设备或相关的渠道;防火防盗等安全条件及其他软、硬件条件符合押品的仓储要求;有较好的储运条件和完备的硬件设施,较强的物流、中转、进出装卸作业能力及储存规模。

(6)有完善的仓储管理制度,规范的出入库管理制度、内部控制制度和业务操作流程;有较完善的培训制度,仓库管理员有丰富的专业经验,对于所监管货物的规格、质量、等级有辨别能力。

除此之外,应尽量避免选择业务上与借款人有较强关联性或对借款人依赖性较大的仓储监管方。一般不选择与借款人或出质人(或双方的股东)有股权、实际控制、间接控制、共同持股等关联关系并在日常经营过程中有实质性关联交易或资金往来的仓储监管方。

物流监管公司对于银行授信安全的三个关键指标是专业技能、违约赔偿实力以及合作意愿。其中,合作意愿并非仅物流监管公司对于银行授信开展合作的积极性。一些大型物流企业在与银行谈判地位较高的前提下,忽视双方合作中约定的一些基本责任和义务。对于此类监管合作方,银行应及时中止合作。专业技能和违约赔偿实力分别关系到事中和事后授信安全的两个变量,因为授信抵(质)押监管损失概率=监管差错的期望值×差错赔付率。可考虑将这两个变量细化后,以评分卡的方式对物流企业进行评分和分类。表9-5为物流企业评分标准举例。

物流企业评分标准 表9-5

项目		分值	权重	得分	复核
管理指标	仓储监管经营年限				
	资信记录和商业信誉				
	有无完善的管理制度				
	网络信息化管理水平				
	有无稳定的管理团队				
	有无完善的商品检、化验制度和设备				
	与其他银行的合作年限				
	与银行的合作年限				
	管理能力,重点是输出监管能力				
	与银行进行仓储监管的合作经历				
	年利润总额				
规模指标	年吞吐量				
	自有仓储场地经营规模				
	注册资金				
	企业规模				
特殊加减分	海关保税监管仓、国家级大型港口				
	交易所指定交割仓库和地、市级以上国家物资储备仓库				
	异地仓库或异地仓储企业				
合计					

在对物流企业分类的基础上,可考虑将产品的监管风险也进行分类,对于评级较低的物流企业,应将其业务范围限定于风险度较低的产品大类中。

(1)从静态监管和动态监管区分,动态监管比静态监管涉及的操作环节更多,比如监管价值底线控制、多次入库的价值核定和品质控制、换货控制等,因此操作风险较高。

(2)从自有库监管和输出监管区分,这里的自有库监管是指在物流企业的自有仓库监管,输出监管是指物流企业派员到授信企业或第四方仓库(银行、客户、监管方以外的仓库)监管。由于前者有着自己的管理制度、管理规范,操作完全由物流企业自有人员进行,而后者可能受到授信企业的干扰,且货物堆放、移库、放行等操作有赖授信企业和第四方仓库的配合,因此后者风险更大。

(3)从动产质押和货权凭证(如仓单)质押区分,仓单等货权凭证具有有价证券属性,且必须保证一定程度的标准化、流动性和无因性,资质一般的物流企业出具的仓单难以符合上述市场和法律特征,银行也应谨慎接受。

(4)从在库监管和在途监管的角度区分,后者要求对运输类物流资源的调动能力和运输风险管理能力,显然后者的要求更高。

9.3.2 物流监管的授信限额

理论上讲,物流监管合作方对银行授信承担的并不是连带担保责任,其只是在违背监管协议操作并造成抵(质)押物损失的前提下,承担货物或其价值的赔付责任。物流监管合作方可能出现赔付的情况有以下几方面。

(1)由于监管不力,导致货物违约出库,造成抵(质)押物价值低于银行授信敞口所要求的对应的抵(质)押物最低价值要求。

(2)由于疏于盘查和管理,导致新入库抵(质)押物的品质没有达到监管协议约定的要求,或库存抵(质)押物出现变质、过期、挥发、流失等状况。

(3)由于监管人员渎职,对针对抵(质)押物的偷窃、盗抢等行为未能及时发现、报警或向银行通报,造成货物损失。

为避免事后纠纷,首先要求银行、授信企业和物流企业三方在协议中明确和细化各方的责任和义务,比如货物品质查验的操作规范、出入库流程规范、所接受抵(质)押物的明确范围、货物权属的核实流程等。其次,应在协议中明确物流监管方出现赔付责任情况下的赔付流程的时限。

在实践中,物流企业出现赔付责任的情况非常少。原因一是银行对物流企业专业背景的准入条件较高;二是银行并没有放弃自己的核库职责;三是出现监管问题的情况下,银行往往首先选择在授信与被授信的权责框架内解决抵(质)押物的问题。但是即使如此,对监管合作方监管货物价值的上限还是有必要作出限制,理由在于:第一,银行的辅助监管职能只是出于对代理人的不信任,实际上是重复劳动,与业务环节外包以节约资源的初衷相悖,因此不是长久之计;第二,鉴于大多数物流合作方的注册资本与银行一单大额授信业务的敞口不相上下,因此任何小概率事件的监管代理人违约,如果构成赔偿责任,都可能超过其赔付能力。

因此,首先应该对物流企业监管货物的总价值设定上限,该上限核定的主要依据是监管的专业水平、监管队伍的规模和稳定性、监管公司的网点数量和分布等,目的在于避免监管合作方的监管规模超过其监管能力。

其次,应该对监管合作方单笔监管设定限额,该限额应主要考察监管方的赔付能力,依据应该是注册资金等财务指标。

此外,授信人业务量占监管仓库的业务收入比例也应有所限制,以避免监管合作方在利益驱动下,无条件地迎合授信人的变通要求。

9.3.3 物流监管风险控制和管理指标

1)物流监管风险控制

(1)注重客户资信。为防止出质人员给业务带来的风险,对出质人资信进行认真的调查和评定。在选择客户时,重点考察企业的经营能力和信用情况,反映企业经营状况。反映企业经营状况是否正常的最直接指标是主营业务的增长率和企业的资产负债率,还有观察其近年来的净现金流量表。除了经济实力外,良好的信用是企业履行合约的必备条件。评估担保对象的信用状况主要依据是其历史履约的情况和履约意愿。

(2)谨慎选择质物。第一,对质物所有权进行严格的确认,只有所有权属于出质人的货物才能出质。第二,质押商品的种类有一定的限制,只选择使用广泛、易于处置、价格波动不大、质量稳定的产品,如黑色金属、有色金属等。第三,考虑货物来源的合法性。对非法途径取得的货物,不能作为质押物品。第四,明确各方面的法律关系以及权利义务,注意对整个工作流程的关键环节加以事前的控制。

(3)加强仓单的管理。对仓单进行科学的管理,制定严密的仓单操作流程:使用固定的格式,同时派专人对仓单进行管理;对仓单提货、换单及解除质押的仓单进行认真审核;以文件的形式规定仓单签发、确认程序。

(4)设立预警线。对可能发生的风险提前预警,当市场价格下跌到预警线时,按协议规定通知出质人增加质物和保证金。对滚动质押也要设立安全警戒线,实现信息化管理,以防止质押物因量的减少而价值下降,最终导致资金流的风险。

2)管理指标

(1)所监管货物风险。所监管货物风险主要是指质押货物本身的风险影响因素,具体包括三个方面:

①货物品种风险。由于市场价格的波动和金融汇率的变化,会造成动产质押物在某段时间的价格和质量随时发生变化,从而造成动产质押物变现能力的改变。

②市场价格波动风险。质押货物很多是库存产品或者半成品,由于是动产,所以市场价格不可避免总是处于不断的波动中,市场变动尤其是所监管货物的市场价格下跌,会造成所监管货物价值缩水。如果贷款合同未作任何调整,没有设立警戒线,就会出现仓单价值低于贷款本金的现象,这时风险就会随之而来。

③货物安全性风险。在出质人进行货物质押时,物流企业要严格考核该货物是否安全,避免有争议的、无法行使质权的或者通过走私等非法途径取得的物品成为所监管货物。

(2)监管风险。监管风险具体包括三个方面:

①监管制度建设。首先,进行安全检查制度建设,包括安全检查制度、安全管理制度落实情况等;其次,进行安全教育培训制度建设。

②监管费用投入。首先,信息管理的投入。配备相应设施可以随时借助信息系统登录,以随时查看质押货物的出库、入库情况,此项指标对于风险控制具有重要作用。其次,保安技防费用的投入。由于质押货物都是大宗货物,市场流动性好,建立一套完善的保安技防措施以及购买相应保险,防范风险至关重要。

③出入库管理。首先,货物出入库的操作风险;其次,仓单风险,防止不法分子制造虚假仓单。

(3)信用风险。指因参与多方信用缺失而引起的风险,主要包括:物流公司专业化程度和操作人员的责任心程度。

(4)技术风险。技术风险是指仓单质押提供商因缺乏足够的技术支持而引起的风险,包括对所监管货物的评估体系和评估技术。

(5)法律风险。对所监管货物的所有权问题的法律纠纷。

物流监管风险管理指标体系见表9-6。

物流监管风险管理指标体系 表9-6

管理指标	细分指标	进一步细分指标
货物风险	货物品种	—
	价格波动	—
	货物安全性	—
监管风险	制度建设	—
	费用投入	信息管理
		保安技防
	出入库管理	—
信用风险	信托责任	专业化程度
		责任心程度
技术风险	评估体系	—
	评估技术	—
法律风险	货权纠纷	—

9.4 融资质押资产的选择

供应链融资作为面向中小企业的融资品类,对授信主体的资质要求门槛较低,而对物流、资金流等重要的直接或间接还款来源更为重视。因此,需要对供应链金融业务中授信的支持性资产慎重选择。

9.4.1 应收账款的选择

为了保证授信的自偿性,应收账款融资中的应收账款必须具备可实现性。一般而言,应收账款需要满足以下特征。

(1)可转让,即应收账款必须是依照法律和当事人约定允许转让的。如果当事人在产生应收账款的基础贸易或者服务合同中明确约定,基于该基础合同所产生的一切权利是不可以转让的,基础合同的权利义务只及于合同双方,则这样的合同履行产生的应收账款债权就不能作为融资依据。此外,基于特定的与人身性质不能分割的缘由产生的应收账款债权,也不适宜作为质押标的。

(2)特定化,即应收账款的有关要素,包括金额、期限、支付方式、债务人的名称、产生应收账款的基础合同必须明确、具体和同定化。由于应收账款作为普通债权没有物化的书面记载来同定化作为权利凭证,银行授让后债权代位的依据主要依靠上述要素来予以明确。

(3)时效性,即应收账款债权必须尚未超过诉讼时效。目前我国法律关于一般性债权予以保护的诉讼时效是两年。两年的诉讼时效超过后,便意味着债权人的债权从法律权利已蜕变为一种自然权利。法律并不禁止债务人仍然清偿上述债务,但对债权人诉诸法律要求债务人清偿的主张不再支持和保护。因此,从保障银行债权实现的角度出发,一方面,银行所选择的应收账款应确保该应收账款债权尚未超过诉讼时效;另一方面,在融资期限内也要对应收账款债权的时效予以充分关注,及时督促出质人中断诉讼时效,防止融资期限届至时应收账款债权已不再受法律保护的情况发生。

(4)转让人的资格,即提供应收账款的民事主体必须具备法律所承认的提供担保的资格。我国《担保法》对于担保人的资格已作出了比较明确的规定,比如国家机关一般情况下不能对外提供担保,未经授权的法人分支机构也不能对外提供担保等。因此银行在选择应收账款融资时最好选取拥有独立法人资格、能够独立对外承担民事责任的企业法人的应收账款作为融资支持。

具体而言,可接受转让的应收账款须具备以下条件:一是商务合同已生效,且卖方已履行合同项下的义务;二是应收账款未到期;三是对应收账款账龄和付款期(指应收账款转让之日起到应收账款商务合同约定付款日),各家银行应分别明确一个最高时限;四是仅指对卖方根据商务合同的约定应向买方收取的净额。

对于可能发生债务抵消的应收账款、已经转让或设定担保的应收账款、买卖双方正在发生贸易纠纷的应收账款、商务合同约定或法律法规规定债权不得转让的应收账款、商务合同因违反国家法律、法规而可能导致无效的应收账款、被第三人主张代位权的应收账款等,银行原则上不应接受,以避免基础贸易和法律纠纷导致受让的应收账款难以实现。

此外,代销或者其他方式约定销售不成即可退货而形成的应收账款、基础合同项下的尾款、质量保证金类的尾款、因关联交易,如卖方向其附属机构、控股公司、母公司或者所属集团其他成员销售而产生的应收账款、服务贸易项下的应收账款、分期付款项下的应收账款等,银行应视具体情况,参考上述一系列原则审慎选择。

阅读案例9-5

罗森塔尔公司的客户评价标准

美国罗森塔尔公司是一家专门从事保理和其他融资业务的私人公司,该公司有着半个多世纪的从业经验。在从事应收账款融资的实践中,该公司形成了客户选择的一整套标准,对应收账款融资业务的开展具有较高的借鉴价值。该公司通过“3C”门槛来确定它的客户准入,这“3C”指的是:

(1)性格(character)。客户“性格”指借款人的一些基本特征:如负责人的声誉和信用度、负责人是否愿意提供个人/效力保证、公司与供应商和客户的关系、与竞争对手的关系以及法律方面的问题。

(2)能力(capacity)。客户能力体现在三个方面:人员,即负责人和主要管理人员的技能组合;财务,即贷款能促进业务发展还是仅仅缓解其财务困境;在该行业的经验和以前的从业纪录。

(3)资本(capital)。客户的资产状况,包捐固定资产和存货相对于流动资产(如应收账款)的合理比率;存货价值是否高估(即损失准备金提取不足);确定与企业资产状况相称的应收账款融资率(折扣率)。比如说,一般放款先从60%开始,然后逐渐达到80%。

除了对企业进行评价之外,还要考虑行业的情况。在贷款组合层面,要考虑有无该行业的贷款经验,以及贷款是否集中在某一行业。不同行业和不同领域有不同的支付习惯,如果已经积累了关于某个行业的知识,就能够了解这些客户的状况,也知道可能会出现什么样的问题。在客户层面,要了解客户所在行业通行的销售条款,以及能不能接受这些条款;该行业应收账款的历史稀释率(折扣率)是多少。比如,该公司不会贷款给那些账龄超过90天的,但对首饰业可以采取折中的条款。贷款过于集中则会出现不利的情况,一旦这个行业出问题,对银行损害就会非常大。

在融资风险控制方面,罗森塔尔公司也积累了一整套的经验。应收账款融资的风险可能是造成应收账款资产质量下降的所有因素带来的。应对这种风险,有的时候完全依赖于应收账款本身,有时候则需要建立准备制度。客户纠纷会带来贷款质量的下降。有的应收账款逾期超过90天,有时候还出现抵消,在这种情况下需要拨备100%。有的应收账款是来自于某些客户的,集中度高。历史上美国商业机构卖出的东西很少有20%以上的应收账款是来自一个买家的,因为当时有很多的客户,而现在客户的数量在下降,购买的数量却在增加。所以必须面对客户高度集中的问题,最好的解决办法就是控制信贷比率,另外就是提供额外的准备。

应收账款融资最大的顾虑就是欺诈,它可能会给贷款机构带来很大的损失。借款人欺诈方式主要有四种,第一种是提前开票,即货物尚未交运就开票并将应收账款让与贷款人。第二种是虚假的账期,即借款人将账龄(比如超过90天的)不合格的应收账款移到合格应收账款的栏内,比如30天,或者应收账期之内,然后获得贷款。第三种是转移现金。借款人拿到贷款,但不把贷款转给贷款机构。第四种是欺诈应收账款。这是最严重的欺诈行为,应收账款完全是虚构的,并没有实际的发货,所以债权是不成立的,只是骗贷。

该公司采取多种方法应对欺诈。关于提前开票,可以在实地检查时进行货运和开票检验,检查者抽取一组销售发票,核实发票所指货物是否在开票当时已经发出。针对虚假账龄也可以用货运和开票检验方法,对账龄和付款进行监控。针对现金转移,贷款人可以设立锁箱安排(lock-box arrangement),要求借款人指示客户付款到银行指定的账户内,用锁箱接受(借款人)客户的所有付款。当然这种方法不能阻止借款人将其客户的付款进行转移,如果能明确通知借款人的客户直接付款给贷款人,则可以减少此类欺诈。该公司采用随机收取一些样本进行考察,有时候还会打电话问付款的客户,这是非常有效的措施。

事实上欺诈有很多的预警信号,比如账龄恶化、借款人出现新客户或通常不属于销售对象的客户、销售条款的变更、大额贻销、重复开票等,所有这些迹象都是警告要接收的应收账款出现了问题。

资料来源:银行联合信息网(http://www.unbank.info).2007-11-09

9.4.2 存货的选择

存货融资中存货选择的主要考虑因素是违约后变现的便利性和变现的成本,因此抵(质)押的存货应符合以下特征。

(1)货权清晰。为了保证银行最终对货物处置时没有其他第三方主张权利,避免不必要的纠纷,银行在接受动产抵(质)押时,应对出质人或抵押人提供的动产进行权属认定。认定的依据包括增值税发票、货运发票等。此外,应避免对一些法律上不允许作为担保物权的动产设定抵(质)押,比如根据有关规定,保税仓储货物未经海关批准不得擅自出售、转让、抵押、质押、留置、移作他用或者进行其他处置。此外,应特别防止授信人恶意将已销售货物提供给银行作为抵(质)押物,因为这种情况下,银行将无法对抗善意取得这些货物的第三方。

(2)价格稳定。价格波动剧烈的商品不宜作为抵(质)押物,一则价格的波动增加了银行价格盯市的工作量;二则客户违约后,货物处置需要一定时间,如果此时价格大幅下跌,银行将遭受额外损失。为了避免价格波动对授信安全的影响,银行应对客户约定跌价补偿条款,例如价格对比核定价格下跌10%以上,则客户必须以补保证金或补货方式追加抵(质)押,以保证动态抵(质)押率随时符合银行授信的初始要求。

(3)流动性强。客户违约情况下,银行对抵(质)押物通过变卖、拍卖等方式处置。对于市场容量小、专用性强的货物,处置过程中的价格折扣势必很大,并随时有可能超过银行的融资折扣率,导致银行债权无法全额收回。因此,银行应主要选择基地原材料、战略物资、大宗物资、初级产品、重要中间产品等类型的商品作为抵(质)押物。

(4)易于保存。容易挥发、爆炸、渗漏、易燃、易霉变、易氧化等货物特性,均构成抵(质)押物价值减损的额外风险,此类产品银行应谨慎接受。同时,剧毒、有辐射的产品可能触及公共安全的敏感神经,银行也不应接受为抵(质)押物。此外,对于更新换代快速的电子类产品,时间折旧特征明显,银行应结合赎货期限的控制,谨慎介入。

9.4.3 预付款的选择

预付款融资是面向未来即将获得的存货的融资,此类融资除了应考虑存货类抵(质)押物选择的原则外,一些特殊的因素也决定了业务的可行性。

(1)在途责任的明晰。货物在途运输的过程中存在一系列不确定性,包括抢盗风险、不可抗力下的货物灭失、运输延迟、冒领、颠簸损毁等。因此,应明确在途风险的承担方。对于风险承担人以商业保险方式规避部分风险的情况,保险受益人应指定为银行。

(2)上游的责任捆绑。供应链融资授信的过程中,将上游信用变量引入的方式包括:明确发货的及时性责任、回购或调剂销售责任、货物跌价补偿责任,甚至上游的连带担保责任。对于上游承担不同程度的责任,银行对抵(质)押物的准入标准可以重新考量。举个极端的例子,如果上游企业的条件完全符合保证担保业务中保证人的所有标准,则对抵(质)押物的选择很大程度上只是一种形式。

参 考 文 献

[1] 陈淮. 关于物资银行的设想[J]. 中国工业经济研究,1987(3).

[2] Barnett W. What's in a name-A brief overview of asset-based lending[J]. The Secured lender, 1997, 53(6):80-82.

[3] 任文超. 物资银行及其实践[J]. 科学决策,1998(2).

[4] 罗齐,朱道立,陈伯铭. 第三方物流服务创新:融通仓及其运作模式初探[J]. 中国流通经济,2002(2).

[5] 于洋,冯耕中. 物资银行业务运作模式及风险控制研究[J]. 管理评论,2003(9):5.

[6] David Biederman. Logistics Financiers[J]. The Journal of Commerce, 2004(4):40-42.

[7] Sidney Rutberg. Financing the Supply Chain by Piggy-backing on the Massive Distribution Clout of United Parcel Service[J]. The Secured lender, 2002,58(6):40-46.

[8] Buzacott J. A., R. Q. Zhang. Inventory Management with Asset-Based Financing [J]. Management Science, 2004(24):1274-1292.

[9] 宰予东. 现代金融与物流业的协同发展[J]. 金融理论与实践,2004(6).

[10] 邹小芃,唐元琦. 物流金融浅析[J]. 浙江金融,2004(5).

[11] 袁红,王伟. 物流服务的新领域[J]. 中国物流与采购,2005(2).

[12] 储雪俭. 对发展物流金融中信贷风险防范的思考[J]. 物流技术,2005(2).

[13] 李蓓. 物流金融在进出口贸易中的应用[J]. 金融与经济,2006(10).

[14] 巫刚,姚伊娜. 物流金融与期货交割相结合的价值创造[J]. 物流科技,2007(10).

[15] 杨宇,周晶. 基于共生理论的物流金融价值增值作用分析[J]. 东南大学学报,2007(11).

[16] 彭志忠. 物流金融的价值链提升要素分析[J]. 山东大学学报,2007(4).

[17] 彭志忠,王水莲. 基于委托代理理论的物流金融信任机制研究[J]. 中国流通经济,2007(6).

[18] 国家发展和改革委员会经济运行局,南开大学现代物流研究中心. 中国现代物流发展报告[M]. 北京:机械工业出版社,2005.

[19] 李毅学,徐渝,王非. 存货质押融资业务中外比较分析及案例研究[J]. 商业经济与管理,2007(7).

[20] 张李峰. 商业银行质押监管融资模式探析[J]. 中国储运,2007(11).

[21] 李娟. 物流金融:解决中小企业融资问题新思路[J]. 商场现代化,2007(5).

[22] 袁开福,高阳. 我国第三方物流企业仓单质押的盈利机理及增值业务分析[J]. 生产力研究,2007(24).

[23] 何燕. 金融机构发展物流金融所面临的困难与对策分析[J]. 商场现代化,2007(26).

[24] 蒋益辉. 我国物流金融发展理论研究述评[J]. 商品储运与养护,2007(04).

[25] 胡愈,柳思维. 现代农村物流金融中心组织形式创新[J]. 中央财经大学学报,2008(1).

[26] 赵道致,白马鹏. 解析基于应收票据管理的 NRF-LC 物流金融模式[J]. 电子科技大学学报,2008(3).

[27] 崔晓迪,王耀球. 武汉地区加强物流金融服务创新的必要性分析[J]. 商品储运与养护,

2008(01).

[28] 马珊珊,齐二石.天津滨海新区发展物流金融的战略分析[J].现代管理科学,2008(09).

[29] 陈祥锋.供应链金融服务创新论[M].上海:复旦大学出版社,2008.

[30] 宋炳方.商业银行供应链融资业务[M].北京:经济管理出版社,2008.

[31] 陈雪松.商品融资与物流监管实务[M].北京:中国经济出版社,2008.

[32] 胡愈.现代农村物流金融研究[M].北京:经济科学出版社,2009.

[33] 深发展—中欧商学院课题组.供应链金融[M].上海:上海远东出版社,2009.

后记

HOUJI

写书不易，写本有意义的好书更是难上加难！整个过程，一次次推翻从头再来，锤炼意志，磨炼精神。现在书写完了，一下子卸去了一个重担，感到一种前所未有的空虚。现从积累两年的写书记忆里，抽取一二，聊以自慰。

该书始写于2008年，初稿完成于2009年，定稿于2010年。写书是积累，更是升华。“河以逶迤，故能远；山以陵迟，故能高”，这句话一直激励着团队的每个人。拿我来说，已经结婚生子拥有了家庭，工作的事情又是千头万绪，繁忙异常，不可能拥有大块的时间进行写作，所有一切只能是在业余时间进行。这也更加深了我对这句话的理解和领悟。现在回头看看，聚沙成塔，集腋成裘，诚然如此！写书是挑战，更是乐趣。这两年里，我的工作变动非常频繁。先从主管部门去基层单位，又从基层单位到集团机关，再从集团机关到基层单位，几经反复，每天都在面临新的工作内容和新的工作方式。有时一天为完成工作只能睡两三个小时，再加上写书这份“工作”，确实每天都在挑战自我、挑战极限了。老子云，“胜人者力，自胜者强”，或许说的就是我这种人。写书要耐得住寂寞，更要负责任。我在整个写作过程中，大部分晚上都是清灯一盏，凝然枯坐，有多少次烦躁不安，多少次又自我平静，重新心无旁骛地坐下来，主要是害怕辜负了广大读者朋友的关心厚爱！

人生几何？去日苦多。作为国有企业的一名管理者，我一直反思自己：人精力毕竟是有限的，需要全神贯注于庆功、颁奖、表彰、剪彩吗？还是全神贯注于前方可能出现的风暴、冰山与悬崖，以及风暴、冰山与悬崖之后的绚丽与灿烂？“自胜者强”，战胜自己，自我陶醉是要付出大代价的。“为将之道，当先治心。泰山崩于前而色不变，麋鹿兴于左而目不瞬，然后可以制利害，可以待敌。”人非草木，孰能无情？超越眼前的纷繁万象，穿透更大的气象和格局，拥有大眼光，生成大境界！写书就是一种很好的反思方式。每天夜晚，暂忘工作的疲惫，一切就像夏日清风，冬日暖阳，让人惬意和舒服。

值此书付梓之际，我要感谢妻子，由于工作原因我们聚少离多。一直以来，她独自承担了家庭重担，总是默默地支持我、鼓励我。小瓮今朝熟，无劳问酒家。重阳明日是，何处有黄花？

李金龙写于青岛家中

2010年10月15日